АД … **Р Р. ПЕЛ**

София, 2012

Преводът е направен по изданието:
NAPOLEON HIL
THINK AND GROW RICH
Updated For The Twenty-first Century
by Arthur R. Pell. Ph.D.
PUBLISHED BY JMW GROUP, INC.

ISBN 978-954-321-995-7

МИСЛИ И ЗАБОГАТЯВАЙ

Превод от английски
Петьо Ангелов

ИЗТОК ЗАПАД

НАПОЛЕОН ХИЛ

Съдържание

Предговор на автора към оригиналното издание на книгата

Във всяка глава от тази книга става дума за тайната на парите, създала цели състояния за повече от петстотин души, чиито истории съм анализирал внимателно в продължение на много години.

За пръв път попаднах на тази тайна благодарение на Андрю Карнеги преди повече от четвърт век. Бях още момче, когато този благ и симпатичен шотландец ми я подхвърли съвсем небрежно. След това се облегна назад със закачливо пламъче в очите и ме погледна внимателно. Искаше да види дали имам достатъчно ум, за да разбера пълното значение на думите му.

Когато видя, че съм схванал идеята, той ме попита дали съм готов да посветя двайсет – и дори повече – години от живота си, за да я представя пред света, пред мъжете и жените, които без нейната помощ така и няма да се отлепят от дъното. Заявих безрезервната си готовност и с помощта на господин Карнеги успях да изпълня обещанието си.

В книгата пред вас е описана тъкмо тази тайна – и то след като беше подложена на практическа проверка от хиляди хора в почти всички области на живота. Именно господин Карнеги пожела вълшебната формула, дарила му невъобразимо богатство, да стане достъпна за хора, които нямат време тепърва да се учат как се правят пари. Той се надяваше, че аз ще съумея да изпитам и докажа солидните основи на тази формула, като я приложа заедно с мъже и жени от всякаква възраст и професии. Вярваше, че формулата трябва да се преподава във всички училища и колежи и че ако се изложи както трябва, тя ще революционизира цялата ни образователна система до такава степен, че времето, прекарано в учене, да се намали поне наполовина.

Опитът на г-н Карнеги с Чарлз Шуоб и с други млади хора със същата закваска го беше убедил, че повечето от нещата, които се преподават в училище, нямат никаква връзка с печеленето на пари и изобщо със забогатяването. Той беше стигнал до този извод, тъй като беше започнал да приема във фирмата си немалко младежи, повечето със съвсем скромно образование, и те се превръщаха в забележителни лидери с неговата формула. Нещо повече – тези, които решиха да последва инструкциите му, се сдобиха със значително богатство.

В главата, посветена на вярата, ще прочетете удивителната история на гигантската корпорация „Юнайтед Стейтс Стийл". Тя е замислена и създадена от един от младежите, с чиято помощ г-н Карнеги доказа, че формулата ще проработи за всеки, който е готов да я приложи. Дори само в този случай, с единединствен млад човек на име Чарлз М. Шуоб, той спечели не само огромни суми пари, но и невероятни ВЪЗМОЖНОСТИ. По приблизителни оценки само това прилагане на формулата му е донесло шестотин милиона долара.

Тези факти – а те са известни почти на всекиго, познавал някога г-н Карнеги – могат да ви дадат доста добра представа какво може да ви предложи тази книга, СТИГА ДА ЗНАЕТЕ КАКВО ИСКАТЕ.

Дори и преди да премине двайсетгодишните практически изпитания, тайната беше споделена с повече от сто хиляди души, които са я използвали и продължават да я използват за собственото си благо, точно както бе предсказал г-н Карнеги. Някои вече направиха състояние благодарение на нея, други я приложиха, за да създадат хармония в дома си.

Тайната, за която говоря тук, се споменава повече от сто пъти в тази книга. Тя обаче не се назовава пряко: действието ѝ е по-успешно, когато просто се разкрие и остане пред очите на всички, а само ОНЕЗИ, КОИТО СА ГОТОВИ ЗА НЕЯ И Я ТЪРСЯТ, могат да я грабнат и приложат. Ето защо Андрю Карнеги ми я подхвърли толкова спокойно, без дори да ми каже как точно се нарича тя.

Ако сте ГОТОВИ да я приложите, ще я разпознаете поне по веднъж във всяка глава. Ще ми се да можех да ви кажа как да разберете дали сте готови, но това ще ви лиши от всички блага, които бихте спечелили, ако го откриете сами за себе си.

Докато пишех тази книга, моят собствсн син, който тъкмо завършваше колеж, взе ръкописа на втората глава, прочете го и откри тайната за себе си. Той я използва толкова ефективно, че започна работа направо на отговорен пост, а първоначалната му заплата беше доста по-висока от средния доход на обикновения човек. Реших да добавя неговата история именно във втората глава на книгата. Когато я прочетете, вероятно щс кажете „сбогом" на чувството, че тази книга ви обещава съмнително много още от първите си страници. А и ако и вие някога сте се чувствали обезкуражени, ако някога сте били принудени да преодолявате трудности, които са ви причинявали неописуема болка, ако сте опитвали, но сте се проваляли, ако сте били приковавани към леглото от болест или нараняване... историята за това как синът ми откри и използва формулата на Карнеги може да се окаже вашият оазис в пустинята на изгубените надежди, към който вероятно отдавна се стремите.

Тази тайна беше едно от основните оръжия на президента Удроу Уилсън по време на Първата световна война. Тя беше поверена на всеки войник на фронта по време на обучението, което бе получил, преди да се изправи срещу врага. Президентът Уилсън сподели с мен, че тайната е била ключов фактор в кампанията за набиране на средствата, необходими за военните действия.

В началото на XX век Мануел Л. Кесон, тогавашният губернатор на Филипините, беше вдъхновен от тайната, за да извоюва свободата на своя народ, и не след дълго поведе страната си като неин първи президент.

Една от особеностите на тази тайна е, че всеки, който я прегърне и използва, се оказва буквално осъден на успех, и то без кой знае какви усилия и без да си припомня вкуса на провала. Ако се съмнявате в това, вижте само имената на хората, които вече са го направили, проверете биографиите им – и ще ми повярвате.

Няма такова нещо като БЕЗПЛАТЕН ОБЯД!

Тайната, за която говорим, също има своята цена, но тази цена е много по-ниска от стойността ѝ. Онзи, който не я търси съзнателно и отдадено, не може да я получи на никаква цена, но човекът, който е готов да я научи, вече владее част от нея.

Тайната служи еднакво добре на всички, които са готови за нея, и образованието няма нищо общо с това. Много преди да се родя, тайната е била в ръцете на Томас А. Едисон и той я е използвал толкова интелигентно, че се е превърнал в най-великия изобретател в света, макар и да е ходил на училище само три месеца.

Един от бизнес партньорите на Едисон също научил тайната. Използвал я толкова ефикасно, че макар и по онова време да изкарвал само по 12 000 долара на година, скоро натрупал огромно богатство и се оттеглил от бизнеса сравнително млад. Ще ви разкажа неговата история в началото на първа глава. Тя ще ви убеди, че богатството е на една ръка разстояние, че никога не е късно да станете такива, каквито винаги сте мечтали, че парите, славата, признанието и щастието са достъпни за всички, които са готови и решени да се сдобият с тях.

Откъде знам всичко това ли? Ще разберете, преди да сте затворили последната страница на книгата. Можете да научите моята тайна на последната страница... или още в първата глава.

По време на двайсетгодишните си изследвания, които предприех по молба на Андрю Карнеги, аз анализирах стотици известни личности. Мнозина от тях признаха, че са натрупали богатството си благодарение на нашата тайна. Сред тях бяха хора като Хенри Форд, Теодор Рузвелт, Уилям Ригли, Джон Уонамейкър, Джеймс Дж. Хил, Уилбър Райт, Уилям Дженингс Брайън, Удроу Уилсън, Уилям Хауърд Тафт, Елбърт Гари, Кинг Жилет, Алегзандър Бел, Джон Д. Рокфелер, Томас А. Едисон, Ф. У. Улуърт и Кларънс Дароу.

Тези имена са само малка част от стотиците известни американци, чиито достижения, финансови или не, доказват, че онези, които разбират и прилагат тайната на Карнеги, покоряват с лекота житейските висини. Не познавам човек, изпитал вдъхновението от тайната, който да не е постигал забележителен успех в областта, за която е бил призван. От друга страна, не съм срещал човек, който да се е отличил или да е натрупал каквото и да е богатство, за което да си струва да се говори, без да е разполагал с тази тайна. Въз основа на тези два факта стигам до заключението, че сред знанията, необходими за нашето себеутвърждаване, тайната е много по-важна от всичко, което получаваме в хода на така нареченото си образование.

Какво тогава е ИСТИНСКОТО ОБРАЗОВАНИЕ? Тази книга представлява подробен отговор на този въпрос. Повечето от хората, за които стана дума, почти не са ходили на училище. Джон Уонамейкър веднъж ми каза, че е попил малкото си официално образование по същия начин, по който и парният локомотив се зарежда с вода – „набързо и на случайни гари". Хенри Форд така и не стига до гимназията, та какво остава за колеж. Аз, разбира се, не се опитвам да омаловажа образованието, но не мога да отстъпя от твърдото си убеждение, че онези, които овладеят и приложат тайната, ще покорят всеки връх, ще натрупат богатство и ще наложат на живота собствените си условия, дори и да не са отделяли много време на учението.

Докато четете книгата, рано или късно ще настъпи мигът, в който тайната ще изскочи от страницата и ще застане гордо пред вас – СТИГА ДА СТЕ ГОТОВИ ДА НЕЯ. Когато това стане, няма как да не я познаете. Независимо дали просветлението ще дойде в първата или в последната глава, когато то все пак настъпи, спрете за миг и вдигнете тост за събитието, което ще се окаже най-важната повратна точка в живота ви.

Време е да пристъпим към първата глава и към историята на моя скъп приятел, който щедро призна, че е видял онзи тайнствен знак, и чиито достижения в бизнеса са несъмнено доказателство за това, че е приел и използвал разумно този дар. Докато четете тази история (а и другите), не забравяйте, че в тях става дума за важни житейски проблеми, неделима част от личния опит на всички нас. Тези проблеми са познати на всеки, който работи, за да живее, който се бори да намери надежда, смелост, удовлетворение и душевен покой, да натрупа богатство и да се наслаждава на свободата на тялото и духа си.

Докато си проправяте път през книгата, не забравяйте също така, че в нея става въпрос за факти, а не измислици, както и че целта ѝ е да сподели с вас една велика, универсална истина. Благодарение на нея всички, които са ГОТОВИ за това, могат да научат не само КАКВО ДА ПРАВЯТ, НО И КАК ДА ГО НАПРАВЯТ, и същевременно да получат НЕОБХОДИМИЯ СТИМУЛ, ЗА ДА ЗАПОЧНАТ.

А сега, на самия праг на нашето пътешествие, искам да ви насоча към нещо, благодарение на което можете да разпознаете веднага тайната на Карнеги. Ето какво е то: ВСИЧКИ ДОСТИЖЕНИЯ, ВСИЧКИ НАТРУПАНИ БОГАТСТВА СА ПЛОД НА ЕДНА-ЕДИНСТВЕНА ИДЕЯ. Ако сте готови за тайната, значи вече сте научили половината от нея и няма да ви бъде особено трудно да откриете другата половина в мига, в който тя се изправи пред очите ви.

Наполеон Хил, 1937 г.

Предговор към осъвремененото издание

Когато „Мисли и забогатявай“ се появява за пръв път през 1937 г., тя незабавно си спечелва славата на една от най-великите и вдъхновяващи книги на своето време. Заедно с „Как да печелим приятели и да влияем на хората“ на Дейл Карнеги и „Силата на позитивното мислене“ на Винсънт Пейл, творбата на Хил става задължително четиво за всички, които се стремят към успех в живота и кариерата си.

„Мисли и забогатявай“ е продадена в над петнайсет милиона екземпляра. Тя се превръща в пътеводител за милиони хора, решили да се отърват от бедността в епоха на депресия и да постигнат просперитет за себе си, за семействата си, а в много случаи – и за своите работодатели.

Кой е Наполеон Хил и какви са изворите на неговата философия?

Наполеон Хил е роден в бедно семейство, в едностайна барака в провинциална Върджиния, през 1883 г. На дванайсетгодишна възраст остава сирак и е отгледан от роднини. Той съумява да се пребори с бедността, а бунтарският му дух и борбата да получи образование му помагат да стане един от прагматичните гении на своето време.

На тринайсетгодишна възраст започва писателската си кариера като дописник за малки провинциални вестничета – отразява местни истории за по няколко цента на ред. Може би именно заради собствената си битка с бедността той се съсредоточава върху въпроса защо хората не успяват да постигнат истински финансов успех и щастие в живота си.

За да се издържа, той решава да се посвети едновременно на правото и журналистиката. Първите му години като репортер му помагат да плати юридическото си образование. Големият пробив идва, когато му възлагат да напише поредица от истории за успеха на популярни личности.

Един от хората, които интервюира по онова време, е Андрю Карнеги, световноизвестният крал на стоманата. Карнеги е толкова впечатлен от младия журналист, че му дава поръчка, която ще се превърне в крайъгълния камък в живота на Хил през следващите двайсет и пет години. Проектът предвижда той да интервюира над 500 милионери, за да намери формула за успех, приложима за всеки човек.

Сред интервюираните са най-видните и богати личности по онова време. Това са хора като Томас Едисон, Алегзандър Грейъм Бел, Хенри Форд, Чарлз М. Шуоб, Теодор Рузвелт, Уилям Ригли, Джон Уонамейкър, Уилям Дженингс Брайън, Джордж Истман, Удроу Уилсън, Уилям Тафт, Джон Д. Рокфелер, Ф. У. Улуърт, както и мнозина други, чиито имена не са чак толкова известни в наши дни.

През всички тези години Андрю Карнеги остава плътно до Хил и му помага да формулира философията на успеха въз основа на мислите и опита на хората, с които е разговарял.

Успехът на „Мисли и забогатявай" повежда Хил към върха на консултантската кариера в областта на бизнес лидерството, прави го успешен лектор и автор на още няколко книги, а накрая дори го вкарва в списъка на милионерите.

Наполеон Хил почина през ноември 1970 г. Смъртта му сложи край на дълга и успешна кариера. Неговото дело е една от опорите на културата на индивидуалните достижения и не спира да омагьосва читателите вече над седемдесет години.

Обновяването на една класическа творба е монументално начинание. Основната философия на писателя не подлежи на промяна. Тази книга трябва да си остане на Наполеон Хил и аз не бива да си я присвоявам. Разглеждах я с през очите на реставратор, който възстановява класическа картина. Та нали също като реставратор аз трябваше да отстраня наслоената мръсотия, помрачила истинския блясък на образа, без същевременно да променям твърде много неща. Бях длъжен със съвсем внимателни движения на четката, следвайки точно оригиналния стил на твореца, да върна неговото платно обратно към живот.

Внимателно проучих текста и отстраних няколко истории, които са били напълно понятни за читателя през трийсетте години, но днес, в началото на двайсет и първи век, едва ли носят особен смисъл. Заместих ги с примери от живота на мъже и жени, които през последните години въплъщават пълноценно принципите, описани някога от Наполеон Хил.

В следващите глави ще научите какви са тези принципи, а заедно с историите за успеха на хората, които Хил е проучвал за оригиналното си издание – Карнеги, Едисон, Форд и останалите магнати от края на XIX и началото на XX век – ще се срещнете и с някои от най-влиятелните хора на нашето време, хора като Бил Гейтс, Мери Кей Аш, Арнолд Шварценегер, Рей Крок, Майкъл Джордан...

Доказалите се с времето стъпки към успеха на Наполеон Хил са все така валидни за днешните читатели, както са били и за неговите съвременници. Всеки, който прочете, разбере и приложи тази философия, ще бъде по-добре подготвен да привлече към себе си духа на онзи по-висок стандарт на живот, който винаги е бил – и винаги ще бъде – недостъпен за всички, които не са наистина готови за него – и да му се наслади.

Затова, тръгнете ли по стъпките на Наполеон Хил, трябва да бъдете готови да направите големи промени в начина, по който възприемате живота. А той ще ви се отплати, като ви дари с хармония и разбиране и ви позволи да влезете в света на богатите хора.

Д-р Артър Р. Пел

Глава 1.

Силата на мисълта

Мъжът, който „измисли" как да стане партньор на Томас А. Едисон

Няма съмнение, че мислите са веществени, и при това са могъщо оръжие, особено когато се съчетаят с целенасоченост, настойчивост и ПЛАМЕННО ЖЕЛАНИЕ да бъдат превърнати в богатство или в някакъв друг материален обект.

Едуин Барнс открил колко вярно е твърдението, че хората наистина МИСЛЯТ И ЗАБОГАТЯВАТ. Неговото откритие не дошло просто така, постигнал го е стъпка по стъпка, започвайки с ПЛАМЕННОТО ЖЕЛАНИЕ да стане бизнес партньор на великия Томас Едисон.

Една от основните характеристики на желанието на Барнс била неговата ясна посока. Той искал да работи *със* Едисон, а не *за* него. Обърнете внимание на това как е успял да превърне ЖЕЛАНИЕТО си в реалност и със сигурност ще разберете по-добре тринайсетте принципа, които водят до богатството.

Когато това ЖЕЛАНИЕ, този мисловен импулс за пръв път проблеснал в ума му, той нямал никаква възможност за действие. Пречели му две неща: не познавал г-н Едисон и нямал достатъчно пари, за да си купи билет за влака до Ориндж, Ню Джърси.

Подобни трудности биха обезкуражили повечето хора и биха им попречили да направят каквото и да е, за да осъществят желанието си. Това желание обаче не било обикновено! Бърнс бил толкова силно решен да намери начин да постигне онова, което е решил, че в крайна сметка решил да пътува в товарен вагон, вместо да приеме поражението.

Бърнс се явил в лабораторията на Едисон и заявил, че е дошъл, за да се включи в бизнеса на изобретателя. Когато след години Едисон разказваше за тази първа тяхна среща, той сподели: „Гледах го тогава – приличаше на съвсем обикновен скитник, но в израза на лицето му имаше нещо, което ми казваше, че е решен да получи онова, към което се стреми. От дългогодишния си опит с хората се бях научил, че ако някой наистина ЖЕЛАЕ нещо толкова силно, че е готов да заложи цялото си бъдеще на една-единствена карта, той със сигурност ще го постигне. Дадох му възможността, която поиска от мен, защото видях, че е готов да се бори до пълна победа. Времето показа, че не съм сбъркал."

Не е чак толкова важно какво точно е казал тогава младият Барнс – важно е какво си е мислел. Та нали и самият Едисон го признава! Той едва ли е взел младежа на работа заради външния му вид, който така или иначе не бил кой знае колко привлекателен. Важни били МИСЛИТЕ му.

Ако смисълът на това твърдение проникне в съзнанието на всеки, който чете тази книга, дори не би имало нужда да я чете до края.

Барнс не става партньор на Едисон след първата им среща. Получава шанса да работи заедно с Едисон на минимална заплата, вършейки работа, която за Едисон не е кой знае какво, но за Барнс е безценна, тъй като му позволява да изложи „стоката" си така, че бъдещият му партньор да я забележи.

Месеците минават. На пръв поглед Барнс не прави и крачка към мечтаната цел, която за него е ОСНОВНА И НЕИЗМЕННА ЗАДАЧА. В ума на Барнс обаче настъпват важни събития. Той непрекъснато подклажда ЖЕЛАНИЕТО си да стане съдружник на Едисон.

Психолозите съвсем правилно твърдят, че когато някой е наистина готов за едно или друго, това си проличава в поведението му. Барнс е готов за съдружие с Едисон. Нещо повече: ТОЙ

Е ТВЪРДО РЕШЕН ДА ПОДДЪРЖА ГОТОВНОСТТА СИ, ДОКАТО НЕ ПОЛУЧИ ОНОВА, КОЕТО ИСКА.

Той не си казва: „Добре де, каква полза има? Май трябва да премисля нещата и да се опитам да стана търговец." Нищо подобно – Барнс всъщност непрекъснато си повтаря: „Дошъл съм тук, за да вляза в бизнеса с Едисон, и ще го постигна, дори да е необходимо да посветя на тази цел остатъка от живота си." И наистина го е мислел! На какви истории само щяхме да се наслушаме, ако хората си поставяха ЯСНИ ЦЕЛИ и ги преследваха така, че те да се превърнат в изгаряща страст!

Може би младият Барнс не го е знаел тогава, но тази непоклатима решимост и настойчивото съсредоточаване върху едно-единствено ЖЕЛАНИЕ в крайна сметка ще смажат всяка опозиция и ще му дадат възможността, която толкова упорито търси.

Когато тази възможност най-сетне му се удава, тя е въплътена в съвсем различна форма и идва от неочаквана посока. Това е една от особеностите на всеки невероятен шанс: той има ужасния навик да се промъква през задния вход и често застава пред вас, дегизиран като нещастие или временно поражение. Ето защо толкова много хора не успяват да го разпознаят.

Господин Едисон тъкмо бил усъвършенствал един нов апарат, известен навремето като „диктофон на Едисон" (и наречен по-късно „едифон"). Търговците му не приели новия продукт с особен ентусиазъм. Не вярвали, че ще успеят да го продадат толкова лесно. Барнс обаче видял възможността да блесне. Тя се промъкнала в живота му, свряна в странно изглеждаща машина, която интересувала единствено своя изобретател – и Барнс.

Барнс знаел, че може да продаде диктофона. Предложил услугите си на Едисон и веднага получил съгласието му. Резултатите не закъснели – устройството се продавало толкова добре, че Едисон предложил на Барнс договор за разпространение и продажба за цялата страна. От това съдружие се родил лозунгът „произведено от Едисон, монтирано от Барнс". Благодарение на това сътрудничество Барнс натрупал пари, но същевременно постигнал и нещо много по-важно – съумял да докаже, че човек наистина може *да мисли и да забогатее*.

Няма как да разбера каква точно сума е донесло на Барнс това първо негово истинско ЖЕЛАНИЕ. Може би става въпрос за два или три милиона долара, но каквато и да е реалната сума, тя е незначителна на фона на неизмеримия актив, който става част от живота му – а именно непоклатимата увереност, че нематериалният мисловен импулс може да се превърне в материален обект чрез прилагането на определени принципи.

Барнс съвсем буквално „измислил“ партньорството си с великия Едисон. Той измислил и собственото си богатство. В началото нямал нищо – с изключение на способността да ЗНАЕ КАКВО ИСКА И РЕШИМОСТТА ДА НЕ СЕ ОТКАЗВА ОТ ТОВА ЖЕЛАНИЕ, ДОКАТО НЕ ГО РЕАЛИЗИРА.

Нямал първоначален капитал. Нямал образование. Нямал влияние. Имал обаче инициативност, вяра и желание за победа. Тъкмо с помощта на тези нематериални сили той се превърнал в номер едно и успял да работи с най-великия изобретател в света.

Сега да разгледаме една различна ситуация и да вникнем в живота на човек, който можел да се похвали с несекващ поток материални богатства, но изгубил всичко само защото спрял на няколко крачки от целта, която си бил поставил.

На три стъпки от златото

Една от най-често срещаните причини за провал е навикът да се отстъпва в лицето на временното поражение. Всеки от нас е правил подобен грях.

Р. Ю. Дарби, който по-късно стана един от най-успешните застрахователи в САЩ, разказва историята на чичо си, който пипнал „златна треска“ в годините, в които тя беше заляла страната, и тръгнал на Запад, за да КОПАЕ И ЗАБОГАТЕЕ. Никога не бил чувал, че от мозъците на хората може да се извлече повече злато, отколкото земните недра някога са давали. Ангажирал си парцел и тръгнал с кирка в ръка. Не било лесно, но желанието му за злато го водело напред.

След дълги седмици работа най-сетне бил възнаграден и стигнал до лъскавата руда. Имал нужда от машини, за да я извлече на повърхността. Тихомълком покрил шахтата и се върнал у дома в Уилямсбърг, Мериланд, за да каже на семейството си и на неколцина съседи, че е направил „удар". Всички събрали пари за необходимите машини и ги изпратили към мината. Чичото и самият Дарби тръгнали заедно с тях, за да започнат разработването ѝ.

Първата вагонетка с руда била изкопана и изпратена за топене. Съдържанието ѝ показало, че тяхната мина е една от найбогатите в Колорадо! Още няколко вагонетки щели да покрият всички дългове, след което щяла да дойде огромната печалба.

Сондите захапали здраво земята. Надеждите на Дарби и чичо му литнали в небесата. И тогава се случило нещо страшно – златната жила изчезнала. Били стигнали края на дъгата, а там вече нямало гърне със злато. Продължили да копаят, опитвайки се отчаяно да уловят отново златната жила, но без успех.

Накрая решили ДА СЕ ОТКАЖАТ. Продали оборудването за скрап за няколкостотин долара и взели влака обратно към дома. Някои търговци на скрап са доста тъповати, но не и този, който купил машините. Той извикал минен инженер, който да обследва мината и да направи някои изчисления. Инженерът заявил, че проектът се е провалил само защото собствениците не са били запознати с т.нар. разломни линии. Неговите изчисления показвали, че златната жила продължава САМО НА МЕТЪР ОТ МЯСТОТО, НА КОЕТО ДАРБИ СПРЯЛ ДА КОПАЕ! И тя наистина се оказала там!

Така търговецът на скрап получил милиони долари под формата на руда само защото имал достатъчно ум да поиска експертно мнение, преди да се откаже. Повечето от парите, похарчени за оборудване, били събрани благодарение на Р. Ю. Дарби, който тогава бил още съвсем млад. Той взимал заеми от роднини и съседи, които му ги давали, защото му вярвали. И той върнал всеки зает долар, макар че това му отнело няколко години.

Минало време и Дарби си върнал многократно изгубените пари, след като открил, че ЖЕЛАНИЕТО може да се превърне в злато. Стигнал до това откритие, след като влязъл в бизнеса с животозастраховането.

Тъй като не забравял, че е изгубил огромно богатство, само защото е СПРЯЛ на няколко крачки от златото, Дарби приложил опита си към новото си призвание, като просто си казвал: „Спрях на крачка от златото, но сега няма да спирам, само защото хората ми казват „не", когато ги помоля да си купят застраховка." Той дължи упорството си на урока, научен веднъж завинаги от един лекомислен отказ в златната мина.

Преди да постигнат успех, повечето хора почти винаги се сблъскват с множество временни поражения, а понякога и с пълни провали. А в лицето на провала най-лесното и логично нещо е ДА СЕ ОТКАЖЕШ. Точно това прави огромното мнозинство.

Повече от петстотин от най-успелите личности в тази страна ми казаха, че най-големият им успех е дошъл само една стъпка след момента, в който са били в плен на поражението. Провалът е ироничен и лукав измамник. Той се наслаждава на това да стъпи на врата ни само на една ръка разстояние от успеха.

Урок по настойчивост за петдесет цента

Малко след като г-н Дарби се дипломирал от болезнения университет на живота и бил решил да извлече максимума от опита си по време на златната треска, той имал късмета да стане свидетел на едно събитие, което му показало, че „не" невинаги означава „не".

Един следобед помагал на чичо си да мели жито в старомодна воденица. Чичото имал голяма ферма, в която живеели много ратаи. Вратата се отворила тихо и до нея застанало малко момиченце – дъщерята на един от ратаите.

Чичото вдигнал поглед, видял детето и му се сопнал:

– Ти пък какво искаш?

Детето отвърнало плахо:

– Мама каза да ѝ пратиш по мен петдесет цента.

– Как пък не! – викнал чичото. – Прибирай се веднага!

– Да, сър – рекло детето, без да мръдне от мястото си.

Чичото продължил да мели жито и бил толкова погълнат от работата си, че така и не забелязал, че детето още е там. Когато отново погледнал към вратата и видял малката, той отново се развикал:

– Нали ти казах да си вървиш у дома! Тръгвай, че ще те напляскам!

Момиченцето пак казало „да, господине" – но не мръднало и сантиметър.

Чичото пуснал на земята чувала с жито, който тъкмо щял да изсипе в мелницата, хванал една дъска от бъчва и тръгнал към детето. Изражението на лицето му било недвусмислен сигнал за надвиснала опасност.

Дарби затаил дъх. Бил сигурен, че ще стане свидетел на нещо лошо. Знаел, че чичо му има къс фитил. Когато мъжът почти стигнал вратата, момиченцето бързо пристъпило напред, погледнало го в очите и изпищяло с все сили:

– МАМА ТРЯБВА ДА ПОЛУЧИ ТИЯ ПЕТДЕСЕТ ЦЕНТА!

Чичото спрял, погледнал детето, после бавно оставил дъската на земята, бръкнал в джоба си, извадил половин долар и му го подал.

Малката взела парите и бавно започнала да отстъпва към вратата, без да сваля очи от мъжа, когото току-що била повалила в праха. След като момиченцето изчезнало, чичото седнал на един сандък и се вторачил през прозореца. Не помръднал повече от десет минути – размишлявал с благоговение над поражението, което току-що бил претърпял.

Дарби също размишлявал. За пръв път в живота си виждал такова нещо – дете на ратай решително да подчинява възрастен, и то не какъв да е, а авторитетна фигура. Как успяла малката? Какво станало с чичо му, как се стопила жестокостта му, как станал кротък като агънце? Що за странна сила използвало детето, за да се наложи над по-високопоставен и силен мъж? Куп такива въпроси се стрелкали из ума на Дарби, но той открил отговора едва след няколко години, точно когато ми разказваше историята.

Говорехме за това необичайно преживяване именно в старата мелница, точно на мястото, на което чичо му бил принуден да отстъпи.

Докато стояхме в прашната барака, Дарби ми разказа отново случката и накрая попита:

– Какво мислите? Що за странна сила използва това дете, за да се наложи над чичо ми?

Отговорът на въпроса му е въплътен в принципите, описани в тази книга. Той е пълен и изчерпателен. В него има достатъчно подробности и инструкции, с чиято помощ всеки да разбере и приложи силата, на която случайно се беше натъкнало едно малко момиченце.

Дръжте ума си буден и лесно ще разберете каква странна сила се е притекла на помощ на детето. В следващата глава ще можете да разгледате тази сила по-отблизо. Някъде в книгата ще срещнете идея, която ще задълбочи способността ви за възприятие и ще даде в ръцете ви същата тази неустоима сила, за да се възползвате от нея, както решите. Просветлението може да настъпи още в първа глава – или пък да изплува в съзнанието някъде по-нататък. То може да се въплъти в една-единствена идея, или пък в план, а може би и в цел. То може да ви накара да се върнете към преживените в миналото поражения и да ви преподаде урок, с чиято помощ да си върнете всичко, което сте изгубили заедно с принудителното си отстъпление.

След като описах на господин Дарби каква точно сила е използвало несъзнателно малкото момиче, той прехвърли набързо трийсетте години, които беше прекарал в продаване на застраховки живот. Честно си призна, че собственият му успех в тази област се дължи до голяма степен именно на урока, който беше научил от детето.

След това Дарби замислено каза: „Всеки път, когато потенциален клиент се опитваше да ме разкара, без да си купи застраховка, аз виждах онова момиченце, застанало точно тук, в старата мелница, виждах предизвикателния блясък в очите ѝ и си казвах: трябва да направя тази сделка. Повечето си успешни продажби съм постигнал с хора, които вече са ми казали НЕ.“

Дарби не можеше да забрави грешката си – да спре само на крачка от златото, – но той казваше, че това преживяване си беше истинска благословия, макар и прикрита. То ме научи да продължавам напред, независимо колко труден може да е пътят – урок, който задължително трябваше да науча, преди да съм в състояние да успея в каквото и да е.

Несъмнено историята за господин Дарби, за неговия чичо, за златната мина и дъщерята на ратая ще бъде прочетена от стотици мъже и жени, които се издържат с продажба на застраховки. На всички тях искам да кажа: не забравяйте признанието на Дарби, че именно на тези две събития дължи способността си да продава застраховки живот за повече от милион долара всяка година.

Животът е странен, а често е направо непредвидим. И успехите, и провалите могат да се дължат на съвсем дребни случки. Преживяванията на господин Дарби са съвсем обикновени и прости, и все пак са проправили пътя му в живота. За него те са толкова важни, колкото и самият живот. Той съумява да се възползва от тези драматични мигове, защото ги подлага на анализ и успява да открие урока, съдържащ се в тях. Какво обаче може да направи човекът, който няма нито времето, нито склонността да проучва провали, за да търси в тях онези безценни знания, които могат да го доведат до успех? Как и къде може той да усвои изкуството да превръща пораженията в стъпала по пътя към успеха?

Създадох тази книга, за да отговоря именно на тези въпроси.

Този отговор се състои от подробно описание на тринайсет принципа. Помнете, че търсеното от вас решение на проблемите, които са ви накарали да разсъждавате за това колко странен е животът, може да се окаже част от собствения ви ум и да изплува пред погледа ви под формата на някоя идея, план или цел, докато четете тези редове.

Единственото нещо, от което имате нужда, за да постигнете успех, е смислената идея. Принципите, описани в тази книга, съдържат най-добрите и практични подходи за разработването на полезни идеи.

Преди да продължим нататък и да опишем тези принципи, мисля, че заслужавате да ви подскажа нещо важно:

> КОГАТО БОГАТСТВОТО ЗАПОЧНЕ ДА ИДВА ПРИ ВАС, ТО СЕ ИЗСИПВА ТОЛКОВА БЪРЗО И В ТАКОВА ОГРОМНО КОЛИЧЕСТВО, ЧЕ ЗАПОЧВАТЕ ДА СЕ ЧУДИТЕ КЪДЕ СЕ Е КРИЛО ПРЕЗ ВСИЧКИТЕ ТЕЗИ ГОДИНИ. Подобно твърдение може и да звучи меко казано удивително, особено на фона на популярното убеждение, че богатството идва само при онези, които работят дълго и здраво.

Когато започнете ДА МИСЛИТЕ И ЗАБОГАТЯВАТЕ, ще забележите, че богатството започва като състояние на ума, като непоклатима цел, със съвсем малко – или дори никаква – тежка работа. Вие, както и всички останали, трябва да се стремите да научите как да достигнете онова състояние на ума, което привлича богатството. Прекарах двайсет и пет години в изследвания, проучих повече от 25 000 души, не на последно място защото и аз самият исках да разбера „откъде богатите са взели парите си".

Без тези изследвания книгата пред вас нямаше да се появи на бял свят.

Тук трябва да обърнем внимание на една важна истина. Голямата депресия започна през 1929 г. и причини незапомнена разруха – поне до момента, в който един човек, президентът Рузвелт, не пое властта в ръцете си. От този миг насетне депресията започна да затихва и накрая се стопи в нищото. Също както осветителят в театъра постепенно усилва светлините така, че мракът неусетно да се превърне в светлина, така и сковаващият страх в умовете на хората постепенно се стопи и отстъпи място на вярата.

Обърнете внимание, че щом овладеете принципите на тази философия и започнете да следвате инструкциите за тяхното прилагане, финансовото ви състояние ще започне да се подобрява, а всичко, което се докоснете, ще се превръща в актив и ще ви помага на осъществите желанията си. Невъзможно ли? Нищо подобно!

Една от основните слабости на човечеството е, че обикновеният човек твърде често използва думата „невъзможно". Той знае всички рецепти, които НЕ работят. Запознат е с всичко, което НЕ МОЖЕ да се направи. Тази книга е написана за онези, които искат да научат правилата, донесли успех на другите, и са готови да заложат всичко на тях.

Преди много години си купих един нелош речник. Първата работа, която направих, беше да го отворя на думата „невъзможен" и внимателно да я откъсна от книгата. Няма да е лошо и вие да направите същото.

Успехът идва при онези, които започнат да ОСЪЗНАВАТ УСПЕХА.

Провалът е съдба за онези, които безразлично се оставят на течението и ОСЪЗНАВАТ ЕДИНСТВЕНО ПРОВАЛА.

Целта на тази книга е да помогне на онези, които търсят успеха, да овладеят изкуството да променят начина си на мислене от ОСЪЗНАВАНЕ НА ПРОВАЛА в ОСЪЗНАВАНЕ НА УСПЕХА.

Друг недостатък, също толкова често срещан, е навикът да мерим всичко и всеки със собствения си аршин. Мнозина ще се зачетат в книгата и ще решат, че никой не може да мисли и да забогатее. Те не могат да мислят на вълната на богатството, защото мисловните им навици са в плен на бедността, нуждата, мизерията, провала и поражението.

Милиони хора съзерцават постиженията на Хенри Форд и му завиждат – може би заради късмета, случайността, гения или за каквото друго там смятат, че е причина за състоянието му. Може би един от всеки сто хиляди души знае каква е тайната на успеха на Форд, но е твърде скромен или нерешителен, за да говори за нея, просто защото му се струва прекалено проста. Една-единствена случка може да ви предложи съвършена илюстрация на тази прословута „тайна".

Когато Форд решил да произвежда прочутия днес двигател V-8, той решил и осемте цилиндъра да се отлеят в общ блок и наредил на инженерите си да създадат съответния проект. Справили се бързо на хартия, но били убедени, че е практически невъзможно да се отлее осемцилиндров бензинов двигател като моноблок.

Форд казал:

– Няма значение, започвайте производството.

– Но това е невъзможно! – отвърнали те.

– Действайте – наредил Форд – и не спирайте да работите, докато не успеете, независимо колко време ще отнеме.

Инженерите се впуснали в работа. Всъщност, ако искали да останат във фирмата, нямали голям избор. Изминали шест месеца без никакъв резултат. После още шест. Инженерите опитали всичко, което им хрумнало, за да изпълнят нареждането, но то продължавало да изглежда напълно невъзможно.

В края на годината Форд се срещнал с екипа и специалистите отново го уведомили, че не са намерили начин да изпълнят заповедта.

– Продължавайте – казал Форд. – Искам този двигател и ще го получа.

Те продължили... и тогава, сякаш с вълшебна пръчица, тайната им се разкрила като че ли от само себе си. РЕШИМОСТТА на Форд за пореден път удържала победа!

Историята може и да не е съвсем точна, но основният ѝ смисъл е несъмнен. Опитайте се да извлечете от нея тайната на милионите на Форд – та нали искате ДА МИСЛИТЕ И ДА ЗАБОГАТЯВАТЕ. Няма да ви се наложи да търсите кой знае колко далеч.

Хенри Форд постига успех, защото разбира и прилага принципите на успеха. Един от тях е ЖЕЛАНИЕТО: с други думи, да знаеш какво искаш. Не забравяйте тази история, докато четете по-нататък книгата, и запомнете добре думите, с които описахме невероятното му достижение. Ако сте в състояние да го направите, ако можете да посочите групата принципи, направили Хенри Форд богат, значи и вие можете да направите същото във всяка професионална област, за която сте призвани.

В края на XX в. Хенри Форд се казва Бил Гейтс. Също както Форд предизвиква революция в транспортната индустрия, създавайки автомобил, който почти всеки може да си позволи и да управлява, Бил Гейтс прави подобна революция в компютърната индустрия, разработвайки софтуер, който позволява на всеки – а не само на шепа специализирани технократи – да използва компютър. По този начин персоналният компютър става незаменима част от всеки офис, от всяко училище и от почти всеки дом. Това носи на Бил Гейтс милиарди долари и го превръща в най-богатия човек в Америка.

Запленен е от компютрите на тринайсетгодишна възраст и скоро започва да пише свои програми. През 1973 г. влиза в Харвардския университет и в общежитието се запознава със Стив Балмър, днес изпълнителен директор на „Майкрософт". В университета Гейтс разработва версия на програмния език БЕЙСИК за първия микрокомпютър.

Още в началото на втората година Гейтс е толкова погълнат от мечтата си да създаде софтуерна компания, че напуска „Харвард" и се посвещава на своя блян с цялата си енергия. Само няколко години по-късно, заедно с приятеля си от детинство Пол Алън, Гейтс основава компанията „Майкрософт", с чиято помощ да осъществи начинанието си. Водени от вярата, че компютърът рано или късно ще се превърне в незаменим помощник на всяко бюро и във всеки дом, те започват да разработват софтуер за персонални компютри. Прозрението на Гейтс е основата на успеха на „Майкрософт" и на софтуерната индустрия като цяло.

След като постига основната си цел, Бил Гейтс продължава да преследва все нови и нови върхове – в бизнеса си е поставил задачата да създава все по-добри компютърни програми, а в личен, филантропски план създава и развива със съпругата си Мелинда най-голямата благотворителна фондация в света.

Вие сте „господари на съдбата си, капитани на душата си"

Когато английският поет У. Ъ. Хенли е написал пророческите стихове: „аз съм господарят на съдбата си, аз съм капитанът на душата си", е трябвало да добави, че причината за това е властта ни да контролираме собствените си мисли.

Трябваше да ни каже, че етерът, в който плува нашата малка земя, земята, на която живеем и по която се движим, е вид енергия, която тече бързо и вибрира с изключителна мощ, както и че същият този етер е изпълнен с един вид вселенска сила, която се АДАПТИРА към мислите, които населяват ума ни, и ни

ВЛИЯЕ съвсем естествено така, че да превърнем всяка мисъл в нейния физически еквивалент.

Ако поетът беше споделил с нас тази истина, ние щяхме да знаем ЗАЩО сме господари на съдбата си и капитани на душата си. Той трябваше да подчертае дебело, че космическата енергия не прави разлика между разрушителни и градивни мисли, както и че благодарение на нея можем да превърнем във физическа реалност мислите за бедност със същия успех, с който бихме използвали влиянието ѝ, за да осъществим и мечтите си за богатство.

Трябваше да ни каже също така, че мозъците ни се намагнетизират от основната мисъл в ума ни и по този начин започват по неведоми пътища да привличат към нас сили, хора и обстоятелства, които са в хармония с тази основна мисъл.

Трябваше да ни каже, че преди да натрупаме неизброими богатства, ние трябва да настроим ума си така, че в него да цари силно ЖЕЛАНИЕ за богатство, че трябва да започнем да „осъзнаваме парите" и да използваме ЖЕЛАНИЕТО си, за да създадем конкретни планове, с чиято помощ да си ги набавим.

Но тъй като Хенли е поет, а не философ, той се задоволява да изложи пред нас в поетична форма една велика истина, оставяйки на последователите си тълкуването на философския смисъл на стиховете.

Малко по малко истината се разкрива пред нас, докато най-сетне не се уверим напълно, че принципите, описани в тази книга, са въплъщение на тайната за това как да поемем властта над финансовата си съдба.

Друг човек, който е истински господар на съдбата си, е Стивън Спилбърг, един от най-великите филмови режисьори на всички времена. Той мечтае за подобна кариера още като дете. Започва да прави любителски филми с примитивна камера съвсем рано и оттогава мечтата му не е губила силата си.

Начинът, по който Спилбърг влиза в *Universal Studios*, се е превърнал в легенда във филмовите среди. Той се присъединява към група туристи, която разглежда филмовия бизнес отвътре. Посетителите обикалят студиото с малко влакче. Стивън се измъкнал от влакчето и се скрил между два декора, където останал до края на обиколката. Когато си тръгвал към края на деня, се постарал да привлече вниманието на пазача и да размени с него няколко думи.

Ден след ден, в продължение на три месеца, Спилбърг посещавал комплекса. Минавал покрай пазача, махвал му приятелски, а онзи му махал в отговор. Стивън винаги носел костюм и бил с куфарче в ръка. Пазачът бил убеден, че това е поредният студент, дошъл на работа в студиото за лятото. Стивън обаче си поставил за цел да говори с режисьорите, сценаристите и редакторите, и то така, че да се сприятелява с тях. Дори намерил празен офис, ангажирал го и вписал името си в регистъра на сградата.

Поставил си за задача да се запознае със Сид Шинбърг, който тогава оглавявал отдела за телевизионни продукции на студиото. Показал му свой филмов проект от колежа, който толкова впечатлил Шинбърг, че той наел талантливия младеж.

Първият пълнометражен филм на Спилбърг, „Шугърленд експрес“, бил аплодиран от критиката и получил награда за най-добър сценарий на филмовия фестивал в Кан през 1974 г. За съжаление приходите от него не били чак толкова добри.

Пробивът дошъл година по-късно, след като Спилбърг попаднал на романа „Челюсти“. Студиото вече било решило да филмира книгата и било избрало известен режисьор за тази задача.

Спилбърг отчаяно копнеел да направи този филм. Въпреки финансовия провал с „Шугърленд експрес“, неговата самоувереност си оставала все така на висота и той съумял да убеди продуцентите да отхвърлят избрания режисьор и да поверят филма на него.

Задачата не била лека. От самото начало продукцията била преследвана от куп трудности. Имало технически проблеми, парите не стигали. Но когато „Челюсти“ се появил по екраните през юни 1975 г., той пожънал небивал успех, и то на два фронта: бил всички рекорди по приходи, а критиците направо се влюбили в него. Само след месец филмът бил донесъл повече от 60 милиона долара – нечувана сума за онова време. Оттогава филмът е събрал почти половин милиард долара приходи.

През следващите години Спилбърг режисира множество филми – поредицата за Индиана Джоунс, отличеният с множество награди „Лилавият цвят", „Империя на слънцето", „Извънземното".

По-късно създава „Джурасик парк", който също става най-успешният филм в историята на киното за времето си. Това е третият филм на Спилбърг, който чупи рекорди и носи приходи от над един милиард долара от права, играчки и други продукти.

Спилбърг продължава да преследва мечтите си. Когато той и двама други прочути холивудски герои създават своя собствено продуцентска компания, те я наричат „Dreamworks" – ковачницата за мечти.

Вече сме готови да разгледаме първия от нашите принципи. Дръжте съзнанието си отворено и помнете, че те не са измислени от един човек. Тези принципи са извлечени от опита на над 500 души, които действително са натрупали огромни богатства; това са хора, започнали живота си в бедност, с незначително образование и без никакво влияние. За тях принципите са се превърнали в реалност. Те могат да се превърнат в реалност и за вас и да ви донесат трайна полза.

И за това няма да са ви необходими кой знае колко усилия.

Преди да прочетете следващата глава, бих искал да ви предупредя, че в нея са съдържа реална информация, която може да промени из основи финансовата ви съдба по същия начин, по който е изменила напълно живота на хората, за които ще стане дума.

Искам да знаете също така, че връзката ми с тези двама души е такава, че не мога да си позволя каквито и да е волности по отношение на фактите, дори да ми се иска. Единият беше може би най-близкият ми приятел в продължение на двайсет и пет години, а другият е собственият ми син. Необикновеният успех, на който се радват те и който щедро приписват на принципа, описан в следващата глава, е достатъчно солидно оправдание за решението ми да избера два примера от личното си пространство, с които да подчертая невероятна мощ на този принцип.

Глава 2.

Желанието: основата на всяко достижение

Първата стъпка към богатството

Когато преди повече от трийсет години Едуин Барнс слязъл от товарния влак в Ориндж, Ню Джързи, той може и да е изглеждал като скитник, но мислите му със сигурност са били като на крал.

Умът му работел усилено, докато вървял бавно от гарата към офиса на Едисон. Виждал *как се изправя пред Едисон.* Чул се как иска от него шанс да осъществи НАЙ-ВЕЛИКАТА ЦЕЛ В ЖИВОТА СИ – ПЛАМЕННОТО ЖЕЛАНИЕ да стане съдружник на великия изобретател.

Желанието на Барнс в никакъв случай не било просто надежда, нито прищявка. В гърдите му горяло съвсем искрено, пулсиращо ЖЕЛАНИЕ, което оставяло на заден план всичко останало. То било ЕДНОЗНАЧНО И ОКОНЧАТЕЛНО.

Желанието на Барнс не било нещо ново, изпитвал го от дълго време и дори някога да е било прищявка, в онзи миг това вече било далечно минало.

След няколко години Едуин Барнс отново стоял пред Едисон, и то в същия офис, в който се срещнал с него за пръв път. ЖЕЛАНИЕТО му вече се било превърнало в действителност. Вече бил в бизнеса заедно с Едисон. Основната МЕЧТА В ЖИВОТА

МУ била осъществена. Днес хората, които познават Барнс, му завиждат заради „пробива", който му е предложил животът. Те обаче го виждат единствено в миговете на триумф и не си правят труда да разберат каква е причината за неговия успех.

Барнс успява, защото си поставя точно определена цел и влага в нея цялата си енергия, всичките си способности и усилия. Той не става партньор на Едисон още от първия ден. Задоволява се с неблагодарна работа, която обаче му дава възможността да направи следващата стъпка към мечтаната цел.

Минават пет години, преди шансът, който е търсил толкова упорито, най-сетне да се появи. През това време Барнс не вижда нито лъч надежда, нито обещание, че ЖЕЛАНИЕТО му ще бъде осъществено. За всички наоколо той изглежда като поредното винтче в бизнес машината на Едисон; в собственото си съзнание обаче Барнс е ПАРТНЬОР НА ЕДИСОН ВЪВ ВСЕКИ ЕДИН МОМЕНТ – още от мига, в който пристига във фирмата.

Това е забележителна илюстрация на силата на ЦЕЛЕНАСОЧЕНОТО ЖЕЛАНИЕ. Барнс постига целта си, тъй като иска да бъде съдружник на Едисон повече от всичко на света. Той си начертава план, с чиято помощ да постигне тази цел, и освен това ИЗГАРЯ ВСИЧКИ МОСТОВЕ СЛЕД СЕБЕ СИ. Вкопчва се в ЖЕЛАНИЕТО си така, че то се превръща в единствен ориентир в живота му, а накрая става и съвсем осезаем факт.

Докато пътува към Ориндж, той не си казва, че ще се опита да убеди Едисон да му даде някаква работа. Тъкмо напротив – казва си, че ще се изправи пред него и ще го уведоми, че е дошъл, за да влезе в бизнеса заедно с него. Не си мисли: „Ще поработя тук няколко месеца, и ако той не ме насърчи, ще напусна и ще си търся друга работа." Вместо това не спира да си повтаря: „Ще започна, където ми каже, ще правя всичко, което ме накара, но преди да си тръгна, ще стана негов съдружник." Барнс не се оглежда непрекъснато за нова възможност, която да го спаси, ако не получи исканото от Едисон. Убеден е в следното: „Има само ЕДНО нещо на този свят, което съм твърдо решен да имам, и това е партньорството с Томас А. Едисон. Ще изгоря всички мостове след себе си и ще заложа ЦЯЛОТО СИ БЪДЕЩЕ на способността си да получа онова, което искам."

Барнс не си оставя никакъв път за отстъпление. Той трябва да спечели или да загине – ето какъв е истинският смисъл на историята за неговия успех.

Преди много, много години един велик воин се изправил пред ситуация, в която трябвало да вземе решение, от което зависел успехът му на бойното поле. Трябвало да изпрати армиите си срещу могъщ враг, който разполагал с числено превъзходство. Той натоварил войниците си на кораби, отвоювал плацдарм на противниковия бряг и дал заповед да изгорят корабите. Когато се обърнал към бойците си преди първата битка, той казал: „Виждате как пламъците поглъщат корабите ни. Това означава, че единственият начин да напуснем този бряг живи, е да победим. Вече нямаме избор – победа или смърт!" Армията му победила. Ето защо всеки, който побеждава в дадено начинание, трябва да бъде готов да изгори корабите си и да отреже всички пътища за отстъпление. Само така може да си осигури онова състояние на ума, което наричаме ПЛАМЕННО ЖЕЛАНИЕ ЗА ПОБЕДА и което е жизнено важно за успеха.

На сутринта след големия пожар в Чикаго група търговци стояли на „Стейт стрийт" и гледали димящите останки от магазините си. Събрали се, за да решат дали да ги възстановят или предпочитат да напуснат Чикаго и да започнат отначало в някое по-обещаващо кътче от страната. Всички решили да напуснат града – освен един.

Търговецът, който решил да остане, посочил останките от магазина си и казал: „Господа, точно на това място ще построя най-големия магазин в света, независимо колко пъти още ще гори." Така и направил. Магазинът още е там – колосален паметник на онова състояние на духа, което наричаме ПЛАМЕННО ЖЕЛАНИЕ. Лесният път пред Маршал Фийлд бил същият като този на другите търговци. Когато пътят станал трънлив, а бъдещето изглеждало нерадостно, те си събрали багажа и отишли другаде – на място, което им изглеждало по-лесно.

Обърнете внимание на разликата между Маршал Фийлд и другите продавачи: тъкмо тя отличава и Едуин Барнс от хилядите други младежи, работили при Едисон. Тя отличава и почти всеки, който успява, от останалите, обречени на провал.

Всяко човешко същество, стигнало до възрастта, в която разбира каква е функцията на парите, започва да ги желае. Само че голото искане не носи богатство. От друга страна, стремежът към това богатство с умствена настройка, която може да погълне всичко останало, съчетан с планирането на конкретни начини и средства и подкрепен от непоклатима настойчовост, със сигурност ще ви доведе до върха.

Методът, по който ЖЕЛАНИЕТО за богатство може да се превърне във финансовия си еквивалент, се състои от шест ясни практически стъпки:

Първо. Определете в съзнанието си точната сума пари, към която се стремите. Не е достатъчно просто да кажете, че искате много пари. Говорете с цифри. (За това има психологическа причина, за която ще стане дума в една от следващите глави.)

Второ. Определете какво точно сте готови да дадете в замяна на парите, които желаете. (Няма такова нещо като безплатен обяд.)

Трето. Определете точна дата, на която възнамерявате да притежавате сумата, която желаете.

Четвърто. Създайте конкретен план за осъществяването на желанието си и започнете да го изпълнявате незабавно, независимо дали сте готови или не.

Пето. Напишете ясно, точно и кратко изявление по отношение на сумата, която се стремите да придобиете. Впишете крайния срок за нейното придобиване, онова, което сте готови да дадете в замяна на парите, и опишете точно плана, с чиято помощ смятате да постигнете целта си.

Шесто. Четете изявлението си на глас два пъти дневно – веднъж преди лягане и веднъж след събуждане. ДОКАТО ЧЕТЕТЕ, ВИЖДАЙТЕ, ЧУВСТВАЙТЕ И ВЯРВАЙТЕ, ЧЕ ВЕЧЕ ПРИТЕЖАВАТЕ ПАРИТЕ.

Важно е да следвате инструкциите, описани в тези шест стъпки. Още по-важно е да следвате съвсем точно инструкциите в шестата точка.

Може би ще кажете, че не е възможно да „видите, че вече притежавате парите“, без това да е станало наистина. Тъкмо тук на помощ ще ви се притече ПЛАМЕННОТО ЖЕЛАНИЕ. Ако наистина ЖЕЛАЕТЕ парите толкова отдадено, че да подчините на това целия си живот, няма да ви е трудно да се убедите, че те вече са във ваша власт. Целта е наистина да искате богатството и да проявите такава решимост да се сдобиете с него, че да УБЕДИТЕ себе си в реалността на тази цел.

Само онези, които успешно насочат съзнанието си към парите, могат да натрупат голямо богатство. Да осъзнаеш парите означава да наситиш ума си с толкова силно ЖЕЛАНИЕ за тях, че да можеш да мислиш за себе си като за вече богат човек.

За хората, които нямат представа от принципите, на които се подчинява човешкият ум, подобни инструкции може би изглеждат удивително непрактични. За всички онези, които не разбират важността на тези шест стъпки, може би ще бъде полезно да научат, че дължа информацията, съдържаща се в тях, на Андрю Карнеги – човек, започнал като общ работник в стоманодобивен завод, но успял – въпреки това скромно начало – да изстиска от тези принципи богатство на стойност доста над сто милиона долара. Можем да утвърдим позициите на тези шест стъпки и като припомним, че те бяха внимателно анализирани от Томас А. Едисон и не само преминаха успешно качествения му контрол, но и бяха обявени за жизненоважни както за натрупването на пари, така и изобщо за постигането на всяка ясно определена цел.

Тези стъпки не изискват от вас да „работите здраво“. Не ви призовават към саможертви. Не ви карат да бъдете лековерни или да правите глупости. За тяхното прилагане нямате нужда от кой знае какво образование. Но за да успеете да ги използвате както трябва, ще имате нужда от достатъчно въображение, за да видите и разберете, че натрупването на пари не може да бъде оставено на късмета или слепия шанс. Трябва да разберете, че всички, които са се сдобили с огромни богатства, първо са искали, надявали са се, ЖЕЛАЛИ са ги и са ПЛАНИРАЛИ, преди да постигнат каквото и да е. Може би тук е мястото да заявим, че никога не можете да станете свръхбогати, ако не се отдадете до нажеженото до бяло ЖЕЛАНИЕ за пари и на безусловната ВЯРА, че рано или късно те ще бъдат ваши.

Освен това е добре да знаете, че всеки велик лидер – от зората на цивилизацията, та чак до наши дни – е бил и велик мечтател. Ако не можете да видите неизброимо богатство във въображението си, няма да го видите и в банковата си сметка. Никога в историята на Америка не е имало толкова големи възможности за практични мечтатели, колкото днес. Ние, които участваме в надбягването към богатството, трябва да усетим прилив на сили, щом разберем, че динамичният свят, в който живеем, има нужда от нови идеи, от нови методи, нови лидери, нови изобретения, нови начини за преподаване, нови погледи към пазара, нови книги, нова литература, нови приложения на компютрите, нови лекарства за болестите – и изобщо от нови подходи към всеки аспект на бизнеса и живота. На фона на целия този глад за нови и по-добри неща има само едно качество, от което човек има нужда, за да спечели, и това е ЯСНО ОПРЕДЕЛЕНАТА ЦЕЛ, непоколебимото убеждение в това какво иска да постигне, и пламенно ЖЕЛАНИЕ да го постигне. За това са необходими практични мечтатели, които могат да впрегнат мечтите си в услуга на дадена цел и наистина ще го направят. Такива личности са истинските творци на цивилизацията. А ние, които искаме да тръгнем по техните стъпки, трябва да помним, че истинските световни лидери винаги са били хора, които са се възползвали и са прилагали на практика нематериалните, невидими сили на неродените възможности, като са превръщали тези сили (или мисловни импулси) в небостъргачи, градове, фабрики, самолети, автомобили, по-добри медицински грижи и изобщо във всичко онова, което прави живота ни по-лек и приятен.

Толерантността и отвореното съзнание са основните оръжия на съвременния мечтател. Онези, които се боят от нови идеи, са осъдени на провал, преди още да са направили първата крачка. Днешният ден е най-благоприятното време за пионери в историята. Разбира се, Дивият Запад вече го няма – но и ние вече не живеем в годините на пионерите и техните покрити каруци. Днес има цяла вселена от бизнес, финанси и индустрия, която трябва да бъде пресъздадена и насочена по нов и по-добър път.

Докато планирате как да се сдобиете със своя пай от богатството, не позволявайте на никого да ви влияе – и най-вече не се поддавайте на склонността да се надсмивате над мечтателя. За да спечелите джакпота в един непрестанно изменящ се свят, вие трябва да уловите духа на великите пионери от миналото, на мечтите, които са дали на цивилизацията всичките ѝ ценни притежания, на духа, който е животворната кръв на нашата страна и дава възможност на всички нас да развием и предложим за продан талантите си. Да не забравяме, че Колумб е мечтал за един непознат свят, заложил е живота си на съществуването на този свят – и в крайна сметка го е открил. Великият астроном Коперник мечтае за многообразие от светове – и идва моментът, в който наистина ги открива. Никой вече не си позволява да го нарича „непрактичен", след като идеите му триумфират. Вместо това светът се покланя на духовния му паметник и за пореден път доказва, че УСПЕХЪТ НЯМА НУЖДА ОТ ИЗВИНЕНИЯ, А ПРОВАЛЪТ – ОТ ОПРАВДАНИЯ.

Ако онова, което искате, е правилно, и ако наистина вярвате в него, просто действайте. Тръгнете към мечтата си, някъде далеч отвъд хоризонта, и изобщо не обръщайте внимание какво ще кажат хората или през какви временни трудности ще ви се наложи да преминете. Въпросните хора вероятно нямат представа, че ВЪВ ВСЕКИ ПРОВАЛ СЕ КРИЕ СЕМЕНЦЕТО НА ЕДИН БЛЕСТЯЩ УСПЕХ.

Хенри Форд, беден и необразован, мечтаел за каруца без кон и се захванал за работа със скромните инструменти, с които разполагал тогава, без да чака някакъв удобен момент или шанс от съдбата, и днес рожбите на неговата мечта населяват нашия свят. Той е завъртял повече колела, отколкото който и да е човек в историята, само защото не се е страхувал да се бори за мечтите си. Томас Едисон мечтаел за електрическа лампа, захванал се здраво за работа, и въпреки че се провалял повече от десет хиляди пъти, той не се отказал, докато мечтата му не се превърнала в реалност. Практичните мечтатели НЕ СЕ ОТКАЗВАТ!

Линкълн мечтаел да освободи чернокожите роби, започнал да осъществява мечтата си и за малко не доживял да види как обединението на Севера и Юга я превръща в реалност.

Братята Райт мечтаели за машина, която да лети във въздуха. Сега всички можем да видим, че мечтата им е била възможна. Маркони мечтаел за метод, с който да впрегне невидимите сили на етера. Всяко радио, всеки телевизор и мобилен телефон са доказателство, че не е пилял силите си напразно. Нещо повече – мечтата на Маркони превърнала в съседи обитателите на най-скромните хижи и на най-пищните имения. Тя събрала всички народи по целия свят врата до врата. Създала среда, в която новините, информацията и забавленията могат незабавно да достигнат до всяка точка на планетата. Може би ще ви бъде интересно да научите, че „приятелите" на Маркони го вкарали в затвора и го подложили насилствено на преглед в психиатрична болница, след като той заявил, че е открил принцип, чрез който да изпраща съобщения по въздуха, без помощта на кабели или други физически средства за комуникация.

Мечтателите в наши дни живеят в много по-благоприятна среда. Светът е свикнал с нови открития и дори е готов да възнагради мечтателя, който му е дал нова идея.

Рей Крок е друг чудесен пример за човек, осъществил мечтата си. Крок продавал шейкъри. Повечето от клиентите му – ресторанти и закусвални – си купували по един, най-много по два. Когато получил поръчка за осем шейкъра от малък ресторант в Сан Бернардино, Калифорния, той решил да ги посети, за да види как могат да продават толкова много шейкове. Това бил най-пълният ресторант, който Рей бил виждал. Собствениците, двама братя, предлагали съвсем ограничено меню: хамбургери, чийзбургери, пържени картофки, шейкове и безалкохолни напитки – и то на най-ниските цени в района.

Крок видял невероятна възможност. Ако успеел да отвори верига подобни ресторанти, всеки от които да бъде също толкова продуктивен и печеливш, парите щели да потекат като река. Той предложил идеята на братята Макдоналд и се съгласил да се натовари с нейното осъществяване. Само след няколко години веригата „Макдоналдс" станала не само най-големият играч на пазара, но и на практика създала индустрията на бързото хранене. По-късно Крок купил дяловете на братята Макдоналд и разширил бизнеса, превръщайки го в явление от световен мащаб, а самият той станал един от най-богатите хора за времето си.

Светът е пълен с купища ВЪЗМОЖНОСТИ, които са били недостъпни за мечтателите от миналото. ПЛАМЕННОТО ЖЕЛАНИЕ ДА БЪДЕТЕ НЕЩО И ДА НАПРАВИТЕ НЕЩО е изходната точка, от която трябва да започнете да градите утрешния си ден. Мечтите никога не се раждат от безразличие, мързел или липса на амбиция. Светът вече не се присмива на мечтателите, нито пък ги нарича непрактични. Мобилизирайте цялата си смелост, тъй като тези преживявания ще закалят духовния метал, от който сте изковани – те са активи с неоценима стойност.

Помнете също така, че всички, които са успели в живота, са тръгнали от дъното и са минали през много на пръв поглед безнадеждни битки, преди да „успеят". Повратната точка в живота на онези, които са успели, обикновено идва в момент на криза, в който разкриват своето „друго аз". Джон Бъниан пише „Пътешественикът" – едно от най-изисканите произведения в английската литература, – след като е хвърлен в затвора и е наказан тежко заради възгледите си по отношение на религията.

О. Хенри открива гения, която е дремел в съзнанието му, едва след като се сблъсква с неизмеримо нещастие и е вкаран в затвора в Кълъмбъс, Охайо. Това нещастие го ПРИНУЖДАВА да се запознае със своето „друго аз" и да използва ВЪОБРАЖЕНИЕТО си, след което открива, че всъщност е велик писател, а не презрян престъпник и отрепка. Странни и неведоми са пътищата на живота, а още по-странни и неведоми са решенията на Невидимия Интелект, който понякога принуждава хората да преминават през какви ли не изпитания, преди да открият собствения си ум и способността си да създават полезни идеи с помощта на въображението.

Едисон, най-великият изобретател и учен в света, работел като телеграфист на непълен работен ден. Провалял се безброй пъти, преди най-накрая да пробуди гения, който спял в ума му. Чарлз Дикенс започнал кариерата си, лепейки етикети на бутилки. Трагедията на първата му любов проникнала в дълбините на душата му и го превърнала в един от най-великите писатели на всички времена. Тази трагедия родила първо „Дейвид Копърфийлд", а след това и поредица от други творби, които направили света по-богат и красив за всички, чели неговите книги.

Разочарованието след някой сърдечен провал обикновено обръща мъжете към алкохола, а жените – към падението, но единствената причина за това е, че повечето хора така и не се научават да превръщат най-силните си емоции в градивни мечти.

Хелън Келър ослепяла, оглушала и онемяла малко след раждането си. Въпреки този невероятен шок, тя вписа завинаги името си в страниците на историята на величието. Целият ѝ живот е пример, че никой не е победен, докато не се признае за победен.

Робърт Бърнс бил неграмотно селско момче, прокълнато да живее в бедност, и в крайна сметка станал в отчаян пияница. Но светът станал по-добър благодарение на него, защото облякъл в поетични одежди красиви мисли – изтръгнал бодила и посадил на негово място роза.

Букър Ти Уошингтън бил роден като роб, окован от цвета на кожата си. Тъй като бил толерантен, държал съзнанието си отворено за всичко и бил МЕЧТАТЕЛ, който оставил завинаги отпечатъка си върху цяла една раса.

Бетовен бил глух, Милтън бил сляп, но имената им ще пребъдат вечно, тъй като са мечтали и са превърнали мечтите си в организирана мисъл.

Арнолд Шварценегер също е пример за човек, превърнал желанието си в действие и постижения. За пръв път се появил в публичното пространство като „Мистър Вселена", като непобедим тежкоатлет. Но Шварценегер не бил типично „биче". Той се доказал като човек с мечти и цели, които в крайна сметка постигнал и се превърнал в заможен бизнесмен, в една от найвисоко платените холивудски звезди, а накрая стигна и до поста губернатор на Калифорния.

Той е роден и израснал в Австрия и като дете започва да тренира вдигане на тежести. На осемнайсет печели първото си състезание по бодибилдинг, както и първата от петте си последователни титли „Мистър Вселена". Емигрира в Съединените щати, където продължава да печели титла след титла.

Въпреки че бил недостижим в изкуството на бодибилдинга, в един момент то вече не било достатъчно силно предизвикателство. Шварценегер започнал да търси други области, в които да може да приложи таланта си.

Тренировките го научили на всичко за тялото, от което имал нужда, и той осъзнал, че може да сподели това знание. Написал автобиография – „Арнолд: пътят на един бодибилдър“, – която веднага се превърнала в бестселър. Последвала я книга, посветена на бодибилдинга за жени, в която Шварценегер обяснявал на дамите от аудиторията си как да използват упражнения, за да влязат във форма.

Така се родил бизнесът с индивидуални програми за упражнения, изпращани по пощата, както и компанията за организиране на състезания по бодибилдинг. Тези начинания го извеждат на пътя към успеха в бизнеса.

Следващата му цел е да стане филмова звезда. Преди още да получи първата си роля, той си поставя за цел на екрана да стане поне толкова велик, колкото е бил в бодибилдинга.

След като отхвърля куп малки роли, упорството му се отплаща, когато му предлагат главната роля в „Конан варваринът“. След това се снима в множество екшъни, които го превръщат в един от най-добре платените актьори в Холивуд.

Успехът на екрана обаче не спира устрема на Шварценегер. Той си поставя нови цели – този път в света на бизнеса. Инвестира в недвижимо имущество, създава верига ресторанти, хвърля се в ред други начинания – и в крайна сметка става мултимилионер.

По пътя си нагоре той най-сетне стига до най-голямата си мечта: да служи на обществото. Започва да пътува из страната, за да говори в защита на здравето и да насърчава младите да заложат на спорта. Обикаля гетата и вдъхновява децата да обърнат гръб на насилието и престъплението, да захвърлят дрогата, оръжието и бандите и да се върнат в училище.

Шварценегер постига целта си, като финансира и ръководи активно няколко организации, отдадени на физическото здраве и добрата форма. Той става неделима част от президентската комисия по физическо възпитание, определила стандартите за физическо здраве в страната.

През 2003 г., когато хората в Калифорния гласуват за нов губернатор, Шварценегер излиза на ринга и печели съкрушителна победа.

Има какво да научим от този човек. Няма ограничение пред целите, които можете да се поставите. Шварценегер можеше да ограничи бъдещето си до бодибилдинга и да се превърне във водеща фигура, но той мечтаеше за нещо много по-голямо, поставяше си по-високи цели и направи всичко, за да ги постигне. Учеше се от успехите си и прилагаше тези знания към други аспекти от живота си.

Не позволявайте на критиката да ви обезкуражи. Критиците очернят актьорския му талант в първите му филми, но той не се отказва, продължава напред и в крайна сметка се превръща в един от най-високоплатените актьори в Холивуд, а след това – и в успешен предприемач и в губернатор на най-многолюдния американски щат.

Преди да преминете към следващата глава, разпалете отново в ума си огъня на надеждата, вярата, смелостта и търпимостта. Ако сте в състояние да изпитате тези чувства и опознаете описаните тук принципи, всичко друго ще дойде само при вас, стига само да сте ГОТОВИ за него. Припомнете си думите на Емерсън: „Всяка поговорка, всяка книга, всяка дума, която може да ти помогне и да те утеши, може да стигне до теб по широк път или по тясна пътечка. Всеки приятел, за който копнее не празният ти блян, а величествената ти и нежна душа, ще те поеме в обятията си."

Има голяма разлика между това да ЖЕЛАЕШ нещо и да си ГОТОВ да го получиш. Никой не е готов за каквото и да е, докато не повярва, че то наистина може да бъде негово. В ума трябва да цари УБЕДЕНОСТ, а не надежда или голо желание. Отвореното съзнание е неделим елемент от убеждението. Затвореното съзнание не може да вдъхнови вяра, смелост или убеденост.

Не забравяйте – за да приемете нещастието и бедността ви трябват също толкова усилия, колкото и за да се прицелите високо и да се стремите към изобилие и просперитет. Един велик поет съвсем точно е обобщил тази универсална истина в стиховете си:

От живота поисках стотинки.
А и повече той не плати,
независимо колко го молех,
стиснал в шепа тез дребни пари.
Справедлив е животът, не крия:
дава точно каквото решиш,
и приемеш ли тази заплата,
нямаш избор, освен да търпиш.
Аз работих за свойте стотинки
и от тях май научих урок:
за каквото помолиш живота,
той го плаща напълно и в срок.

Мери Кей Аш, основателката на „Мери Кей Козметикс", отдава успеха си на самоувереността си, на *вярата* си в самата себе си и във всеки един служител във фирмата, която днес обхваща повече от четвърт милион козметични консултанти по целия свят.

Кариерата ѝ в търговията започва двайсет и пет години по-рано, когато постъпва на работа във козметичната верига „Стенли". Мери често споменава, че първата ѝ година не е била особено успешна и че на няколко пъти е била на ръба да се откаже. Това обаче се променило, след като посетила първия семинар по продажби. Ето как го описва: „Там видях една висока, елегантна, красива, успяла жена, увенчана с корона, само защото бе спечелила състезанието по продажби в компанията. Реших, че следващата година на нейното място ще застана аз. Тогава ми изглеждаше невъзможно. Аз все пак реших да отида при президента и да му кажа, че възнамерявам следващата година да стана кралица на продажбите. Господин Бевъридж не ми се присмя, погледна ме в очите, хвана ме за ръка и каза: „Знаеш ли, мисля, че ще успееш." Тези няколко думи ме изстреляха нагоре и година по-късно аз наистина станах кралица."

Мери Кей не само съветва другите, но и прилага на практика убеждението си, че първата стъпка към успеха е непоклатимата вяра на всеки един, че той е невероятен човек, който заслужава да постигне такъв успех. В една статия в списание

„Personal Excellence" тя предлага няколко упражнения, които да ви помогнат да изградите представата за собственото си превъзходство и да започнете да създавате атмосферата на предстоящ успех в живота си. Ето някои от предложенията ѝ:

> *Представете си себе си като успял човек.* Не спирайте да го правите. Представете си човека, който искате да бъдете. Всеки ден отделяйте по малко време, за да останете насаме, без никой да ви притеснява. Настанете се удобно и се отпуснете. Затворете очи и се съсредоточете върху желанията и целите си. Ориентирайте се в новата среда, вижте себе си като способна и самоуверена личност.
>
> *Припомняйте си успехите си.* Всеки успех, независимо дали е голям или малък, е доказателство, че можете да постигнете още нещо. Празнувайте всяка победа и си я припомняйте, щом започнете да губите вяра в себе си.
>
> *Определете си ясни цели.* Начертайте недвусмислено посоката, в която желаете да поемете. Осъзнайте моментите, в които започвате да се отклонявате от набелязаната цел, за да можете незабавно да вземете мерки.
>
> *Реагирайте положително на живота.* Създайте си положителна представа за себе си. Представа ви за самите вас, положителните ви реакции спрямо живота и решенията ви са изцяло във ваши ръце.

Желанието може да надхитри майката-природа

Като кулминация на тази глава бих желал да ви представя един от най-необикновените хора, които познавам. Видях го само няколко минути, след като се роди. Появи се без никакви физически белези за уши и след като притиснахме лекаря, той призна, че детето може би е глухонямо по рождение.

Аз обаче не му повярвах. Имах право – това беше моето дете. Стигнах до определено решение и изказах своето мнение, но го направих тайно, в интимния мрак на собственото си сърце. Реших, че синът ми ще чува и ще говори. Природата може и да ми беше изпратила дете без уши, но не можеше да ме принуди да приема поражението. Вътре в себе си бях убеден, че синът ми ще чува и ще говори. Как? Бях сигурен, че трябва да има начин, и знаех, че ще го открия. Спомних си думите на безсмъртния Емерсън: „Всяко преживяване ни учи на вяра. Ние трябва просто да му се подчиним. За всеки от нас има съвет, и ако се вслушаме, ще чуем точните думи."

Точните думи ли? Ето една от тях: ЖЕЛАНИЕ! Повече от всичко на света ЖЕЛАЕХ синът ми да не остане глухоням. Не отстъпих и крачка назад. Много години преди това бях написал: „Единствените ограничения пред нас са онези, които сами сме издигнали в съзнанието си." За пръв път се запитах дали това твърдение е вярно. Пред мен на леглото лежеше новородено, лишено от природния инструментариум на слуха. Дори и да се научеше да чува и да говори, то щеше да си остане обезобразено за цял живот. Това, разбира се, не беше ограничение в съзнанието на детето. Какво можех да направя аз в този случай? Някак си трябваше да намеря начин да прелея в него собственото си ПЛАМЕННО ЖЕЛАНИЕ да намеря начин звукът да стигне до мозъка му без помощта на ушите.

Щях да го дочакам да порасне достатъчно, след което щях да изпълня ума му до последното кътче с такова ПЛАМЕННО ЖЕЛАНИЕ да чува, че Природата сама щеше да го превърне във физическа реалност. Всичко това се разиграваше вътре в мен – аз така и не го споделих с никого. Всеки ден подновявах клетвата си да не приемам синът ми да остане глухоням.

Детето поотрасна и започна да обръща внимание на нещата около себе си. Забелязахме, че не е съвсем глухо. Когато стигна възрастта, на която децата обикновено започват да говорят, синът ми не се опитваше да го прави, но по действията му личеше, че чува определени звуци, макар и съвсем слабо. Това ми стигаше! Бях убеден, че ако може да чува, колкото и слаб да е слухът му, той може да го развие. След това се случи нещо, което ми даде допълнителна надежда. То дойде от съвсем неочаквана посока. Купихме си грамофон. Щом детето чу музиката за пръв път, то изпадна в екстаз и веднага завладя грамофона. Скоро започна да показва предпочитания към определени записи, например към войнишката песен „Дълг е пътят до Типъреъри“. Веднъж го гледахме как пуска песента отново и отново, в продължение на почти два часа, застанал пред грамофона и захапал ръба на кутията. Разбрахме значението на този спонтанен навик едва след години – никога не бяхме чували за костна проводимост на звука.

Малко след като се влюби в грамофона, аз открих, че може да ме чува доста ясно, когато устните ми докосваха слепоочието му или основата на черепа. Тези открития ми дадоха необходимите средства, за да осъществя пламенното си желание и да помогна на сина си да чува и говори. По онова време той вече се опитваше да произнася някои думи. Резултатите не бяха особено окуражаващи, но ЖЕЛАНИЕТО, ПОДКРЕПЕНО С ВЯРА, не знае значението на думата „невъзможно“.

След като установих, че синът ми може да чува гласа ми сравнително добре, аз веднага започнах да будя у него желанието да чува и говори. Скоро открих, че обожава приказки преди сън, така че се впуснах в работа и започнах да съчинявам истории, които да му помогнат да развие самоувереност, въображение и желание да чува и да бъде дете като всички останали.

Имаше една история, която непрекъснато развивах и която правех все по-драматична при всяко разказване. Тя имаше за цел да създаде у него представата, че увреждането му не е недостатък, а невероятен актив.

Въпреки че според всички философски творби, през които бях преминал, ВСЯКО НЕЩАСТИЕ НОСИ В СЕБЕ СИ СЕМЕТО НА РАВНОСТОЙНО ПРЕДИМСТВО В ЖИВОТА, трябва да призная, че по онова време нямах никаква представа как това увреждане може изобщо да се превърне в актив. Все пак продължих да представям тази философия под формата на приказки с надеждата, че ще дойде време, в което самият той ще измисли начин да превърне присъдата си в оръжие по пътя към полезна цел. Разумът ми казваше съвсем открито, че няма адекватна компенсация за липсата на уши и други слухови органи, но ЖЕЛАНИЕТО, подкрепено от неотстъпчива ВЯРА, ми казваха да не го слушам и ме вдъхновиха да продължа напред.

Като се обръщам назад, виждам ясно, че вярата на сина ми в моите възможности се дължеше до голяма степен на удивителните резултати. Той не подлагаше на съмнение нито една моя дума. Внуших му идеята, че има несъмнено предимство пред по-големия си брат, и че това предимство ще се прояви по много начини – учителите в училище например ще видят, че няма уши, и поради това ще му окажат специално внимание и ще се отнасят към него изключително внимателно. Наистина беше така. Майка му се погрижи това да се случи точно по начина, по който го бях казал – посещаваше учителите един по един и ги молеше да му отделят необходимото допълнително внимание. Внуших му също така, че когато стане достатъчно голям, за да продава вестници (брат му вече го правеше), ще има голямо предимство пред брат си, тъй като хората ще му плащат повече, само защото виждат, че е умно и трудолюбиво момче, въпреки че няма уши.

Започнахме да забелязваме, че слухът му се подобрява. Нещо повече – у него не личеше и капка съжаление заради вродения му недъг. Когато беше на седем, ми даде първото доказателство, че обработката на съзнанието му е дала резултат. От няколко месеца ме молеше да му разреша да продава вестници, но майка му не беше съгласна. Страхуваше се, че глухотата му ще го изложи на риск, ако е сам на улицата. Накрая той взе нещата в свои ръце. Един следобед, когато останал сам с прислугата, той се покатерил на кухненския прозорец, спуснал се навън и тръгнал да осъществява решението си. Заел капитал от шест цента от кварталния обущар, инвестирал във вестници, продал ги, реинвестирал и така продължил до късно вечерта. След като теглил чертата и върнал шестте цента, които бил заел от банкера си, чистата му печалба била четирийсет и два цента. Когато се прибрахме у дома същата вечер, го заварихме заспал. В шепата си стискаше парите. Майка му отвори внимателно ръката му, извади монетите и заплака. Представяте ли си – да плаче заради първата победа на сина си! Аз реагирах иначе. Смях се от все сърце, защото знаех, че съм успял да вдъхна самоувереност на детето си. В това първо бизнес начинание майка му виждаше малко глухо момче, излязло на улицата и рискувало живота си, за да спечели пари. Аз виждах храбър, амбициозен и самоуверен малък бизнесмен, чиито акции на доверие в самия него бяха скочили със сто процента – той се беше захванал с бизнес по своя собствена инициатива и беше спечелил. Това ми доставяше удоволствие, защото малкият беше доказал, че притежава достатъчно находчивост, за да се справи сам с живота.

Ред други събития също показаха, че не съм се лъгал. Когато по-големият му брат искаше нещо, той се тръшваше на пода, започваше да рита, да плаче, да крещи – и в крайна сметка го получаваше. Когато „малкото глухо момче" искаше нещо, то планираше как да спечели парите за него, след което си го купуваше. И до днес продължава да действа по същия начин.

Собственият ми син ме научи, че недъзите могат да се превърнат в стъпала, по които човек да се изкачи до някаква значима цел – стига да реши да не ги приема като препятствия и да се оправдава с тях.

Малкото глухо момче мина през основното училище, гимназията и колежа, без да чува учителите си, освен ако те не крещяха в лицето му. Не отиде в училище за глухи. Не му позволихме да научи езика на глухонемите. Бяхме твърдо решени да го накараме да живее нормален живот, да общува с нормални деца, и отстоявахме решението си, ако и то да ни струваше безброй разгорещени спорове с училищните власти.

Докато беше в гимназията, той реши да изпробва електрически слухов апарат, но той не му помогна – вероятно защото нямаше никакви слухови органи, както бяхме открили след операцията на д-р Дж. Гордън Уилсън от Чикаго, който се опита да оправи нещата от едната страна на главата му, когато малкият беше на шест.

През последната седмица в колежа, осемнайсет години след операцията, стана нещо, което се превърна в повратна точка в живота на детето ми. Съвсем случайно в ръцете му попадна друг модел електрически слухов апарат, който му бяха изпратили за проба. Той се колебаеше, защото не искаше да преживява поредното разочарование. Накрая обаче вдигна инструмента и небрежно го опря в главата си. Включи захранването... и сякаш с вълшебна пръчка ЖЕЛАНИЕТО ДА ЧУВА, БЕЛЯЗАЛО ЦЕЛИЯ МУ

ЖИВОТ, СЕ ПРЕВЪРНА В РЕАЛНОСТ. За пръв път той беше в състояние да чува като здрав човек.

„Неведоми са пътищата Господни, по които Той твори чудесата Си." На върха на щастието, задето е открил цял един свят благодарение на новия си слухов апарат, той се втурна към телефона, обади се на майка си и чу гласа ѝ съвсем ясно. На следващия ден чуваше гласовете на преподавателите си – за пръв път в живота си! Преди можеше да долови какво казват само ако крещят, и то от съвсем близо. Чуваше радиото и репликите на филмите. За пръв път можеше да разговаря свободно с други хора, без да се налага да ги кара да крещят. Синът ми беше получил в ръцете си нова вселена. Бяхме отказали да приемем грешката на природата и благодарение на НАСТОЙЧИВОТО СИ ЖЕЛАНИЕ я бяхме принудили да я поправи с помощта на единственото практически приложимо средство за това.

ЖЕЛАНИЕТО беше започнало да се отплаща, но пълната победа беше още далеч. Момчето ми още не беше намерило еднозначен и практичен начин да превърне недъга си в актив.

Едва осъзнавайки значимостта на всичко, което беше постигнал, опиянен от радостта от откритието на цял един нов свят от звуци, той написа писмо на производителя на слуховия апарат, в което изля целия ентусиазъм от преживяването си. Нещо в писмото му – не задължително написано, може би нещо между редовете – накара компанията да го покани в Ню Йорк. Когато пристигнал, го развели из фабриката, и докато се разхождал с главния инженер и му разказвал как светът му се променил само за миг, в ума му проблеснала идея, родило се вдъхновение. Това бил мисловният импулс, който превърнал недостатъка му в актив – актив, който щеше да му се отплати под формата на пари и щастие за хиляди хора през следващите години.

Ето в какво се състояло вдъхновението: хрумнало му, че може да помогне на милиони глухи хора, които живеят без слухови апарати, ако успее да намери начин да им разкаже историята за промяната, която преживял. В този момент стигнал до решението да посвети остатъка от живота си на това да служи на хората с увреден слух. Цял месец след това прави проучвания.

Анализира цялата маркетингова система на производителя на слуховия апарат и създаде начини за общуване с лишените от слух хора по целия свят, за да намери начин да сподели с тях своето откритие. Когато завърши проучването, синът ми състави двугодишен план, основан на онова, което беше открил. Когато представи плана на компанията, тя веднага му предложи ръководна позиция, за да може да осъществи амбицията си. Едва ли беше мечтал в началото, че е призван да даде надежда и облекчение на хиляди глухи хора, които без неговата помощ щяха да бъдат осъдени до живот на мълчание.

Малко след като започна да работи за производителя на слуховия апарат, той ме покани да присъствам на един курс, организиран от фирмата, на който хора с увреден слух се учеха да чуват и да говорят. Никога не бях чувал за подобно обучение и затова отидох. Бях настроен скептично, но все пак се надявах, че няма да изгубя времето си съвсем напразно. Там обаче видях нещо, което ми показа съвсем ясно какво всъщност бях постигнал, събуждайки и поддържайки у сина си ЖЕЛАНИЕТО да чува нормално. Видях как глухонеми хора наистина се учат да чуват и да говорят благодарение на същия принцип, който бях използвал и аз повече от двайсет години преди това, за да спася сина си от дълбините на немотата.

Така по някаква странна прищявка на съдбата синът ми Блеър и аз бяхме призвани да помогнем дори на онези глухонеми деца, които още не се бяха родили. Доколкото ми е известно, ние сме единствените човешки същества, които са доказали непоклатимо факта, че глухотата и свързаната с нея немота могат да се поправят до степен засегнатите от тях хора да могат отново да живеят нормално. В един случай това проработи – ще проработи и в други.

Нямам никакви съмнения, че Блеър щеше да си остане глухоням до живот, ако с майка му не бяхме успели да изменим съзнанието му в желаната посока. Лекарят, който го прегледа след раждането му, ни каза под сурдинка, че детето може никога да не проговори.

Когато Блеър беше вече млад мъж, д-р Ървинг Ворхис, известен специалист в тази област, го изследва много внимателно.

Беше удивен да научи, че синът ми чува и говори добре, и заяви, че според резултатите от прегледа „теоретично момчето не би трябвало да може да чува". Но говорът беше налице, въпреки че според рентгеновата снимка в черепа нямаше никакъв отвор, през който ушният канал да се свързва с мозъка.

Когато му вдъхнах ЖЕЛАНИЕТО да чува, да говори и изобщо да живее като нормален човек, заедно с него заработи и някакъв неведом механизъм, който накара природата да започне да гради мостове и да ги прехвърля над бездната от мълчание между мозъка му и външния свят, и то по начин, който и най-добрите лекари не можеха да разтълкуват. За мен би било светотатство да се опитвам да разбера как Природата постигна това чудо. Би било обаче непростимо да не кажа на света за скромната си роля в това събитие. Мой дълг и привилегия е да заявя, че вярвам – и то не без известно оправдание – че няма невъзможни неща за човека, който пламти от ЖЕЛАНИЕ, подкрепено с ВЯРА. Нямам никакви съмнения, че ПЛАМЕНОТО ЖЕЛАНИЕ може да се превърне във физическа реалност. Блеър ЖЕЛАЕШЕ да чува – и вече може да го прави. Беше роден с недъг, който лесно можеше да изпрати човек с по-слабо ЖЕЛАНИЕ на улицата с шапка в ръка. Този недъг обаче днес обещава да му служи като инструмент, с който да може да направи неоценима услуга на милиони хора с увреден слух, да му даде работно място и адекватна финансова компенсация до края на живота му. Малките „благородни лъжи", които му внуших, докато беше дете, го накараха да ВЯРВА, че недостатъкът може да се превърне в неоценим актив и да се превърне в злато. Няма желание, независимо дали добро или зло, което УБЕДЕНОСТТА и ПЛАМЕННОТО ЖЕЛАНИЕ да не могат да осъществят. А тези качества не струват и стотинка.

През цялото време, в което съм работил с мъже и жени с лични проблеми, не съм се натъквал на случай, който да доказва по-добре силата на ЖЕЛАНИЕТО. Понякога писателите правят грешката да пишат по въпроси, за които имат съвсем повърхностни или елементарни познания. Аз имах късмета и привилегията да изпробвам СИЛАТА НА ЖЕЛАНИЕТО благодарение на вродената малформация на собствения си син. Може би Провидението се беше погрижило да натрупаме опит именно по този начин, защото кой друг би бил по-добър пример за това до какви резултати можем да стигнем, ако подложим ЖЕЛАНИЕТО на изпитание? Ако майката-природа отстъпва пред силата на желанието, как един обикновен смъртен може да му се противопостави? Непознаваема и неизмерима е мощта на човешкия ум! Ние не разбираме как точно той използва всяко обстоятелство, всеки индивид, всеки предмет, до които може да се добере, като средство, с чиято помощ да превърне ЖЕЛАНИЕТО в неговия физически еквивалент. Може би някой ден науката ще разкрие тази тайна. Аз вдъхнах на сина си ЖЕЛАНИЕТО да чува и да говори като всеки нормален човек. Това желание беше вече непоклатима действителност. Вдъхнах му ЖЕЛАНИЕТО да превърне убийствения си недъг в най-големия си актив. ЖЕЛАНИЕТО вече беше част от реалността.

Начинът, по който постигнахме този удивителен резултат, не е кой знае колко труден за описване. Той се състоеше от три ясно определени факта: първо, аз смесих ВЯРАТА с ЖЕЛАНИЕТО за нормален слух и предадох тази амалгама на сина си. Второ, аз прелях у него своето желание по всеки възможен достъпен ми начин, след упорити и последователни усилия, които полагах години наред. И трето – ТОЙ МИ ВЯРВАШЕ.

Преди няколко години един от бизнес партньорите ми се разболя. Влошаваше се с всеки изминал ден и накрая трябваше да влезе в болница за операция. Точно преди да го вкарат в операционната, аз го погледнах и си зачудих как толкова слаб и изтощен човек може да преживее хирургическа намеса. Лекарят ме предупреди, че шансът да го видя отново жив е нищожен. Това обаче беше НЕГОВОТО МНЕНИЕ. Пациентът мислеше иначе. Точно преди вратата да се затвори зад него, той прошепна със сетни сили: „Спокойно, шефе, след някой и друг ден ще съм на крака.“

Сестрата ме погледна с искрено съчувствие тогава. Но пациентът оцеля. След операцията лекарят каза: „Спаси го единствено желанието му за живот. Никога нямаше да прескочи трапа, ако не беше отказал да приеме смъртта като възможност.“ Аз вярвам в силата на ЖЕЛАНИЕТО, подкрепено с ВЯРА, защото съм виждал тази сила да възвисява хора от калта до върховете

Как да пробудим вярата си

Вярата е състояние на съзнанието, което може да се внуши пробуди чрез положителни твърдения или повтарящи се грукции към подсъзнанието на принципа на самовнушени-Да вземем например целта, заради която четете тази книга. чата ви, разбира се, е да овладеете способността да превър-нематериалния мисловен импулс на ЖЕЛАНИЕТО в негово-изическо съответствие – ПАРИТЕ. Ако следвате инструкции-изложени в главата за самовнушението, и опознаете схемите, които функционира подсъзнанието, вие можете да УБЕДИТЕ ето подсъзнание в непоколебимата си позиция, че ще полу-е онова, което искате. То ще започне да действа въз основа на а убеждение и ще пробуди у вас ВЯРА, последвана от точни нове, с чиято помощ да се сдобиете с онова, което желаете.

Начинът, по който можете да пробудите тази ВЯРА бук-но от нищото, е труден за описване – почти също толкова ден, колкото и да опишете червения цвят на слепец, който кога не е виждал цветове и не може да сравни с каквото и да нова, за което му говорите. Вярата е състояние на ума, ко-можете да се научите да пресъздавате, стига да овладеете найсетте принципа, за които ще стане дума – именно тези инципи ще ви помогнат да мобилизирате вярата си във всеки н момент.

Повтарянето на определени нареждания към подсъзна-ето е единственият познат метод за пробуждането на вяра в лания момент. Може би причината някои хора да стават пре-ъпници ще ви помогне да вникнете по-добре в това твърде-е. Както казва един известен криминолог: „Когато хората за ъв път се сблъскат с престъплението, те се отдръпват ужасе-. Ако продължат да се излагат на неговото влияние, те рано и късно свикват с него и го понасят сравнително спокойно. о ако това продължи твърде дълго, те най-накрая го приемат то норма за поведение и започват да се влияят от престъпно-поведение.“

Това е все едно да кажем, че всеки мисловен импулс, който подава многократно към подсъзнанието, в крайна сметка се

на властта и богатството, виждал съм я да изритва безнадеждно болни от гроба, да служи като щит за хора, претърпявали безброй поражения. Видях я, най-сетне, да дава на собствения ми син нормален, щастлив и успешен живот, въпреки че Природата го беше пратила на белия свят без уши.

Как можем да впрегнем и да използваме силата на ЖЕЛАНИЕТО? В тази глава – както и в следващите – можете да намерите отговора на този въпрос.

Искам още веднъж да се опитам да ви внуша, че всяко достижение, независимо в каква област и с каква цел, трябва да започне с интензивно, ПЛАМЕННО ЖЕЛАНИЕ за нещо конкретно. По силата на някакъв неведом и могъщ принцип на „мозъчната химия“ природата влага в импулса на това СИЛНО ЖЕЛАНИЕ „онова нещо“, което не признава бариери и не приема поражения.

Глава 3.

Вярата: всяко желание може да бъде пости

Втората стъпка към богатство

ВЯРАТА е основният катализатор на ума. Когат тае с правилна мисъл, подсъзнателният ум не вя нейните вибрации, превръща ги в духовния им и ги предава на Безкрайния интелект, също като ВЯРАТА, ЛЮБОВТА и СЕКСЪТ са най-силните от вси телни емоции. Когато трите се смесят, те „оцветява ята на мисълта по такъв начин, че тя незабавно с съзнанието, където се изменя в духовния си еквива ствената форма, която може да разчита да получи страна на Безкрайния интелект. Любовта и вярата явления, свързани с духовната страна на човека. С то биологичен и е свързан единствено с физическат Съчетаването на тези три емоции създава пряка к онна линия между крайния, мислещ човешки ум и интелект.

приема и ние започваме да го отчитаме в действията си и така осъществяваме физическия му еквивалент по най-бързия възможен начин. В този контекст е добре да обърнете отново внимание на следното твърдение: ВСИЧКИ МИСЛИ С ЕМОЦИОНАЛЕН ТОВАР, СЪЧЕТАНИ С ВЯРА, незабавно започват да се преобразуват в своя физически еквивалент.

Емоциите – чувствената страна на нашите мисли – са фактори, които даряват на разума ни жизненост, вътрешна мощ и стремеж към действие. Вярата, любовта и сексът, съчетани с мисъл, могат да постигнат много повече, отколкото голата емоция. Не само вярата, но и която и да е положителна или отрицателна емоция може да достигне до подсъзнанието и да му повлияе, стига да е съчетана със съответния мисловен импулс.

Сигурно вече сте разбрали, че подсъзнанието е готово да въплъти в действителността всяка отрицателна мисъл и разрушителен импулс с абсолютно същата скорост, с която би осъществило и градивните ни мисли и импулси. Ето на какво се дължи странното явление милиони хора да преживяват какви ли не „нещастия" и да се натъкват непрекъснато на „лош късмет".

Има безброй хора, които ВЯРВАТ, че са „осъдени" на бедност и неуспех заради някаква неведома сила, върху която ВЯРВАТ, че нямат никакъв контрол. Те сами изковават собственото си „нещастие" именно заради тази неправилно насочена ВЯРА, която подсъзнанието улавя и превръща в болезнена действителност.

Може би именно тук е мястото да ви напомня, че можете да извлечете полза за себе си, ако поднесете на подсъзнанието си ЖЕЛАНИЕТО, което искате да превърнете в неговия физически или паричен еквивалент, под формата на очакване или ВЯРА, че промяната наистина ще настъпи. Именно вашата ВЯРА определя как ще действа подсъзнанието. Нищо не ви пречи да го „подмамите" да свърши нещо полезно, като му подавате инструкции по пътя на самовнушението, както постъпих например аз със собствения си син. За да направите „измамата" по-реалистична, трябва да се държите така, сякаш ВЕЧЕ ПРИТЕЖАВАТЕ МАТЕРИАЛНОТО БЛАГО, КЪМ КОЕТО СЕ СТРЕМИТЕ и заради което се обръщате към подсъзнанието ви. То така или иначе ще пресъздаде по най-прекия и практичен начин всяко нареждане, което му се даде със силата на ВЯРАТА или на УБЕЖДЕНИЕТО, че подобно желание може да се превърне в действителност.

Мисля, че вече знаете достатъчно, за да можете да продължите напред сами и чрез експерименти и практика да овладеете способността да влагате ВЯРА във всяко нареждане, което давате на подсъзнанието. Ще ви трябва време, за да постигнете съвършенство – и, повярвайте ми, няма да минете само с четене на инструкциите.

Ако е истина, че човек може да се превърне в престъпник само защото контактува с престъпници (а това е несъмнен факт), значи е не по-малко вярно, че можем да пробудим вярата си, ако непрекъснато демонстрираме пред подсъзнанието си, че тази вяра наистина съществува. В крайна сметка умът се поддава на това всепоглъщащо влияние. Достатъчно е да осъзнаете тази истина, за да разберете защо е толкова важно да насърчавате положителните емоции като водеща умствена нагласа и съответно да потискате и елиминирате отрицателните чувства.

Един ум, който е в плен на положителните емоции, може да бъде люлка за онова душевно състояние, което наричаме вяра. Той може и да дава на подсъзнанието инструкции, които да се приемат и изпълняват безпрекословно.

Вярата е душевно състояние, което може да се постигне чрез самовнушение

От самата зора на човешката история духовниците са подтиквали хората да „вярват" в това или онова, в една или друга догма, но така и не са им обяснили КАК точно вярва човек. Не са им казали, че вярата е състояние на ума, както и че това състояние може да се постигне чрез самовнушение.

Тук ще опишем всичко, което ни е известно, за начините, по които може да се пробуди ВЯРА буквално от нищото, и при това на съвсем разбираем език.

Имайте вяра в себе си. Имайте вяра в Безкрайното.

Преди да започнете, си припомнете следното:

ВЯРАТА е вечен еликсир, който дарява на мисълта жизненост, вътрешна мощ и стремеж към действие.

Струва си да прочетете това още веднъж. И още веднъж. Струва си да го прочетете и на висок глас!

ВЯРАТА е първата стъпка към всяко богатство.

ВЯРАТА е основата на всички чудеса и тайнства, до чиято същност науката не може да достигне.

ВЯРАТА е единственото познато лекарство срещу ПРОВАЛ.

ВЯРАТА е катализатор, който в съчетание с молитвата може да предложи пряка връзка с Безкрайния интелект.

ВЯРАТА е елементът, който превръща обикновената мисъл на ограничения човешки ум в нейния духовен еквивалент.

ВЯРАТА е единственото средство, с чиято помощ можем да впрегнем и оползотворим космическата сила на Невидимия Интелект.

И ВСЯКО ЕДНО ОТ ТЕЗИ ТВЪРДЕНИЯ МОЖЕ ДА БЪДЕ ДОКАЗАНО!

Доказателството е съвсем просто и е въплътено в принципа на самовнушението. Затова предлагам да се съсредоточим именно върху него, да разберем какво представлява то и къде може да ни отведе.

Всепризнат факт е, че човек в крайна сметка може да повярва напълно на всяко нещо, което си повтаря непрекъснато, независимо дали то е вярно или не. Непрекъснатото повтаряна на една лъжа може да я превърне в истина, и то в истина, в която ще ВЯРВАМЕ безрезервно. Ние всички сме онова, което сме, тъкмо защото сме позволили на определени ДОМИНИРАЩИ МИСЛИ да завладеят ума ни. Мислите, които са ни внушени и насърчавани целенасочено, особено ако са споени с една или повече емоции, се превръщат в мотивиращата сила, която насочва и контролира всяко наше движение и действие.

МИСЛИТЕ, СЪЧЕТАНИ С КАКВАТО И ДА Е ЕМОЦИЯ, ПРЕДСТАВЛЯВАТ „МАГНЕТИЧНА“ СИЛА, КОЯТО ПРИВЛИЧА ДРУГИ ПОДОБНИ МИСЛИ ОТ ВИБРАЦИИТЕ НА ЕТЕРА.

Такава една „магнетична“, емоционална мисъл е като семе, което, попаднало в плодородна почва, израства и се размножава до безкрайност, докато накрая не създаде милиони свои себеподобни.

Етерът е неизбродима космическа маса, състояща се от вечни, вибриращи сили. В нея има както разрушителни, така и градивни вибрации. Във всеки един момент от него могат да се извлекат вибрации на страх, бедност, болести, провал, мизерия, но и на просперитет, здраве, успех и щастие. Той има милиони лица – достатъчно е да погледнем онази малка част от него, която наричаме ефир и която използват нашите радиостанции и която е пълна с хиляди мелодии и човешки гласове, продължаващи да съществуват сами за себе си, без да си сливат с другите.

От необхватните запаси на етера човешкият ум непрекъснато извлича вибрации, които са в хармония с онова, което ВЛАДЕЕ ума му в момента. Всяка мисъл, идея, план или цел, която таим в душата си, привлича други подобни мисли, вгражда ги в основите си и се опира на тях по пътя си нагоре, докато най-сетне не се превърне в ЕДНОЛИЧЕН ГОСПОДАР НА МОТИВАЦИЯТА на индивида, в чиито ум живее.

А сега да се върнем малко назад и да видим как семето на всяка идея, план или цел може да се посее в съзнанието. Това не е чак толкова трудно: достатъчно е за целта да повтаряме определена мисъл. Ето защо поисках от вас да определите основната си цел, да я запомните и да я повтаряте на глас всеки ден, докато тези звукови вибрации не достигнат до подсъзнанието ви.

Ние сме такива, каквито сме, именно заради мисловните вибрации, които улавяме и запаметяваме благодарение на стимулите от ежедневието си.

Трябва да вземете непоколебимото решение да отхвърлите влиянието на всяка неблагоприятна среда и да внесете РЕД в собствения си живот. Ако прегледате активите и пасивите на съзнанието си ще откриете, че най-голямата ви слабост е липсата на достатъчна самоувереност. Този недъг може да бъде преодолян, а плахостта може да се превърне в смелост благодарение на самовнушението. Този принцип може да се приложи с проста поредица от положителни мисловни импулси, които трябва да изразите писмено, да запомните и да повтаряте, докато не се превърнат в неделима част от механизма на подсъзнателната част от личността ви.

Формула за самоувереност

Първо. Аз знам, че съм в състояние да постигна своята Основна Цел в живота и следователно ИЗИСКВАМ от себе си да полагам последователни и упорити усилия за нейното постигане. Обещавам си, че ще го направя.

Второ. Убеден съм, че водещите мисли в съзнанието ми в крайна сметка ще се превърнат във физическо действие и постепенно ще се преобразуват във физическа реалност. Затова ще съсредоточавам мислите си за по трийсет минути на ден, ще извиквам представата за човека, в който искам да се превърна, и ще си създам ясна представа за това какво представлява той.

Трето. Знам, че благодарение на принципа на самовнушението всяко желание, което постоянно подклаждам в ума си, в крайна сметка ще намери своя израз чрез някакви практически средства, с чиято помощ да осъществи набелязаната цел. Затова ще отделям по десет минути на ден, за да изисквам от себе си да развия по-голяма САМОУВЕРЕНОСТ.

Четвърто. Описал съм ясно и недвусмислено ОСНОВНАТА СИ ЦЕЛ в живота и няма да спра да се опитвам да я постигна, докато не се сдобия с достатъчно самоувереност, за да осъществя стремежа си.

Пето. Осъзнавам напълно, че единственият начин богатството и властта да пребъдат е те да се основават върху истина и правда. Ето защо няма да предприемам нищо, което да не е от полза за всички страни. Ще успея, като привлека на своя страна силите, които искам да използвам, и хората, чието сътрудничество ми е необходимо. Ще убедя другите да ми служат именно с готовността си да служа на другите. Ще отхвърля омразата, завистта, ревността, себичността и цинизма, ще култивирам в себе си любов към цялото човечество, защото знам, че отрицателното отношение към другите никога не може да ми донесе успех. Ще направя така, че другите да вярват в мен, както и аз вярвам в тях и в самия себе си. Ще се подпиша под тази формула, ще я запомня и ще я повтарям поне по веднъж на ден, изпълнен с ВЯРА, че тя постепенно ще повлияе на моите МИСЛИ и ДЕЙСТВИЯ така, че да стана независима и успешна личност.

Тази формула се основава на един природен закон, който до момента никой смъртен не е успял да обясни. Той е костелив орех, устоял на всички опити за анализ от страна на учените в цялата история на човечеството. Психолозите го наричат *самовнушение* или *автосугестия* и предпочитат да не се задълбочават повече.

Името му обаче няма кой знае какво значение. Важното в случая е, че той РАБОТИ за успеха и прославата на човешкия род, стига обаче да се използва градивно. Ако някой обаче реши да го използва за разруха, той си остава все така ефикасен. Тук се опитвам да ви поднеса една изключително важна истина: хората, които се оставят на провала и завършват живота си в бедност, нещастие и болка, стигат до там единствено заради неправилното прилагане на принципа на самовнушението. Причината за това е фактът, че ВСИЧКИ МИСЛОВНИ ИМПУЛСИ В КРАЙНА СМЕТКА ПРИДОБИВАТ ФИЗИЧЕСКИ ОБЛИК.

Подсъзнанието – което е един вид химическа лаборатория, в която мисловните импулси се свързват помежду си и се подготвят за осъществяване във физическата реалност – не прави разлика между градивни и разрушителни мисли. То работи с материала, който му предоставим, независимо какъв е той. Подсъзнанието може да превърне в реалност мисъл, основаваща се на СТРАХ, със същия успех, с който би въплътило мисъл, породена от СМЕЛОСТ или ВЯРА. Историята на медицината е пълна със случаи на „самоубийство чрез мисъл". Човек може да посегне на живота си чрез собствения си ум и резултатът ще бъде също толкова злокобен, колкото и ако реши да избере някакво друго оръжие.

В един град в Средния Запад някой си Джоузеф Грант, банков служител, „взел назаем" голяма сума пари от банката без съгласието на директорите и ги изгубил на комар. Един ден банковият ревизор започнал да проверява сметките. Грант избягал от банката и наел стая в местен хотел. Когато го открили три дни по-късно, той лежал в леглото, гърчел се, стенел и повтарял непрекъснато: „Боже, ще умра! Не мога да живея с този позор!" Не след дълго наистина умрял. В смъртния му акт лекарите записали „умствено самоубийство".

Също както електричеството задвижва колелата на промишлеността и работи в наша полза, ако се използва градивно, но и може да ни убие, ако не знаем как да си служим с него, така и законът за самовнушението може да ви доведе до мир и просперитет, но и да ви повлече в бездната на нещастието, провала и смъртта, в зависимост от това колко добре го разбирате и колко умело можете да го прилагате.

Ако изпълните ума си със СТРАХ, съмнение и неверие в способността си да се свържете в Безкрайния интелект и да използвате неговите сили, законът за самовнушението ще завладее вашето неверие и ще го използва като модел, по който подсъзнанието ви да започне да твори реалност.

И ТОВА Е СЪЩО ТОЛКОВА НЕОПРОВЕРЖИМО ВЯРНО, КОЛКОТО И ЧЕ ДВЕ И ДВЕ Е ЧЕТИРИ.

Също както вятърът носи един кораб на изток, а друг на запад, законът за самовнушението може да ви издигне до върха или да ви хвърли в дълбините на ада в зависимост от това накъде ще насочите платната на мисълта си. Ето ви едно чудесно поетично описание на този закон:

Ако сразен се видиш, значи си сразен.
Ако не дързнеш, значи си страхлив.
Ако обичаш да живееш ден за ден,
не го ли правиш – значи не си жив.
Ако решиш, че губиш, си загубен.
Уви, светът устроен е така:
успехът почва с воля за успех
и всичко е единствено в ума.
Отхвърлен си, помислиш ли го с вяра.
Мисли за връх, ако целиш върха.
И в себе си повярвай безрезервно,
преди да си с наградата в ръка.
В живота битките не се печелят
единствено с юмруци и със кръв.
И рано или късно победител
е онзи, който ВЯРВА, ЧЕ Е ПРЪВ.

Обърнете внимание на това кои думи са подчертани и ще разберете веднага истинския смисъл, който е вложил поетът.

Някъде дълбоко във вас, може би в самите клетки на мозъка ви, лежи семенцето на достижението, което – стига да го приведете в действие – може да ви доведе до висоти, каквито едва ли някога сте си представяли.

Също както виртуозът може да извлече прекрасни звуци от простите наглед струни на цигулката, така и вие самите можете да събудите гения, който се е сврял някъде в ума ви, и да го накарате да ви отведе до всяка цел, която решите да си поставите.

Животът на Ейбрахам Линкълн е пълен провал до четирийсетата му година. Той е господин Никой – поне до мига, в който живота му се случва нещо невероятно, което събужда гения в сърцето и ума му и дава на човечеството един от найвеликите му синове. Това преживяване е смес от тъга и ЛЮБОВ и Линкълн го дължи на Ан Ръдлидж, единствената жена, която някога е обичал наистина.

Всеизвестен факт е, че ЛЮБОВТА е емоция, сродна на ВЯРАТА, и тъкмо поради тази причина любовта почти винаги успява да превърне мисловните ни импулси в техния духовен еквивалент. След като подложих на анализ живота и достиженията на стотици забележителни личности, аз открих, че зад гърба НА ПОЧТИ ВСЕКИ УСПЯЛ МЪЖ се крие любовта към някоя жена.

Любовта създава в сърцето и ума ни поле, което привлича като магнит висшите, фини вибрации, които се носят свободно из етера.

Нека си припомним само силата на ВЯРАТА, демонстрирана от един човек, познат на целия цивилизован свят – индиецът Махатма Ганди. Той е едно от най-удивителните въплъщения на истинските ѝ възможности, на които човечеството някога е ставало свидетел. Ганди излъчва повече сила, отколкото който и да е негов съвременник, и то въпреки факта, че е напълно лишен от всички обичайни инструменти на властта – пари, флот, армия, оръжие. Ганди няма пари, няма дори и дом, нямал дори един костюм, НО ВЛАСТТА МУ Е НЕСЪМНЕНА. Как се е сдобил с нея?

МАХАТМА ГАНДИ ПРИТЕЖАВА ВЛАСТ, ЗАЩОТО РАЗБИРА ПРИНЦИПА НА ВЯРАТА И УСПЯВА ДА ВНУШИ ТАЗИ ВЯРА НА ДВЕСТА МИЛИОНА ДУШИ.

Именно благодарение на силата на вярата Ганди успява да постигне онова, което най-голямата военна сила на земята никога не би постигнала със своите войници и оръжия. Той съумява да ПОВЛИЯЕ на умовете на два милиона души така, че ДА СЕ НАСТРОЯТ НА ЕДНА ВЪЛНА И ДА ДЕЙСТВАТ В УНИСОН, КАТО ЕДИН-ЕДИНСТВЕН УМ. Коя друга земна сила би могла да постигне подобно нещо?

В средата на XX в. Мартин Лутър Кинг съумява именно със силата на вярата и на убеждението си да покаже, че всички хора имат равни права и са еднакво ценни като индивиди, да поведе мъже и жени от всички раси, религии и политически разцветки в борбата за граждански права. Мечтата му хората да бъдат оценявани не по цвета на кожата, а по чертите на характера си не е осъществена напълно и до ден-днешен; но неговото дело, както и смъртта му, доведоха до значителни промени в областта на гражданските права и породиха воля борбата за пълното осъществяване на тези права да продължи.

Ключовият лозунг на бъдещето ще бъде ЩАСТИЕТО И УДОВЛЕТВОРЕНОСТТА НА ЧОВЕШКАТА РАСА. Когато постигнем тази цел, производството ще се регулира от само себе си и ще влезе в коловоз, който ще бъде много по-ефективен от всичко, което човечеството е успявало да постигне, преди да се научи да съчетава ВЯРАТА и личния интерес с работата си.

Поради нуждата от вяра и сътрудничество във всяко начинание в промишлеността и бизнеса ще бъде не само интересно, но и доста полезно да анализираме едно събитие, което ни предлага отлична илюстрация за начина, по който индустриалците и бизнес лидерите са натрупали огромните си богатства – а именно като са давали много, преди да се опитат да получат каквото и да е в замяна. Това събитие датира от самото начало на XX век, когато е основана корпорацията „Юнайтед Стейтс Стийл“. Докато четете историята, не забравяйте тези фундаментални факти – и със сигурност ще разберете как определени ИДЕИ са се превърнали в огромни богатства.

Корпорацията се ражда първо във ВЪОБРАЖЕНИЕТО на Чарлз М. Шуоб като ИДЕЯ. След това ИДЕЯТА му се съчетава с ВЯРА, от които на свой ред възниква ПЛАН, с чиято помощ ИДЕЯТА да се превърне във физическа и финансова реалност. Шуоб прави първите си стъпки с прословутата си реч в „Юнивърсити клъб" и се залавя да осъществи ПЛАНА си с непоколебима НАСТОЙЧИВОСТ и РЕШИМОСТ, които подхранва непрекъснато, докато не постига набелязаната цел. Не на последно място Шуоб проправя пътя си към успеха тъкмо с помощта на ПЛАМЕННОТО СИ ЖЕЛАНИЕ да успее.

Ако и вие често сте се чудили как хората съумяват да натрупат богатство, тази кратка история би трябвало да бъде вашият фар по пътя напред. Ако у вас има и капка съмнение, че хората могат ДА МИСЛЯТ И ДА ЗАБОГАТЯВАТ, вече е време тя да си отиде завинаги, защото тук можете ясно да видите как са били приложени повечето принципи, които описваме в тази книга.

Джон Лоуел, журналист от нюйоркския вестник „Уърлд Телеграм", с чието любезно съгласие препечатваме следващите редове, ни предлага един драматичен и разтърсващ разказ за силата на ИДЕЯТА.

Една кратка реч след вечеря... на стойност един милиард долара

Когато на 12 декември 1900 г. в банкетната зала на „Юнивърсити клъб" на Пето авеню се събрали осемдесетина представители на финансовия елит на страната, за да почетат един млад мъж, току-що пристигнал от Запада, едва шепа от тях знаели, че ще станат свидетели на най-значимия епизод в историята на американската промишленост.

Дж. Едуард Симънс и Чарлз Стюарт Смит, изпълнени с благодарност за гостоприемството, оказано им от Чарлз Шуоб по време на едно неотдавнашно тяхно пътуване до Питсбърг, организирали вечерята, за да представят трийсет и осем годишния стоманен магнат пред висшето общество на Изток. Нямало да му позволят обаче да съсипе събирането. Дори го предупредили, че стегнатите по нюйоркска мода яки не търпят дълги речи, и че ако не иска да отегчи разните стилмановци, хfamilymanовци и вандербилтовци, ще трябва да се ограничи до петнайсет-двайсет минути благовидно разтягане на локуми – и нищо повече.

Дори Джон Пиърпонт Морган, чието място, както предполагало почти имперското му достойнство, било от дясната страна на Шуоб, възнамерявал да удостои с присъствието си събитието съвсем за кратко. Що се отнася до пресата и до обществеността като цяло, вечерята не заслужавала и дума черно на бяло на следващия ден.

И тъй, двамата домакини и техните високопоставени гости си проправили път през обичайните седем-осем ястия. Разговори почти нямало, а ако изобщо се чуел някакъв диалог, той бързо затихвал. Само неколцина банкери и брокери били срещали Шуоб, който бил стигнал върха благодарение на банките в Мононгахела, и нито един от тях не го познавал добре. Но още преди края на вечерта всички те, както и Морган, Царят на златото, щели да бъдат направо пометени от местата си. Предстояло им да видят зачеването на бебе за един милиард долара – корпорацията „Юнайтед Стейтс Стийл“.

Историята няма късмета да разполага със запис от речта на Чарли Шуоб, произнесена след вечерята. Той е повтарял някои части от нея и по-късно, например пред чикагските банкери на едно подобно събиране. След няколко години, когато правителството повежда съдебна битка за разформироването на стоманения тръст, той повтаря от свидетелската скамейка онова, което е подтикнало Морган да се впусне в трескава финансова дейност.

Вероятно обаче думите му са били съвсем непринудени, донякъде освободени от тиранията на граматиката, която не интересувала особено Шуоб, и сигурно са били пълни с епиграми и хапливи забележки. Речта обаче била заредена с наелектризираща сила и упражнила несъмнена власт върху петте милиарда капитал, събран пред него онази вечер.

След като час и половина по-късно последните думи на Шуоб отекнали в залата и аудиторията още не се била отърсила от магията им, Морган го дръпнал настрани, отвел го до един прозорец в далечния край на залата, седнал до него на перваза и в тази неудобна поза двамата разговаряли още час.

Несъмнено Шуоб разгърнал цялата харизма, която носел в себе си, но още по-важно и трайно въздействие оказала пълнокръвната и ясно очертана програма за окрупняването на стоманената индустрия, която изложил пред публиката си. Мнозина други се били опитвали вече да заинтригуват Морган и да го накарат да подкрепи стоманен тръст по примера на обединенията в други индустрии – например в производството на бисквити, тел, захар, гума, уиски или дъвка. Прословутият комарджия Джон У. Гейтс бил особено настоятелен, но Морган не му вярвал особено. Братята Бил и Джим Мур, брокери от Чикаго, които успели да слеят кибритен тръст и корпорация за производство на сладки, също се опитвали да го омаят, но без успех. Лицемерно набожният „адвокат“ Елбърт Гари също предложил услугите си, но бил просто дребна риба и не можел да впечатли когото и да е. До мига, в който красноречието на Шуоб накарало Дж. П. Морган да погледне от собствения си връх солидните резултати от най-дръзкото финансово начинание в историята, проектът бил разглеждан просто като безумна мечта на шепа ловци на лесни пари.

Финансовият магнетизъм, който едно поколение преди това започнал да привлича хиляди малки или неадекватно управлявани компании и да ги слива в огромни картели, смазващи всяка конкуренция, най-после стигнал и до стоманената индустрия благодарение на добродушния бизнес пират Джон У. Гейтс. Той вече бил изградил Американската компания за стомана и тел от множество малки концерни и заедно с Морган бил създал компанията „Федерал Стийл“. Негови рожби били и обединените компании за производство на тръби и мостове. Междувременно братята Мур се отказали от кибрита и сладкишите и сформирали „Американската група“, която обединявала производството на ламарина и отчасти на стомана.

Но на фона на огромния вертикален тръст на Андрю Карнеги, управляван от петдесет и трима партньори, всички тези сливания били просто смехотворни. Дребните фирми можели да се обединяват на воля, но не можели да стъпят и на малкия пръст на Карнеги – и Морган знаел това.

Ексцентричният възрастен шотландец също го знаел. От великолепните хълмове на замъка Скибо той оглеждал – първо развеселен, а после все по-ядосан – опитите на малките компании да завземат бизнеса му. Когато тези опити станали твърде дръзки, Карнеги се вбесил и се впуснал в атака. Отмъщението му било да дублира всеки завод, с който противниците му разполагали. Дотогава не се интересувал от ламарина, тел или заготовки. Стигало му да продава стомана на фирмите, които ги произвеждали, и да ги оставя да превръщат тази стомана в каквото решат. Сега обаче разполагал със силен и надежден помощник в лицето на Шуоб и решил да притисне враговете си в ъгъла.

Ето как Морган видял в речта на Чарлз М. Шуоб решението на проблема със сливането. Тръст без присъствието на Карнеги – който бил много по-голям от всички тях, взети заедно – нямало да бъде никакъв тръст. Един журналист дори нарекъл подобно формирование „сливов пудинг без сливи“.

Думите на Шуоб в онази декемврийска вечер показали на Морган, че огромната империя на Карнеги може да попадне под негов контрол, макар и на висока цена. Шуоб говорил за триумфалния марш на стоманената индустрия по света, за реорганизация и ефикасност, за специализация, за закриване на неуспешните заводи и съсредоточаването на усилията върху онези, които вече процъфтяват, за икономии в доставките на руда, в администрацията и управленията, за завладяване на чужди пазари.

Нещо повече – Шуоб показал на безскрупулните авантюристи в индустрията какви грешки грешки са правили до момента. Целта им, казал той, била просто да създават монополи, да вдигат цените и да си изплащат тлъсти дивиденти. Без да използва обидни квалификации, той недвусмислено заявил, че подобна система е глупава. Подобна късогледа политика само ограничавала пазара в епоха, в която разширяването било жизнено важно. По-ниските цени на стоманата, казал Шуоб, ще направят пазара наистина огромен, стоманата ще започне да се прилага в неочаквани области, а стоманените магнати ще получат лъвския пай от световната търговия. Макар и да не го знаел, Шуоб станал един от първите апостоли на съвременното масово производство.

Така приключило събирането в „Юнивърсити клъб". Морган се прибрал у дома, за да поразсъждава върху оптимистичните предсказания на Шуоб. Шуоб пък се върнал в Питсбърг, за да продължи да управлява стоманения бизнес на Андрю Карнеги, докато Гари и останалите се сврели обратно в дупките си, за да продължат да дебнат какъв ще бъде следващият ход на гигантите.

Не им се наложило да чакат дълго. Морган имал нужда само от седмица, за да смели предложенията на Шуоб и да осъзнае колко разумни всъщност са те. След като се уверил, че няма да му докарат финансово разстройство, той помолил за среща с Шуоб, но се натъкнал на доста хладен прием. Шуоб недвусмислено заявил, че господин Карнеги може и да не е особено доволен да открие, че дясната му ръка флиртува с императора на „Уолстрийт" – улица, на която Карнеги се бил заклел никога да не стъпва. Предложил обаче да използват Джон Гейтс като посредник – Шуоб „случайно" щял да се окаже в хотел „Белвю" във Филаделфия точно в момента, в който Дж. П. Морган не по-малко „случайно" щял да мине оттам. Но когато Шуоб пристигнал, Морган бил тежко болен и не можел да напусне дома си в Ню Йорк, така че Шуоб откликнал на настоятелните молби на възрастния мъж и в крайна сметка се появил на вратата на личната му библиотека.

В наши дни мнозина специалисти по история на икономиката изразяват убеждението си, че целият този театър е рожба на режисьорския гений на Андрю Карнеги – от начало до край. Според тях и прословутата реч, и дългият разговор между Шуоб и Краля на златото са били планирани от хитрия шотландец. Това обаче няма нищо общо с истината. Когато се стигнало до сключването на сделката, Шуоб нямал представа дали

„шефчето", както наричали Андрю, изобщо ще изслуша предложение за продажба, особено от страна на хора, които според Карнеги били доста далеч от светостта. Шуоб обаче взел със себе си шест страници, гъсто изписан с цифри, които според него представлявали физическата стойност и потенциалната рентабилност на всяка стоманодобивна компания, която можела да се окаже сериозен играч в рамките на новия стоманен гигант.

Четирима души прекарали нощта над тези цифри. Ръководел ги, разбира се, Морган, който непоклатимо вярвал в божественото право на парите. До него бил аристократичният му партньор Робърт Бейкън, който вече бил един от водещите учени на епохата. Третият бил Джон Гейтс, когото Морган всъщност презирал – смятал го за прост комарджия и го използвал само като маша. Четвъртият бил Шуоб, който знаел за производството на стомана повече, отколкото всеки друг в света. По време на преговорите нито една посочена от него цифра не била оспорена. Ако кажел, че една компания струва еди-колко си, тя струвала точно толкова – и точка. Шуоб настоявал в тръста да се включат единствено фирмите, които определял той. Бил замислил корпорация, в която нито една производствена структура нямало да се дублира, дори и само за да задоволи алчността на този или онзи приятел, който искал да прехвърли тежестта на собствената си фирма върху широките рамене на Морган. Така още по презумпция множество големи концерти, на които финансовите акули от „Уолстрийт" вече били хвърлили око, останали зад борда.

На зазоряване Морган се изправил и се протегнал. Оставал само един въпрос.

– Мислиш ли, че ще убедиш Андрю Карнеги? – попитал той.

– Поне мога да опитам – отвърнал Шуоб.

– Ако успееш да го накараш, ще се заема с проекта – казал Морган.

Дотук добре – но щял ли да се съгласи Карнеги да продаде бизнеса си? Каква сума щял да поиска? (Предварителната оценка на Шуоб била за около 320 милиона долара.) С какво щял да поиска да му платят? Обикновени акции? Преференциални акции? Пари в брой? Никой не можел да събере една трета от един милиард долара в брой.

През януари Андрю и Чарли били на игрището за голф „Сейнт Андрюз" в Уестчестър. Андрю се потял нервно, а Чарли бъбрел какво ли не, за да поддържа духа му. Не си позволил обаче и дума по работа, докато двамата не се отпуснали в уютната дневна на вилата на Карнеги досами игрището. Едва тогава, и то със същата убедителност и настойчивост, с които хипнотизирал осемдесет милионери в „Юнивърсити клъб", Шуоб засипал Карнеги с бляскави обещания за луксозно пенсиониране, за милиони, които да задоволят всички социални капризи на стареца. Карнеги капитулирал, написал няколко цифри на лист хартия, връчил го на Шуоб и казал:

– Добре. Ето цената.

Сумата била около 400 милиона долара – сбор от онези 320 милиона, на които оценил бизнеса Шуоб, и още 80 милиона заради увеличената капиталова стойност на фирмата от последните две години.

Не след дълго, на палубата на един презокеански лайнер, шотландецът подхвърлил унило на Морган:

– Ще ми се да ти бях поискал сто милиона отгоре.

– И щеше да ги получиш – с усмивка отвърнал Морган.

Разбира се, след сделката се надигнала истинска буря. Един британски кореспондент телеграфирал, че останалата част от стоманената индустрия по света е „ужасена" от огромния нов играч. Известният икономист Артър Хадли, ректорът на „Йейл", заявил, че ако тръстовете не бъдат подложени на регулация, „до двайсет и пет години във Вашингтон ще се установи имперска власт". Но умелият борсов манипулатор Кийн започнал да предлага новите акции с толкова плам, че пазарният излишък, оценяван на около шестотин милиона долара, бил разграбен като топъл хляб. Така Карнеги прибрал сумата, която искал, синдикатът на Морган взел 62 милиона долара за „причиненото неудобство", а всичките „момчета", от Гейтс до Гари, получили своя пай, който бил по-голям, отколкото можели да мечтаят.

Трийсет и осем годишният Шуоб направил още една стъпка нагоре – станал президент на новата корпорация и я управлявал чак до 1930 г.

Включих в книгата тази драматична история от света на „големия бизнес“, защото според мен тя е чудесна илюстрация за начина, по който ЖЕЛАНИЕТО МОЖЕ ДА СЕ ПРЕВЪРНЕ В СВОЯ ФИЗИЧЕСКИ ЕКВИВАЛЕНТ. Убеден съм, че някои от читателите ще оспорят твърдението ми и ще се запитат как точно едно нематериално ЖЕЛАНИЕ може да стане част от реалността. Та нали няма безплатен обяд! Историята на „Юнайтед Стейтс Стийл“ обаче им предлага желания отговор.

Тази огромна организация се ражда в ума на един човек. Планът, благодарение на който организацията се сдобива със стоманените заводи, а следователно и с финансова стабилност, възниква отново в ума на същия човек. Неговата ВЯРА, ЖЕЛАНИЕТО му, ВЪОБРАЖЕНИЕТО и НАСТОЙЧИВОСТТА му са истинските съставки на огромната корпорация. Фабриките и машините, с които тя се сдобива ЕДВА СЛЕД КАТО Е ОСНОВАНА, са просто страничен елемент. Внимателният анализ показва, че пазарната стойност на активите на компанията се увеличава с Шестотин МИЛИОНА ДОЛАРА само защото те са консолидирани и подложени на единно управление.

С други думи, ИДЕЯТА на Чарлз М. Шуоб, съчетана с ВЯРАТА му в способностите на Дж. П. Морган и на другите участници в сделката, се превръща в съвсем реална печалба от 600 000 000 долара. Не е зле за една гола идея. За нас няма особено значение какво се случва след това с някои от хората, грабнали своите милиони благодарение на тази сделка. Важното в случая е, че това събитие е неопровержимо доказателство за истинността на философията, описана в тази книга, тъй като то става възможно именно благодарение на нея. Тази философия е и изключително жизнена – „Юнайтед Стейтс Стийл“ процъфтява и се превръща в една от най-богатите и могъщи корпорации в Америка, дала работа на хиляди хора, разработила безброй нови приложения на стоманата и проправила пътя на нови пазари. Шуоб напълно заслужава милионите, които му носи неговата ИДЕЯ.

БОГАТСТВОТО се ражда под формата на МИСЪЛ. Неговият размер е ограничен единствено от ума на човека, който работи върху тази мисъл. ВЯРАТА премахва всички бариери. Припомнете си това, когато започнете да се пазарите с Живота. Не забравяйте също така, че човекът, създал „Юнайтед Стейтс Стийл", в онзи момент е практически напълно непознат. Той е просто „момчето за всичко" на Андрю Карнеги – поне до момента, в който започва да осъществява великата си ИДЕЯ. След това бързо се издига до върховете на властта, славата и богатството.

Ето още един пример за това как ВЯРАТА в дадена идея може да направи милиони за един човек и същевременно да помогне на хиляди хора да се отскубнат от лапите на мизерията. Сър Джон Темпълтън вярва в таланта си да прави стабилни и печеливши инвестиции.

Той е по-умел инвеститор от останалите, тъй като повечето хора влагат парите си въз основа на емоции и невежество, а не на здрав разум. Темпълтън знае, че ако използва уменията си в инвестирането може не само да окаже безценна услуга на дребните инвеститори, но и да спечели немалко пари за самия себе си.

За да осъществи тази идея, той полага основите на група от взаимни фондове, които управляват парите на другите. Това е истинско пионерско начинание, тъй като по онова време взаимните фондове са сравнително нова идея. Темпълтън превръща това нововъведение в една от най-важните инвестиционни схеми, използвана в наши дни.

Темпълтън си спомня, че на първата годишна среща на *Templeton Growth Fund* са присъствали самият той, един служител на непълен работен ден и един акционер. Срещата се провела в трапезарията на един пенсиониран директор на „Дженеръл Фуудс" поради липса на средства за нещо по-добро.

Днес във фирмата работят повече от 600 служители по целия свят. Активите ѝ се оценяват на повече от 36 милиарда долара. Ето този ръст е превърнал групата „Темпълтън" в основен играч на пазара на инвестиции. Десет хиляди долара, вложени във фонда преди четирийсет години, днес биха ви донесли над три милиона.

Когато Джон Темпълтън се оттегли от бизнеса и продаде дяловете си през 1992 г. (за около 400 милиона долара, както се твърди), той не само беше богат човек, но и беше помогнал на един милион души да спечелят пари.

**ЕДИНСТВЕНИТЕ ОГРАНИЧЕНИЯ
ПРЕД УМА СА ОНЕЗИ, КОИТО СИ СЪЗДАВАМЕ САМИ.
И БЕДНОСТТА, И БОГАТСТВОТО
СА РОЖБИ ЕДИНСТВЕНО НА МИСЪЛТА.**

Глава 4.

Самовнушението: как да влияем на подсъзнанието

Третата стъпка към богатството

„Самовнушение“ или „автосугестия“ наричаме набора от внушения и създадени от самите нас стимули, които достигат до ума ни чрез петте сетива. Самовнушението е комуникационен канал между съзнателните ни мисли и подсъзнателните ни действия. В зависимост от това на кои мисли позволяваме да останат в съзнанието ни, без значение дали са положителни или отрицателни, ние можем волево да стигнем до подсъзнанието си и да му окажем определено влияние.

НИТО ЕДНА МИСЪЛ, независимо дали е положителна или отрицателна, НЕ МОЖЕ ДА ВЛЕЗЕ В ПОДСЪЗНАНИЕТО БЕЗ НАМЕСАТА НА ПРИНЦИПА НА САМОВНУШЕНИЕТО. Единственото изключение са мислите, извлечени пряко от етера. Иначе казано, всички възприятия, които достигат до нас благодарение на сетивата, се филтрират от СЪЗНАТЕЛНИЯ, мислещ ум, който преценява кои от тях да достигнат до подсъзнанието. Природата ни е създала така, че да разполагаме с АБСОЛЮТЕН КОНТРОЛ върху всичко, което достига до подсъзнанието, което, разбира се, не означава, че ние винаги УПРАЖНЯВАМЕ този контрол. В огромното мнозинство случаи не го правим и това е една от основните причини толкова много хора да прекарват живота си в бедност.

Припомнете си онази прословута история, която сравнява подсъзнанието с плодородна градина, в която обаче ще поникнат само плевели, ако не засеем нещо по-полезно. САМОВНУШЕНИЕТО е контролният механизъм, с чиято помощ индивидът може да захранва подсъзнанието единствено с градивни мисли – или, ако не го използва както трябва, да позволи до него да достигнат разрушителни идеи, които сетне да дадат нежелан плод в богатата градина на ума.

Последните шест стъпки, описани в главата, посветена на желанието, искат от вас за четете НА ГЛАС своето ПИСМЕНО изявление, посветено на ЖЕЛАНИЕТО ЗА ПАРИ, както и ДА СЕ ПОЧУВСТВАТЕ така, сякаш вече притежавате тези пари. С помощта на тези инструкции вие всъщност внушавате обекта на желанието си непосредствено на подсъзнанието, и при това го правите в дух на непоклатима ВЯРА. Многократното повтаряне на тази процедура може да ви позволи съвсем съзнателно да си изградите навици, с чиято помощ да можете във всеки един момент да превръщате желанието си в неговия паричен еквивалент. Върнете се към шестте стъпки във втора глава и ги прочетете внимателно, преди да продължите напред. След това прочетете внимателно и инструкциите за организирането на „колективния гений" (ще говорим по-подробно за това в седма глава, посветена на организираното планиране). Ако сравните всички тези съвети с онова, за което вече говорихме във връзка със самовнушението, ще видите, че то е неделим елемент от всеки един от тях.

Заради това и докато четете изявлението си, с чиято помощ трябва да развиете „паричното" си съзнание, не бива да забравяте, че простото произнасяне на думите няма да свърши работа – поне докато не ги свържете с определено чувство. Дори да повторите милион пъти прословутата формула на Емил Куе „с всеки ден се чувствам все по-добре и по-добре", ако зад нея няма емоции и ВЯРА, резултат така и няма да се появи. Подсъзнанието ви разпознава и изпълнява само мисли, споени с чувства.

Този факт е толкова важен, че ще го повтаряме във всяка глава до края на книгата. Именно неспособността на повечето хора да го осъзнаят ги лишава от плодовете на самовнушението.

Думите, лишени от всякакво чувство, не могат да повлияят на подсъзнанието. Няма да видите никакъв резултат, докато не се научите да достигате до дълбините на своето несъзнавано с мисли или думи, подплатени с вяра и УБЕДЕНОСТ. Не се обезкуражавайте, ако не можете да контролирате и насочвате емоциите още от първия опит. Нали не сте забравили, че няма безплатен обяд? Способността да влияете на подсъзнанието има определена цена – ЦЕНА, КОЯТА ТРЯБВА ДА ПЛАТИТЕ. Няма как да заобиколите този закон, независимо колко ви се иска. Цената се състои в това да проявявате НАСТОЙЧИВОСТ в прилагането на описаните тук принципи. Животът няма да приеме по-дребна монета. Вие и САМО ВИЕ трябва да решите дали целта – в случая осъзнаването на парите – си струва усилията.

Голата „мъдрост" и чистият „интелект" привличат и задържат пари в съвсем редки случаи – и, честно казано, тези случаи са плод единствено на случайността. Методът, описан тук, не зависи от теорията на вероятностите, нито пък от слепия шанс. Той ще свърши работа във всеки един случай. За провалите са виновни индивидите, а не методът. Ако опитате и не успеете, продължавайте да опитвате, докато не стигнете върха.

Способността ви да прилагате самовнушението до голяма степен ще зависи от умението ви да се СЪСРЕДОТОЧАВАТЕ върху определен СТРЕМЕЖ до степен той да се превърне в ПЛАМЕННО ЖЕЛАНИЕ. Нямате друг избор – иначе шестте стъпки от предишната глава няма да ви помогнат с нищо.

Ще ви дам някои съвети във връзка със съсредоточаването. Когато пристъпите към първата от шестте точки и се опитате да определите точната сума, която желаете да получите, задръжте мислите си върху тази сума, като затворите очи и приковете вниманието си в една точка, докато в съзнанието ви не изплува ясна представа за начина, по който изглеждат тези пари. Правете това поне по веднъж на ден. Докато правите упражненията, следвайте инструкциите в главата за ВЯРАТА и се научете да виждате себе си като ИСТИНСКИ СОБСТВЕНИК НА ПАРИТЕ.

Има един изключително важен факт: подсъзнанието приема и изпълнява единствено заповеди, пропити с безгранична ВЯРА, които трябва да му се повтарят непрекъснато, за да бъдат усвоени както трябва. Ето как можете да „измамите" напълно почтено подсъзнанието си и да го накарате да вярва – само защото вие самите вярвате, – че няма как да не се сдобиете със сумата, която си представяте, че парите само чакат да протегнете ръка, а подсъзнанието е длъжно да даде едно рамо на практическите ви планове, с чиято помощ да приберете онова, което така или иначе ви принадлежи.

Подайте тази мисъл на въображението си и вижте какво е в състояние да направи то, за да ви помогне да си съставите план за натрупването на пари единствено благодарение на едно горещо желание.

НЕ ЧАКАЙТЕ мига, в който ще имате готова схема за замяна на стоки или услуги срещу парите, които си представяте. Започнете веднага да се възприемате като собственик на тези пари, започнете да ги ОЧАКВАТЕ, да НАСТОЯВАТЕ да ги получите, докато подсъзнанието ви не отстъпи и не изтъче само плана, от който имате нужда. Бъдете нащрек и не изпускайте момента – когато планът най-сетне се появи, ТРЯБВА ДА ГО ОСЪЩЕСТВИТЕ НЕЗАБАВНО. Той вероятно ще дойде като кратък мисловен проблясък, като някаква форма на вдъхновение. Това всъщност е лично съобщение за вас от Безкрайния интелект. Приемете го с признателност и незабавно пристъпете към неговото осъществяване. Ако не успеете да го сторите, ви очаква единствено провал.

Във втората от шестте стъпки трябваше да създадете план, който да ви доведе до желаната цел, и да пристъпите към осъществяването му. Трябва да последвате този съвет по начина, който току-що ви предложих. Не се доверявайте на ума си, щом става въпрос за превръщане на едно желание в реалност. Разумът няма да свърши работа – да не говорим, че рационалността ви може да се окаже мързелива и неповратлива и да ви подведе доста болезнено, ако разчитате единствено на нея.

Когато си представяте парите, които искате да получите (да напомним още веднъж, че това се прави със затворени очи), представете си и как доставяте стоката или предлагате услугата, която ще ви донесе тези пари. Това е изключително важно!

Обобщение на инструкциите

Фактът, че четете тази книга, вече е доказателство, че наистина се опитвате да научите нещо, както и че сте готови да положите известни усилия, за да постигнете целта си. Ако сте достатъчно отдадени, ще научите много неща, за които не сте и подозирали преди, но единственият начин да ги усвоите е да проявите известна скромност. Ако решите да спазите едно, но да отхвърлите друго, няма да успеете. За да постигнете реален резултат, трябва да ме следвате плътно и да вложите цялата ВЯРА, на която сте способни.

Нека сега обобщим всички съвети, свързани с шестте стъпки, за които стана дума във втора глава, и да подчертаем още веднъж връзките им с принципите, които обсъдихме тук.

Първо. Оттеглете се на някое спокойно място (например нощем в леглото), където никой няма да ви притеснява, затворете очи и повторете гласно и достатъчно силно, за да можете да чувате какво казвате, писменото изявление за парите, които искате да натрупате, за срока, за който искате да ги съберете, както и за стоката или услугата, която възнамерявате да предложите в замяна. Докато го правите, СИ ПРЕДСТАВЕТЕ, ЧЕ ВЕЧЕ ПРИТЕЖАВАТЕ ТЕЗИ ПАРИ.

Например: искате да натрупате сто хиляди долара до първи януари след пет години и сте готови за целта да предлагате определена услуга и да работите като търговски представител. Писменото ви изявление трябва да изглежда приблизително така:

> На първи януари 2017 г. ще притежавам сто хиляди долара, които ще получавам на неравномерни вноски в този период. В замяна на тези пари аз ще предлагам най-добрата услуга, на която съм способен, в най-голямото възможно количе-

ство, като търговски представител на... (тук впишете какво точно ще продавате).

Вярвам, че тези пари ще бъдат мои. Вярата ми е толкова силна, че мога да ги видя пред себе си, мога да ги докосна с ръка. Парите ме чакат да окажа съответната услуга, за да дойдат при мен. Чакам да се сдобия с план, който да ми помогне да натрупам тези пари. Ще последвам този план веднага щом го получа.

Второ. Повтаряйте тази програма сутрин и вечер, докато не започнете да си представяте съвсем ясно парите, които искате да натрупате.

Трето. Поставете този текст на място, на което да можете да го виждате сутрин и вечер, и го четете непосредствено преди лягане и веднага след ставане, докато не го научите наизуст.

Не забравяйте, че тези инструкции се основават на принципа на самовнушението и тяхната цел е да дадат на подсъзнанието ви заповеди, които то да не може да отхвърли. Запомнете също така, че подсъзнанието ще започне да действа само ако инструкциите са облечени в емоции и му се диктуват „с чувство“. ВЯРАТА е най-силната и продуктивна емоция. Следвайте инструкциите, които ви дадох в главата, посветена на вярата.

На пръв поглед те може и да ви се сторят абстрактни, но не позволявайте на подобно впечатление да ви спира. Следвайте ги, независимо колко абстрактни и непрактични ви се виждат. Стига да правите онова, което ви казвам, скоро ще дойде моментът, в който пред вас ще се разкрие новата вселена на вътрешната ви мощ. Разбира се, скептицизмът по отношение на всяка нова идея е характерен за всяко човешко същество. Но ако следвате инструкциите в тази книга, той скоро ще се превърне в искрена вяра, която постепенно ще изкристализира и в крайна сметка ще се превърне в АБСОЛЮТНА ВЯРА. Не след дълго ще можете да кажете напълно убедено: „аз съм господар на живота си и капитан на душата си“!

Мнозина философи са казвали, че хората имат известен контрол върху съдбата си на този свят, но така и не са успявали да определят причините за съществуването на този контрол. В тази глава ние обяснихме подробно защо човек може да контролира земния си живот и особено финансовото си бъдеще. Дължим властта над самите себе си и над средата си единствено на СПОСОБНОСТТА СИ ДА ВЛИЯЕМ ВЪРХУ СОБСТВЕНОТО СИ ПОДСЪЗНАНИЕ и по този начин да разчитаме на помощ от страна на Безкрайния интелект.

Стигнали сте до онази част от книгата, в която излагаме най-дълбоките основи на тази философия. Ако искате наистина да превърнете желанието си в пари, трябва да прилагате инструкциите в тази глава ТВЪРДО И ПОСЛЕДОВАТЕЛНО.

За тази вълшебна трансформация е необходимо да използвате самовнушението като инструмент, с който да достигнете до подсъзнанието и да му повлияете. Всички останали принципи са просто помощни средства. Не забравяйте това и във всеки един момент ще осъзнавате каква важна роля играе самовнушението за вашите усилия да натрупате пари благодарение на методите, описани в тази книга.

Изпълнявайте тези инструкции така, сякаш сте малко дете и някой ви води за ръка. Вложете малко детска вяра в усилията си. Направих всичко възможно да не ви предлагам непрактични инструкции, тъй като единственото ми желание е да ви помогна.

След като прочетете цялата книга, върнете се към тази глава и претворете на дело следното:

ЧЕТЕТЕ НА ГЛАС ЦЯЛАТА ГЛАВА ВСЯКА ВЕЧЕР, ДОКАТО НЕ СЕ УБЕДИТЕ НАПЪЛНО, ЧЕ ПРИНЦИПЪТ НА САМОВНУШЕНИЕТО НАИСТИНА РАБОТИ И ЧЕ ЩЕ НАПРАВИ ЗА ВАС ВСИЧКО, КОЕТО ОБЕЩАХМЕ. ДОКАТО ЧЕТЕТЕ, ПОДЧЕРТАВАЙТЕ ВСЯКО ИЗРЕЧЕНИЕ, КОЕТО ВИ ПРАВИ ПОЛОЖИТЕЛНО ВПЕЧАТЛЕНИЕ.

Следвайте тези инструкции буквално. Те ще ви позволят да разберете напълно и да овладеете изоснови принципите на успеха.

Глава 5.

Специализирано познание: личен опит и наблюдения

Четвъртата стъпка към богатството

Съществуват два вида познание. Едното е общо, другото – специализирано. Общото познание – независимо колко богато и разнообразно е то – няма да ви помогне кой знае колко да натрупате пари. В големите университети можем да открием почти всяка форма на общо познание, познато на човешката цивилизация. Те обаче са се специализирали в преподаването на това познание, а не в неговата организация или приложение.

ПОЗНАНИЕТО може да привлече пари само ако е организирано и насочено умело с помощта на практични ПЛАНОВЕ ЗА ДЕЙСТВИЕ към ЯСНО ОПРЕДЕЛЕНАТА ЦЕЛ да се трупат пари. Неразбирането на този факт е причината милиони хора да вярват, че „знанието е сила". Нищо подобно! Знанието е просто възможност. То може да се превърне в сила единствено ако бъде въплътено в конкретен план за действие и насочено към определена цел.

Това „липсващо звено" във всички образователни системи, прилагани днес, е рожба на пълната неспособност на образователните институции да научат студентите си КАК ДА ОРГАНИЗИРАТ И ИЗПОЛЗВАТ ЗНАНИЕТО, след като се сдобият с него.

Много хора грешат, като смятат, че Хенри Форд е останал необразован, само защото не е ходил достатъчно дълго на училище. Тези хора обаче не познават Форд – а и не разбират истинския смисъл на понятието „образование". Тя е свързана с глагола „образувам" и първоначалният ѝ смисъл е бил „придавам външен образ на нещо, което е било скрито".

Образован човек не е задължително онзи, който може да се похвали с изобилие от общо или специализирано познание. Образованият човек е развил умствените си способности така, че да може да получи всичко, което пожелае – или поне най-близкия му еквивалент – без да нарушава правата на другите. Хенри Форд отговаря напълно на подобно определение.

По време на Първата световна война един чикагски вестник публикува няколко уводни статии, в които нарича Хенри Форд „невеж пацифист". Господин Форд се възпротивява на подобно определение и завежда срещу вестника дело за клевета. Когато делото стига до съда, адвокатите на вестника искат доказателства за твърдението на ищеца и призовават самия Хенри Форд на свидетелската скамейка, за да докажат на съдебните заседатели, че той наистина е невежа. Адвокатите му задали множество въпроси, чиято единствена цел била да докажат, че макар и Форд да притежава обширни специализирани познания, свързани с производството на автомобили, той си остава необразован в най-общ смисъл.

Форд трябвало да отговаря на въпроси като този кой е Бенедикт Арнолд или колко войници са изпратили британците в Америка, за да потушат бунтовете от 1776 г. В отговор на последния въпрос Форд отговорил: „Не знам колко войници са пратили, но съм чувал, че онези, които тръгнали, са били доста повече от онези, които са успели да се върнат."

Накрая Форд се уморил от безсмисления изпит и когато адвокатът му задал един особено обиден въпрос, той се навел напред, забил пръст в гърдите му и казал: „Ако наистина се налага да отговоря на някой от глупавите въпроси, с които ме засипахте, както и на всеки друг въпрос, ще си позволя да ви напомня, че на бюрото си имам няколко електрически бутони. Когато натисна съответния бутон, пред мен застават хора, които могат да отговорят на ВСЕКИ въпрос, който реша да им задам и който има връзка с бизнеса, на който съм посветил голяма част от усилията си. Така че бъдете така добър да ми обясните за какъв дявол ми трябва да пълня главата си с безсмислена обща култура, само за да мога да отговарям на някакви си въпроси, при условие, че около мен има хора, които да ми дадат цялото познание, от което имам нужда?"

Отговорът несъмнено бил логичен и обезоръжил напълно адвоката. Всички присъстващи в залата осъзнали, че това не са думи на невежа, а тъкмо напротив – на един наистина ОБРАЗОВАН човек. Образован е всеки, който знае къде да намери информацията, която му е необходима, и как да организира познанията си под формата на конкретни планове за действие. С помощта на своя „колективен гений" Хенри Форд разполагал с цялото специализирано познание, от което имал нужда, за да стане един от най-богатите хора в Америка. Не било задължително да складира всичко в ума си. Едва ли човек, който има достатъчно ум, за да прочете подобна книга, може да отхвърли с лека ръка смисъла на този пример.

Преди да добиете увереност, че ще сте в състояние да превърнете ЖЕЛАНИЕТО си в неговия паричен еквивалент, ще трябва да се сдобиете със СПЕЦИАЛИЗИРАНОТО ПОЗНАНИЕ за услугата или стоката, която ще предложите в замяна на парите. Може би ще имате нужда от много повече специализирано познание, отколкото искате или можете да придобиете. Ако е така, вашият „колективен гений" ще ви помогне да преодолеете тази своя слабост.

Андрю Карнеги заявява, че лично той не знае нищо за технологията на стоманения бизнес и че дори не полага усилия да я изучи. Цялото специализирано познание, от което има нужда, за да произвежда и продава стомана, е на негово разположение благодарение на членовете на неговия КОЛЕКТИВЕН ГЕНИЙ.

Натрупването на големи богатства изисква определена ВЛАСТ, а тази власт се мобилизира единствено благодарение на високо организирано и интелигентно насочено специализирано познание. Не е задължително обаче това познание да е в главата на човека, който трупа богатството. Предходният параграф би трябвало да обнадежди и насърчи онези от вас, които имат амбицията да натрупат богатство, но не разполагат с необходимото „образование“ и специализирано познание. Понякога хората цял живот страдат от „комплекс за малоценност“, само защото нямат стандартно образование. Човекът, който може да организира и управлява „колективен гений“, способен да му предостави познанието, с което да натрупа пари, всъщност е по-образован от всеки отделен член на групата. ЗАПОМНЕТЕ ДОБРЕ ТОВА, особено ако се чувствате малоценни само защото не сте ходили на училище достатъчно дълго.

Томас А. Едисон се е „образовал“ официално само три месеца. И все пак едва ли някой би казал, че му е липсвала образованост или че е умрял беден. Хенри Форд така и не завършва шести клас, но финансово се е справил... ами... доста добре.

Фактът, че Форд и Едисон не са получили достатъчно училищно образование в никакъв случай не е извинение за днешните младежи, които искат да спрат да учат. Днес средното образование е задължителна първа стъпка за добър старт в света на бизнеса.

Разбира се, има и изключения. Дейв Томас, основателят на веригата ресторанти „Уенди“, отпада от училище съвсем рано. Но след като постига успех, той започва да насърчава младежите да продължат образованието си. Дава и личен пример на онези от тях, които са на ръба да загърбят училището, като взима собствената си диплома за средно образование 45 години, след като е избягал от ученическата скамейка.

Той се явява на матура за възрастни и успешно взима изпита. Дипломата му е връчена на специална церемония в гимназията на района, в който живее във Флорида.

Томас говори пред повече от 500 ученици и възрастни кандидати за матура от целия щат.

– Винаги ме е притеснявал фактът, че напуснах училище рано, но пък и винаги съм смятал, че е твърде късно да взема диплома – ентусиазирано казва той. – Сега вече знам, че никога не е твърде късно и се надявам моят пример да вдъхнови и други да направят същото.

За Томас вдъхновението дошло, докато представял автобиографията си „Пътят на Дейв" на турне из цялата страна. В много градове се сблъсквал с млади журналисти, отговарял на въпросите им, давал съвети и насърчавал учениците да останат в училище и да успеят. „Тези журналисти бяха доста интелигентни – спомня си Томас. – Не спираха да ме питат защо непрекъснато обяснявам, че образованието е толкова важно, при условие, че така и не съм завършил училище – с други думи, защо говоря едно, а съм направил съвсем друго. Нямах смислен отговор на този въпрос, така че реших да взема гимназиална диплома."

Целта му е да покаже на младежите, напуснали училище, независимо дали са си тръгнали вчера или преди години, че никога не е твърде късно да се дипломираш.

– Казвам на хората да се стремят към всяко образование, до което могат да се доберат. Фактът, че самият аз завърших училище 45 години, след като го напуснах, е доказателството, че никога не е твърде късно за това. Дори на фона на всичко, което се е случило в живота ми, тази диплома си остава едно от най-важните ми достижения.

СПЕЦИАЛИЗИРАНОТО ПОЗНАНИЕ е една от най-евтините услуги, която при това можете да използвате в огромни количества.

Струва си да знаете как да си купите знание

Първо трябва да решите какво специализирано познание ви е необходимо и с каква цел го искате. Основната цел в живота ви до голяма степен ще определи и знанията, от които имате нужда. След като разрешите този въпрос, следващият ви ход е да се сдобиете с точна информация за това на кои източници можете да разчитате. Най-важните сред тях са:

а) личен опит и образование;
б) опит и образование на околните;
в) колежи и университети;

г) обществени библиотеки (в тях има книги и списания, в които можете да намерите цялото знание, натрупано от цивилизацията);
д) специализирани курсове (вечерни училища и домашно обучение).

След като се сдобиете с необходимите познания, те трябва да бъдат организирани и приложени с оглед на определена цел под формата на практически планове. Единственото ценно знание е онова, което може да се използва за някаква смислена цел. Ето защо дипломата за висше образование не е никаква гаранция за успешна кариера.

Ако възнамерявате да продължите обучението, първо определете целта, заради която имате нужда от допълнително познание, след което открийте от кои надеждни източници можете да получите това познание. Успешните хора във всяка една професия не спират да трупат специализирани познания, свързани с основната им цел, независимо дали става въпрос за професионална или бизнес реализация. Хората, които така и не постигат успех, обикновено правят грешката да смятат, че процесът на натрупване на знания свършва с дипломирането. Истината е, че училището само ни насочва към възможностите за придобиване на практически знания.

Година след година консултантите по професионално ориентиране в колежите отчитат, че работодателите, които идват в кампусите им, се интересуват основно от студенти от точно определени специалности – бизнес мениджмънт, компютърни науки, математика, химия и други области, които им позволяват незабавно да се включат в производството. Студентите от хуманитарните профили, които имат по-широко, но недостатъчно специализирано образование, не се търсят толкова.

Все пак има много студенти с невероятен потенциал, които така и не избират специализация, само защото на осемнайсет- или двайсетгодишна възраст едва ли са знаели в коя област искат да се развиват професионално. Много от тези момчета и момичета избират общи бакалавърски програми, но след това се профилират. Младите читатели на тази книга не бива да се втурват презглава да си избират специалност, докато не научат достатъчно за областта, която ги интересува, и за нейните предимства и недостатъци.

Повечето колежи предлагат информация и насоки за студентите, изправени пред подобно решение. Независимо дали могат да използват подобна услуга, студентите трябва да разгледат няколко научни и практически области, да четат колкото се може повече за избраната област и да говорят с хора, които вече са се реализирали в нея.

Далеч не всички кариери изискват висше образование. Има и други видове обучение. Много гимназии предлагат различни професионални курсове. Повечето университети имат програми за продължаващо обучение, предназначено за хора, които искат да натрупат повече специализирани познания. Има колежи, предлагащи допълнителни специализации с конкретна насоченост на кандидати, които искат да сменят професионалното си поприще или да се усъвършенстват в онова, което вече са избрали. Те се провеждат вечер или през уикенда и обикновено се посещават от работещи възрастни, а не от студенти.

Програмите за домашно обучение, често наричани и дистанционно обучение, се организират и провеждат по пощата или по интернет. Едно от предимствата на дистанционното обучение е гъвкавостта на програмата, която дава възможност на курсиста да учи през свободното си време. Друга невероятна страна на ученето у дома – стига, разбира се, да изберете удачно сред предложенията – е фактът, че повечето курсове ви дават правото на множество консултации, които могат да се окажат безценно съкровище за онези, които търсят специализирано познание. Всички тези блага могат да се окажат в ръцете ви, независимо къде живеете.

САМОДИСЦИПЛИНАТА, която можем да развием благодарение на определена специализирана програма, може донякъде да компенсира пропилените шансове да се сдобием с познания напълно безплатно. Обучението у дома е особено подходящо за хора, които ходят на работа и изведнъж откриват, че имат нужда от допълнително специализирано обучение, но не могат да отделят време за традиционни курсове. Непрекъснато изменящите се икономически условия в нашето общество принуждават много хора да търсят допълнителни – или просто нови – източници на доход. За мнозинството от тях решението несъмнено е в специализираното познание. Немалко са и онези, които ще трябва да сменят изцяло професията си. Когато един търговец установи, че определена група стоки не се продава, той обикновено я заменя с друга, която се търси. Човекът, чийто бизнес е личният му труд, също трябва да бъде добър търговец, и ако услугите му не дават достатъчно в замяна, той трябва да започне да предлага нещо друго, например в област, в която има повече незаети ниши.

Човекът, който спира да учи само защото е завършил училище, е осъден на вечна посредственост, независимо с какво е решил да се занимава. Пътят към успеха е непрекъснато преследване на ново знание. Нека вземем един конкретен пример: по време на икономическа криза продавач в една бакалия стига до финансовото дъно. Вместо обаче да си потърси работа – а работните места така или иначе не са кой знае колко – той решава да започне собствен бизнес. Тъй като има някакви елементарни счетоводни познания, мъжът минава курс по счетоводство, където се запознава с най-новите счетоводни методи и с последната дума на техниката в тази област.

Започвайки от собственика на бакалията, за когото някога е работил, бившият продавач сключва договори за счетоводно обслужване с повече от сто дребни търговци срещу съвсем нисък месечен абонамент. Идеята му се оказала толкова добра, че скоро му се наложило да отвори подвижен офис, екипиран с всичко необходимо, в малък покрит камион. Сега тези подвижни офиси са цял автопарк. Във фирмата работят множество асистенти, които предлагат на дребните търговци счетоводни услуги с най-високо качество, и то на съвсем ниска цена.

Именно специализираното познание и въображението са двете съставки, създали този уникален и успешен бизнес. Само за миналата година неговият собственик е платил данък върху дохода, десет пъти по-голям от този на търговеца, за когото работел, преди кризата да го притисне временно в ъгъла и всъщност да се превърне в шанса на живота му.

Ето че и това бизнес начинание се основава на ИДЕЯ! И след като вече дадох тази идея на останалите без работа продавачи, сега ще си позволя да ви дам и още един съвет, който може да ви предложи още по-висок доход плюс възможността да окажете безценна услуга на хиляди хора, които имат отчаяна нужда от нея.

Всъщност дължа този съвет на същия продавач – онзи, който един ден изскочил иззад тезгяха и започнал да предлага счетоводство на едро. Когато открил как точно да реши проблема си, той възкликнал: „Идеята е страхотна, но нямам представа как да я превърна в пари." Иначе казано, той не знаел как да предложи на пазара счетоводните познания, които бил натрупал.

Това го изправило пред друг проблем. С помощта на един млад човек, който бил умел калиграф и стилист, счетоводителят създал малка книжка, в която описал предимствата на новата счетоводна система. Тя била оформена като албум и се превърнала в основния му маркетингов инструмент. Благодарение на нея историята на новия бизнес станала толкова достъпна и интересна, че неговият собственик скоро имал повече клиенти, отколкото можел да поеме.

В цялата страна има хиляди хора, които имат нуждата от маркетингов специалист, който да подготви привлекателна брошура, с чиято помощ да продадат услугите си. Годишният доход от подобна услуга може лесно да надмине печалбата дори на най-голямата агенция за човешки ресурси, да не говорим за ползите от тази услуга, които не могат да се сравняват с онова, което каквато и да е агенция може да предложи.

ИДЕЯТА, за която ще стане дума след малко, е плод на нуждата, на безизходицата, която една жена е трябвало да преодолее, но нейният триумфален марш не спира след първата победа. Жената, чиято рожба е тази идея, имала невероятно ВЪОБРАЖЕНИЕ. Тя видяла в своето творение зародиша на една нова професия, която можела да окаже безценна услуга на хиляди хора, нуждаещи се от практически насоки в опитите си да предложат на пазара личните си услуги.

Първото ѝ творение, озаглавено „План за пазарно предлагане на лични услуги", пожънало незабавен успех. След това енергичната му авторка се заела с друг подобен проблем – този път заради сина си, който тъкмо бил завършил колеж, но се оказал напълно неспособен да представи и продаде услугите си. Планът на майката му е един от най-добрите примери за правилно предлагане на услуги, който някога съм виждал.

В завършен вид планът представлявал книжка от петдесетина страници, изпълнени с четивна и добре организирана информация. В нея майката разказвала за вродените таланти, обучението и личния живот на сина си. Информацията била подробна и обхватна. В книгата се споменавала и позицията, към която се стремял синът ѝ, заедно с подробно и вдъхновяващо описание на стъпките, които ще предприеме, за да стигне до тази позиция.

За създаването на книжката били необходими няколко седмици. В това време упоритата дама изпращала сина си в библиотеката почти всеки ден, за да намери данните, които щели да му трябват, за да продаде способностите си при най-добрите възможни условия. Изпратила го и при основните конкуренти на потенциалния му работодател, за да събере от тях жизненоважна информация, свързана с бизнес методите в професионалната им област, която да може да използва, за да кандидатства за желаното място. Когато планът бил завършен, той съдържал няколко важни момента, които новият служител можел да използва в полза на компанията.

Някой може да се запита: струват ли си всички тези усилия за едно-единствено работно място? Отговорът е съвсем конкретен – и не по-малко драматичен, тъй като този дребен на пръв поглед проблем всъщност придобива размерите на трагедия за милиони мъже и жени, чиито единствен източник на доход е личният им труд. Ето какво гласи той: ВИНАГИ СИ СТРУВА ДА НАПРАВИТЕ НЕЩО КАКТО ТРЯБВА. ПЛАНЪТ, КОЙТО ТАЗИ ЖЕНА ИЗГОТВЯ ЗА СИНА СИ, МУ ПОМАГА ДА ПОЛУЧИ РАБОТАТА, КОЯТО ЖЕЛАЕ, ОЩЕ ПРИ ПЪРВОТО ИНТЕРВЮ, И ТО СЪС ЗАПЛАТА, ОПРЕДЕЛЕНА ОТ САМИЯ НЕГО.

Има и още нещо, което е не по-малко важно: РАБОТНОТО МЯСТО НА МЛАДИЯ ЧОВЕК НЕ БИЛО В ДЪНОТО НА СЛУЖЕБНАТА СТЪЛБИЦА. ТОЙ ЗАПОЧНАЛ КАТО МЛАДШИ РЪКОВОДИТЕЛ СЪС ЗАПЛАТАТА НА ДИРЕКТОР.

Значи питате дали си струва?

Да видим. ПЛАНИРАНОТО ПРЕДСТАВЯНЕ на кандидатурата на нашия младеж му осигурява позиция, до която обикновено се стига за десет години, ако човек започне от дъното на корпоративната пирамида. Идеята да започнеш от най-долу и да си проправяш път към върха може и да звучи смислено, но има един сериозен проблем – хората на дъното рядко могат да вдигнат глава, за да видят ВЪЗМОЖНОСТТА – или, още по-добре, тя да ги види – и затова си остават там, където са. Не бива да забравяме също така, че гледката от дъното не е особено ясна, нито пък окуражаваща. Тя може да убис всяка амбиция. Приемането на рутината означава, че сме се примирили със съдбата и сме спрели да отхвърляме НАВИКА да правим непрекъснато едно и също. Това е още една причина, поради която си струва да се започне на няколко стъпала над дъното. По този начин можем да си създадем един съвсем различен НАВИК – а именно да се оглеждаме, да забелязваме как другите продължават напред, да откриваме ВЪЗМОЖНОСТИ и да се възползваме от тях без капка колебание.

Дан Халпин е чудесна илюстрация за това. В колежа той е помощник-мениджър на известния през трийсетте футболен клуб „Нотр Дам", чийто треньор по онова време е великият Кнут Рокни. Може би именно Рокни го вдъхновява да се цели високо и ДА НЕ БЪРКА ВРЕМЕННИТЕ ТРУДНОСТИ С ПРОВАЛА – също както Андрю Карнеги, неоспоримият лидер на американската индустрия, вдъхновява собствените си помощници да си поставят високи цели. Така или иначе младият Халпин завършва колежа в трудно време, когато депресията е смазала трудовия пазар. След кратък флирт с инвестиционните фондове и киноиндустрията той грабва първата възможност, която му предлага някакво бъдеще – търговия с електрически слухови апарати на комисиона. ВСЕКИ МОЖЕ ДА СЕ ЗАХВАНЕ С НЕЩО ТАКОВА И ХАЛПИН ЗНАЕ ТОВА, но и то е достатъчно, за да отвори малка вратичка по пътя му нагоре.

В продължение на две години Халпин върши нещо, което не харесва, и едва ли щеше да се отърве от него, ако не беше направил нещо, за да сложи край на недоволството. Първата му цел е да стане заместник-директор по продажбите в компанията и той успява да я постигне. Тази стъпка нагоре го издига над тълпата и му позволява да види безброй възможности. Позволява също така НА ВЪЗМОЖНОСТТА ДА ВИДИ НЕГО. Професионалната му биография е толкова блестяща, че А. М. Андрюс, председател на борда на директорите на компанията „Диктограф", основен конкурент на фирмата, за която работи Халпин, започва да се интересува кой е този Дан Халпин, който успява да издърпа черджето изпод краката на уж утвърдената на пазара фирма „Диктограф". Андрюс го вика на среща – и на следващия ден Халпин е новият търговски директор на „Акустикон", дъщерна фирма на „Диктограф".

След това Андрюс решава да подложи Халпин на сериозно изпитание и заминава за Флорида за три месеца, оставяйки цялата фирма в негови ръце. Корабът продължава да следва курса. Девизът на Кнут Рокни „светът обича победителите и няма време за загубеняците" вдъхновява Халпин да вложи толкова много от себе си в тази работа, че не след дълго е избран за вицепрезидент на компанията и изпълнителен директор на „Акустикон" и *Silent Radio* – все постове, които немалко хора биха били горди да заемат след десетина година напрегната работа. Халпин успява да го постигне за малко повече от шест месеца.

Трудно е да преценим дали трябва да хвалим повече Андрюс или Халпин, тъй като и двамата доказват, че са обилно надарени с едно съвсем рядко качество: ВЪОБРАЖЕНИЕТО. Господин Андрюс заслужава аплодисменти за това, че е видял в лицето на младия Халпин едно наистина оправно момче. Халпин пък ОТКАЗВА ДА ОТСТЪПИ И ДА ПРИЕМЕ ОТ ЖИВОТА РАБОТА, КОЯТО НЕ ИСКА. Това е едно от основните неща в представената тук философия, които искам да подчертая на всяка цена: можем да се издигнем нависоко – или пък да останем на дъното – ЕДИНСТВЕНО БЛАГОДАРЕНИЕ НА УСЛОВИЯ, КОИТО МОЖЕМ ДА КОНТРОЛИРАМЕ, СТИГА ДА ИСКАМЕ.

Бих желал да подчертая и още нещо – а именно, че и успехът, и провалът до голяма степен са въпрос на НАВИК. Нямам никакво съмнение, че близкият контакт на Дан Халпин с найвеликия футболен треньор, който Америка някога е виждала, е вложил в съзнанието му същото ЖЕЛАНИЕ, които превърна „Нотр Дам“ в световно име. Има нещо вярно в представата, че пълната отдаденост на един или друг герой е полезна – стига този герой да е ПОБЕДИТЕЛ. Халпин сподели с мен, че за него Рокни е един от най-великите лидери на всички времена.

Моето убеждение, че съдружието в бизнеса е от изключително значение както за успеха, така и за провала, получи потвърждение, когато синът ми Блеър преговаряше с Дан Халпин за условията, при които може да постъпи на работа при него. Господин Халпин му предложи заплата, която беше наполовина по-малко от онова, което Блеър можеше да получи от някоя конкурентна компания. Наложи ми се да упражня натиск и да го убедя да приеме предложението на Халпин, само защото ВЯРВАМ, ЧЕ БЛИЗКОТО ОБЩУВАНЕ С ЧОВЕК, ОТКАЗАЛ ДА ОТСТЪПИ ПРЕД ОБСТОЯТЕЛСТВА, КОИТО НЕ ХАРЕСВА, Е АКТИВ, КОЙТО НЕ МОЖЕ ДА СЕ КУПИ ИЛИ ПРОДАДЕ.

Развиването на уменията, които могат да ни отведат до върха, не се ограничава само до бизнеса. Майкъл Джордан планира всяка стъпка, която би могла да му помогне да стане един от най-великите спортисти на своето поколение. Той винаги е бил твърдо решен да побеждава и е култивирал у себе си силата на волята, с чиято помощ да направи всичко, за да остане във форма и да играе на ръба на възможностите си. За него високият стандарт и стремежът към нови и нови рекорди са направо религия.

Джордан научава този урок съвсем рано. Още в гимназията го изхвърлят от отбора, но решимостта му да се върне го кара да се подложи на спартански тренировъчен режим, който следва и до днес. За него всяко съмнение е предизвикателство, а всяка година, с която остарява – нов стимул.

Когато се връща в професионалния баскетбол след няколко години отсъствие, критиците му казват, че най-добрите времена вече са зад гърба му, че вече е твърде бавен и не може да спечели титла. Това само затвърждава решимостта му и желанието да им покаже, че грешат.

Той започва да работи по-усилено от когато и да било преди, за да подобри и задължи добрата си форма. С помощта на личния си треньор създава целогодишна програма и оборудва своя собствена фитнес зала. Признава, че с напредването на възрастта тялото започва да подава сигнали, в които трябва да се вслушваме и да правим каквото трябва, за да останем в най-добрата възможна форма. Само така може човек да остане в професионалния спорт.

Резултатите са направо зашеметяващи. Джордан довежда отбора си до финала на шампионата през 1996 и 1997, като и двата пъти печели номинацията за най-ценен играч.

Решимостта на Майкъл Джордан да постигне целта си е урок за всички нас – ако и ние преследваме целите си също толкова настойчиво, нито възрастта, нито скептицизмът на другите могат да ни попречат. Но решимостта е само първата стъпка. Тя трябва да бъде последвана от усилена работа, от строга самодисциплина, от физически и психически тренировки, както и от всичко, което е необходимо, за да се представим на върха на възможностите си.

Дъното е монотонно, потискащо и лишено от възможности място за всеки човек. Ето защо отделих малко време на това да ви разкажа как адекватното планиране може да ви помогне изобщо да не минавате оттам. Това беше и причината да посветим толкова много място на една нова професия, създадена от жена, вдъхновена да извърши чудеса в ПЛАНИРАНЕТО, само защото е решила да даде на сина си добър старт в живота.

Когато икономиката се забави и работните места не достигат, значи е дошло времето да се създават нови и по-добри начини за предлагане на ЛИЧНИЯ ВИ ТРУД. Трудно можем да разберем защо тази очевидна нужда не е изплувала на повърхността по-рано, при условие, че личният труд поражда най-голям паричен оборот във всяка една икономика. Сумите, които всеки месец отиват в джобовете на онези, които работят на надница или заплата, е толкова голяма, че сигурно възлиза на стотици милиони, а годишно – на милиарди долари.

Може би в ИДЕЯТА, която описахме по-горе, някои от вас ще открият зърното, от което да се роди перлата на богатството, което ЖЕЛАЯТ. Неизброими съкровища са се раждали и от доста по-слаби идеи. Идеята на Улуърт за изключително евтини магазини например не е била кой знае какво, но е донесла на своя автор цяло състояние. Онези от вас, които виждат в тези истории скрита ВЪЗМОЖНОСТ, ще се натъкнат на безценни съвети в главата за организирането планиране. Между другото, един опитен продавач на лични услуги ще се натъкне на сериозно търсене навсякъде, където има мъже и жени, стремящи се към по-добра реализация за таланта си. С помощта на принципа за „колективния гений" шепа хора с подходящите умения могат да се обединят и бързо да разработят изключително рентабилен бизнес. Достатъчно е един да пише добре и да има нюх за продажби и реклама, друг да е умел графичен дизайнер, а трети – първокласен посредник, който да каже на света за новата услуга. Ако един човек може да обедини в себе си всички тези умения, той може да се справя и сам с бизнеса, докато той не се разрасне до степен да не може да се контролира еднолично.

Жената, създала плана за продажба на личните умения на сина си, започнала да получава от цялата страна заявки за подобни планове за хора, които искали да продадат по-скъпо таланта си. Тя в крайна сметка започнала да управлява екип от опитни машинописки, художници и писатели, които можели да драматизират всяка история толкова ефективно, че уменията на съответния кандидат да бъдат оценени много по-високо, отколкото обикновено. Тя била толкова уверена в способностите си, че приемала по-голямата част от хонорара ѝ да се определя като процент от повишението на заплатата, което успявала да извоюва за клиента си. Не трябва да се ограничаваме с предположението, че планът ѝ се е състоял единствено в ловко търгашество, с чиято помощ е манипулирала хората така, че едни да искат, а други да им дават повече пари за услуги, които преди това са се търгували по-евтино. Тя следи за интересите и на двете страни и приготвя плановете си така, че работодателят да получи цялата допълнителна стойност, за която е платил. Начинът, по който някогашната загрижена майка постига тези удивителни резултати, е професионална тайна, която узнават единствено нейните клиенти.

Ако разполагате с ВЪОБРАЖЕНИЕ и търсите по-рентабилно приложение на личния си труд, може би именно тази история е стимулът, който търсите. ИДЕЯТА може да ви донесе много повече, отколкото печели „средностатистическият" лекар, адвокат или инженер, прекарал няколко години в университета. Идеята може да се продаде на всеки, който търси нова работа на каквато и да е позиция, изискваща управленски способности, както и на хората, които искат да повишат доходите си, без да сменят работата.

За смислените ИДЕИ няма твърда цена. Зад гърба на всяка ИДЕЯ пък стои специализираното познание. За съжаление на хората, които още не се къпят в пари обаче, специализираното познание се придобива по-лесно и в по-големи количества от ИДЕИТЕ. Именно поради този неоспорим факт винаги – и то все повече – ще се търсят хора, които могат да помагат на другите да продават изгодно личните си способности. Тези хора трябва да имат ВЪОБРАЖЕНИЕ – единственото качество, необходимо за комбиниране на специализирано познание с ИДЕИ под формата на ОРГАНИЗИРАНИ ПЛАНОВЕ, чиято цел е богатството.

Ако имате достатъчно силно ВЪОБРАЖЕНИЕ, тази глава може би ви е помогнала да стигнете до идея, която да положи началото на собственото ви богатство. Не забравяйте – тъкмо от ИДЕЯТА тръгва всичко. Специализираното познание винаги е на една ръка разстояние.

Глава 6.

Въображението: работилницата на ума

Петата стъпка към богатството

Въображението съвсем буквално е работилницата, в която възникват и се развиват всички наши планове. Там импулсът и ЖЕЛАНИЕТО придобиват форма и се превръщат в ДЕЙСТВИЕ с помощта на творческите сили на ума.

Често можем да чуем, че човек може да претвори на дело всичко, което ражда въображението му. От цялата история на цивилизацията нашата епоха е най-благотворната среда за въображението, тъй като е изтъкана от светкавични промени. На всяка крачка се натъкваме на стимули, които развиват въображението. Именно с помощта на въображението човечеството е открило и впрегнало през последните петдесет години повече природни сили, отколкото в цялата си еволюция преди това. Овладели сме въздуха толкова добре, че птиците вече не могат да се сравняват с нас. Етерът е наш слуга и ни помага да общуваме мигновено с всяка точка в света. Успяхме да претеглим слънцето и да анализираме състава му от милиони километри – и то единствено с помощта на въображението. Открихме, че нашият мозък излъчва и приема мисловни вибрации, а днес вече се учим как точно да използваме на практика този факт. Ускорихме много придвижването си по земята и днес можем да се движим с повече от хиляда километра в час – да закусим в Ню Йорк, а да обядваме в Сан Франциско.

ЕДИНСТВЕНОТО НИ ОГРАНИЧЕНИЕ Е РАЗВИТИЕТО И ПРИЛАГАНЕТО НА НАШЕТО ВЪОБРАЖЕНИЕ. Още сме много далеч от това да го познаваме в детайли: засега просто знаем, че то съществува, и го впрягаме в работа по съвсем елементарни схеми.

Два вида въображение

Въображението функционира по два начина: единият е известен като „синтетично въображение", а другият – като „творческо въображение".

С помощта на СИНТЕТИЧНОТО ВЪОБРАЖЕНИЕ можем да организираме стари понятия, идеи или планове в нови комбинации. То не създава нищо и работи единствено с материала, натрупан благодарение на опита, образованието или наблюдението. Това е въображението на изобретателя – но не и на гениалния изобретател, който черпи свободно от творческото въображение, когато не може да разреши проблема си единствено въз основа на синтетичното.

ТВОРЧЕСКОТО ВЪОБРАЖЕНИЕ е каналът, по който ограниченият човешки ум може да общува пряко с Безкрайния интелект. Именно чрез него получаваме всички форми на „вдъхновение" или „творческо хрумване". То е люлката на всички нови идеи и порталът, през който преминават мисловните вибрации от умовете на другите. Творческото въображение може също така да се настрои по такъв начин, че да общуваме пряко с подсъзнанието на околните.

Творческото въображение работи независимо, по начина, описан в следващите глави. То се включва само когато съзнанието вибрира изключително бързо, например когато е стимулирано от емоцията, свързана със силно желание.

Творческото въображение може да стане по-чувствително спрямо вибрациите, за които вече стана дума, ако се развива и използва активно. Този момент е много важен, затова е задължително да го обмислите добре, преди да преминете нататък.

Докато следвате тези принципи, не забравяйте, че не можем да опишем само с две думи начина, по който ЖЕЛАНИЕТО може да се превърне в пари. Пълната картина ще видите едва тогава, когато ОВЛАДЕЕТЕ, ПРИЕМЕТЕ и започнете да ПРИЛАГАТЕ всички принципи.

Великите лидери в бизнеса, промишлеността и финансите, недостижимите актьори, музиканти, поети и писатели са достигнали върха именно защото са развивали активно творческото си въображение.

И синтетичната, и творческата способност на въображението стават по-силни и възприемчиви, когато се използват активно, също както всички мускули и органи в тялото.

Желанието е само мисъл, прост импулс. То е ефимерно, мъгляво и абстрактно и няма собствена стойност, докато не се превърне в своя физически еквивалент. Въпреки че синтетичното въображение се използва най-често при превръщането на ЖЕЛАНИЕТО в пари, не бива да забравяте, че можете да се натъкнете на ситуации, в които употребата на творческото въображение е задължителна.

Ако не използвате въображението си, то ще закърнее. Единственият начин да върнете блясъка му е да го прилагате. Въображението не умира, но ако не го използвате, може да заспи зимен сън някъде дълбоко във вас.

Съсредоточете вниманието си за момента върху синтетичното въображение, тъй като именно него ще използвате най-често, за да превърнете желанието си в пари.

Превръщането на нематериалния импулс на ЖЕЛАНИЕТО в материалната реалност на ПАРИТЕ има нужда от план. Този план трябва да бъде съставен с помощта на въображението – и то най-вече с помощта на синтетичното въображение. След като прочетете цялата книга, се върнете към тази глава и впрегнете незабавно въображението си, за да създадете план, с чиято помощ да превърнете ЖЕЛАНИЕТО си в пари. В почти всяка глава ще намерите подробни инструкции за това как се прави такъв план. Изпълнявайте само онези от тях, които най-добре отговарят на нуждите ви. Запишете плана си, ако вече не сте го направили. Щом приключите, вече ще разполагате с конкретна форма на своето нематериално ЖЕЛАНИЕ. Прочетете предходното изречение още веднъж. Прочетете го на глас, съвсем бавно, и докато го правите, не забравяйте, че в мига, в който сте записали желанието си и плана за неговото осъществяване, вие всъщност сте направили ПЪРВАТА ОТ МНОГОТО СТЪПКИ, които ще ви доведат до физическото осъществяване на вашата мисъл.

На нашата земя всеки материален обект е резултат от еволюционна промяна, чрез която микроскопични парченца материя са били организирани по определен начин. Нещо повече – и това е изключително важно: цялата планета, всяка една от милиардите клетки в тялото ви, както и всеки атом, *са започнали живота си под формата на енергия, а не на материя.*

ЖЕЛАНИЕТО е само мисловен импулс! Импулсът е вид енергия. Когато у вас се породи мисловен импулс – в случая ЖЕЛАНИЕТО да натрупате пари, – вие привличате на своя страна същата сила, която е създала нашия свят и всяка форма на материя във вселената, включително тялото ви и мозъка, в който е възникнал този мисловен импулс.

Доколкото науката е успяла да установи, цялата вселена се състои само от два елемента – материя и енергия. Чрез комбинирането на енергия и материя е възникнало всичко около нас – от най-голямата звезда в небесата до последното човешко същество.

Сега е ваш ред да използвате метода на майката-природа. Вие съвсем искрено (така де, надявам се да е искрено) се опитвате да се приспособите към природните закони и да превърнете ЖЕЛАНИЕТО в неговия физически и паричен еквивалент. МОЖЕТЕ ДА ГО НАПРАВИТЕ – И НЯМА ДА СТЕ ПЪРВИТЕ!

Можете да спечелите богатство благодарение на няколко неизменни закона. На първо място обаче трябва да опознаете тези закони и да се научите да ги използвате. Надявам се, че ако не спирам да ви повтарям това и ви представя тези закони под всякакъв възможен ъгъл, вие в крайна сметка ще достигнете до тайната, благодарение на която се натрупват огромни богатства.

Колкото и странно и парадоксално да звучи, тази „тайна“ всъщност НЕ Е НИКАКВА ТАЙНА. Самата природа я е разтръбила на висок глас чрез света, в който живеем, чрез звездите и планетите, които са пред очите ни, чрез стихиите, в които сме потопени, чрез всяка тревичка и всяко живо същество наоколо.

Природата изказва тази тайна чрез биологията, преобразувайки една миниатюрна клетка, толкова малка, че може да се изгуби дори на върха на игла, в ЧОВЕШКОТО СЪЩЕСТВО, което сега чете тези редове. Щом подобно чудо е възможно, значи превръщането на желанието в неговия физически еквивалент е лесно като детска игра.

Не се обезкуражавайте, ако не разбирате напълно онова, което ви казвам. Ако не сте посветили живота си на изучаването на човешкия ум, едва ли можете да възприемете всичко в тази глава при първи прочит. С времето обаче ще уловите достатъчно.

Принципите, описани тук, ще ви помогнат да разберете въображението. За момента запомнете онова, което сте разбрали при първата си среща с тази философия, а сетне, когато започнете да препрочитате текста, ще се натъквате отново и отново на моменти, които да ви помогнат да разберете по-добре цялото. Най-важното е ДА НЕ СПИРАТЕ и да не се колебаете да изучавате тези принципи, докато не прочетете книгата поне ТРИ пъти. След това няма да ви се иска да я оставите.

Как да използваме въображението на практика

Идеите са източникът на всяко богатство. Те са продукти на въображението. Нека сега изследваме няколко добре познати идеи, породили огромни богатства, с надеждата, че тези илюстрации ще ви помогнат да разберете как точно въображението може да се използва за натрупването на състояние.

Вълшебният котел

Някога, преди много години, един възрастен провинциален лекар пристигнал в града, вързал коня си и се вмъкнал през задния вход в една дрогерия. Намерил младия продавач и го заговорил. Неговата мисия щяла да донесе голямо богатство на много хора и да залее Юга с блага, незапомнени от Гражданската война насетне.

Възрастният лекар и младият продавач разговаряли тихо повече от час. След това лекарят излязъл. Отишъл до каруцата си и се върнал с голям старомоден котел и с огромна дървена лъжица и ги сложил в задната стаичка на магазина.

Продавачът разгледал котела, бъркнал във вътрешния си джоб, извадил пачка банкноти и я подал да лекаря. В нея имало точно петстотин долара – всичките спестявания на младежа.

Лекарят на свой ред му подал малко листче, на което била написана тайна формула. Буквите по това листче стрували цяло състояние – *но не и за лекаря*! Те били необходими, за да започне котелът да ври, но нито лекарят, нито младият продавач знаели какви неизброими богатства щели да потекат от него.

Възрастният лекар бил доволен, че е успял да продаде „комплекта" за петстотин долара. С тези пари щял да плати дълговете си и да си върне свободата на мисълта. Магазинерът поемал риск, залагайки всичките си спестявания на парче хартия и стар котел. Не можел и да сънува, че неговата инвестиция ще напълни котела със злато и да му даде повече, отколкото Аладин можел да получи от вълшебната си лампа.

Предмет на продажбата всъщност била една ИДЕЯ.

Старият котел, дървената лъжица и тайното послание върху смачкано листче хартия далеч не били най-важното. Магията на котела започнала да се случва едва след като новият собственик добавил за пръв път в него съставка, за която старият лекар нямал и понятие.

Прочетете внимателно тази история и подложете въображението си на изпитание. Опитайте се да отгатнете какво е добавил младежът, за да може котелът да се напълни със злато. Не забравяйте все пак, че не сме в „Хиляда и една нощ". Историята е съвсем истинска, макар и да надминава всяка приказка, и се състои от факти, възникнали под формата да ИДЕИ.

Нека хвърлим едно око върху неизброимите богатства, създадени благодарение на тази идея. Тя е дала – и продължава да дава – огромни възнаграждения на много мъже и жени по целия свят, които разпределят съдържанието на котела сред милиони хора.

Старият котел днес е един от най-големите потребители на захар в света и дава работа на хиляди хора, заети в производството на захарна тръстика и в рафинирането и продажбата на захар.

Старият котел потребява милиони стъклени бутилки годишно и дава работа на безброй стъклари. Старият котел има нужда от цяла армия служители, копирайтъри и рекламни специалисти из цялата страна. Той е донесъл слава и богатство на не един и двама художници, създали великолепни картини, представящи неговия продукт. Старият котел превърна едно забутано градче в индустриалната столица на Юга и днес принася полза – било то пряка или непряка – на всяка фирма в града и на всеки негов жител. Идеята е достигнала до всяка цивилизована страна в света и засипва със злато всеки, който се докосне до нея.

Златото от котела е построило и поддържа до днес един от най-обещаващите колежи в южните щати, където хиляди млади хора получават обучение, което да ги поведе към успеха.

Старият котел е направил и други чудеса.

По време на депресията през трийсетте години, когато фабриките, банките и фирмите рухват една след друга и изчезват с хиляди, собственикът на Вълшебния котел продължава напред и *дава работа* на цяла армия от мъже и жени по целия свят, плащайки все повече на онези, които преди време *са повярвали в идеята.*

Ако продуктът на този стар меден котел можеше да говори, той щеше да ви разкаже вълнуващи романтични истории на всеки познат език – истории за любов, за бизнес, за хора, които всеки ден го използват, за да продължат ведро напред.

Авторът на тези редове е убеден в съществуването на поне една такава история, защото я е преживял лично. Тя се случи недалеч от мястото, на което аптекарят купил стария котел. Точно там се запознах със съпругата си, а тя ми разказа за Вълшебния котел. Тъкмо неговия еликсир пиехме, когато я попитах дали ще остане с мен „в добро и зло".

След като вече знаете, че съдържанието на Вълшебния котел е една от най-известните напитки в света, вече мога да призная, че градът, в който е родена тя, ми даде не само съпруга, но и стимул за мисълта, който да не води до пиянство, опора за ума, необходим на всеки един от нас, за да работи на върха на възможностите си.

Които и да сте, където и да живеете, на каквато и професия да сте решили да се отдадете, не забравяйте всеки път, когато видите думите „Кока-Кола", че тази огромна империя от богатство и влияние е плод на една-единствена ИДЕЯ, и че тайнствената съставка, добавена към вълшебната формула от младия аптекар на име Ейса Кандлър, е ВЪОБРАЖЕНИЕТО.

Спрете за миг и се замислете.

Не забравяйте също така, че тринайсетте стъпки към богатството, описани в тази книга, са именно средството, благодарение на което „Кока-Кола" достига до всеки град, село, дом, бензиностанция и кръстовище в света, както и че ВСЯКА ВАША ИДЕЯ, която е също толкова солидна и ценна, може лесно да надмине невероятните достижения на най-популярната напитка в света.

Мислите наистина са веществени и тяхно поле за действие може да бъде целият свят.

Какво щях да направя, ако имах един милион долара

Тази история потвърждава поговорката, че ако искаш нещо, ще намериш начин да го постигнеш. Чух я от всеобщия любимец Франк Гънсалъс, който бе започнал някога кариерата си на проповедник в квартала със складовете в южните покрайнини на Чикаго.

Като студент д-р Гънсалъс забелязал много от недостатъците на нашата образователна система и решил, че може да поправи доста от тях, ако оглави колежа. Най-искреното му желание било да застане начело на образователна институция, в която младите хора могат да се учат чрез практика.

Така стигнал до идеята да основе нов колеж, в който да може да осъществи идеите си, без утвърдените образователни методи да му връзват ръцете. Само че за целта имал нужда от един милион долара. Откъде да се сдобие с подобна сума? Ето това бил основният въпрос, за чието решаване си блъскал главата младият проповедник.

Отговорът обаче така и не идвал.

Всяка нощ Гънсалъс си лягал с тази мисъл. Събуждал се с нея всяка сутрин. Носел я със себе си навсякъде, където отивал. Тя не излизала от главата му и в крайна сметка обзела напълно съзнанието му. Един милион долара са много пари. Той признавал този факт, но също така бил убеден, че единствените ограничения са в собствената ни глава.

Д-р Гънсалъс бил не само проповедник, но и философ, и също като всички, успели в живота, разбрал, че ЯСНАТА ЦЕЛ е задължителна отправна точка по пътя нагоре. Осъзнал също така, че тази цел може да стане пълнокръвна единствено ако се основава на ПЛАМЕННО ЖЕЛАНИЕ, което да я превърне в нейния материален еквивалент.

Макар и да знаел тези велики истини, той все още нямал представа как може да се сдобие с един милион долара. Най-естествено било да се откаже с оправданието, че идеята му е чудесна, но не е в състояние да я осъществи, тъй като не е разполага с необходимата сума. Точно така постъпват повечето хора – но не и д-р Гънсалъс. Онова, което си казал тогава, както и всичко, което направил след това, е толкова важно, че ще оставя на самия него да разкаже за решението си.

> В един съботен следобед седях сам в стаята си и си мислех как да събера парите, от които имах нужда. Мислех вече почти две години – но така и не правех нищо.
>
> Беше дошло времето за ДЕЙСТВИЕ.
>
> В онзи миг реших, че ще събера онзи един милион долара за една седмица. Как ли? Нямах представа, но не ме и интересуваше. Най-важното беше да взема решението, че ще събера парите за определен период от време, и веднага щом го

направих, изпитах някаква необяснима увереност, каквато никога преди не бях чувствал. Нещо в мен сякаш ми казваше: защо не взе това решение още в самото начало? Парите те чакаха през цялото време!

Изведнъж всичко започна да се случва много бързо. Обадих се на вестниците и обявих, че на следващата сутрин ще държа проповед, озаглавена „Какво щях да направя, ако имах един милион долара".

Започнах веднага работа върху текста на проповедта, но, трябва да призная, това не беше особено трудна задача, защото всъщност се бях готвил цели две години. Духът, който ме мотивираше през това време, се беше пробудил отново.

Малко след мръкване завърших речта си. Легнах и заспах с чувство на пълна увереност, тъй като *вече виждах в ръцете си сумата от един милион долара.*

На следващата сутрин станах рано, отидох в банята, прочетох проповедта, след което коленичих и се помолих тя да достигне до някого, който може да ми даде тези пари.

Докато се молех, отново изпитах увереност, че парите вече са на път. Бях толкова развълнуван, че излязох, без да взема листата с речта си. Открих това едва когато застанах на амвона.

Вече беше твърде късно да се връщам – и слава Богу, че не го направих! Собственото ми подсъзнание ми даде материала, от който имах нужда. Когато се изправих и си поех дъх преди първата фраза, аз просто затворих очи и казах всичко, което извираше от сърцето ми. Говорех не само на публиката си, но и на самия Бог. Казах какво ще направя с един милион долара, ако разполагам с тях. Описах плановете си за една нова, велика образователна институция, в която младите хора могат да се научат едновременно да работят и да развиват интелекта си.

Когато свърших и се върнах на скамейката, един мъж бавно се изправи някъде от задните редове и тръгна към амвона. Чудех се какво се кани да прави. Той се качи пред олтара, протегна ръка към мен и каза:

– Отче, хареса ми вашата реч. Вярвам, че можете да направите всичко, което казахте, стига да имате един милион долара.

За да ви докажа, че наистина ви вярвам, можете да дойдете в офиса ми утре сутрин – ще ви дам един милион. Казвам се Филип Д. Армър.

Младият Гънсалъс отишъл в офиса на Армър и получил своя милион. С тези пари той основал Технологичния институт „Армър". Това са повече пари, отколкото повечето проповедници изобщо виждат в живота си, и все пак мисловният импулс за тяхното събиране възникнал в ума на младия проповедник за части от секундата. Милионът дошъл под формата на идея. Зад тази идея обаче стояло ЖЕЛАНИЕТО, което младият Гънсалъс хранел в ума си в продължение на почти две години.

Обърнете внимание на един важен факт: ТОЙ ПОЛУЧИЛ ПАРИТЕ ЕДВА ТРИЙСЕТ И ШЕСТ ЧАСА, СЛЕД КАТО ВЗЕЛ ЯСНО РЕШЕНИЕ ДА ГИ НАМЕРИ И СИ НАБЕЛЯЗАЛ ТОЧЕН ПЛАН, С ЧИЯТО ПОМОЩ ДА ГО СТОРИ.

В неясните мисли и слабоватите надежди за един милион долара на младия Гънсалъс нямало нищо ново или уникално. И преди него, и след него куп хора са имали подобни мисли. Новото и уникалното обаче било решението, което взел в онази паметна събота, когато отхвърлил всички неясноти, изправил се и заявил: „НАИСТИНА ще събера тези пари за една седмица."

Бог като че ли застава на страната на хората, които знаят съвсем точно какво искат, стига да проявят решимостта да получат ТОЧНО ТОВА.

Нещо повече – принципът, с чиято помощ д-р Гънсалъс получил своя милион, е още съвсем жив и достъпен. Този универсален закон е също толкова приложим днес, колкото и по времето, когато младият проповедник го използва с такъв успех. Тази книга описва стъпка по стъпка неговите тринайсет елемента и ви предлага начини, по които да ги приложите.

Обърнете внимание: Ейса Кандлър и д-р Франк Гънсалъс имат една обща черта. И двамата са наясно с удивителната истина, че ИДЕИТЕ МОГАТ ДА БЪДАТ ПРЕВЪРНАТИ В ПАРИ С ПОМОЩТА НА ТОЧНО ОПРЕДЕЛЕНА ЦЕЛ И ЯСНИ ПЛАНОВЕ.

Ако и вие сте от онези, които вярват, че здравата работа и голата почтеност могат да ви донесат богатство, просто избийте подобна мисъл от главата си. Тя няма нищо общо с истината. Богатството, и особено огромното богатство, никога не е плод на ЗДРАВА работа. Ако то изобщо стане част от живота ви, появата му ще се дължи на ясни искания, основаващи се на определени принципи, а не на късмет.

Най-общо казано, идеята е мисловен импулс, който ви подтиква към действие по заповед на въображението. Всички майстори на продажбите знаят, че идеите вървят дори там, където никаква стока не може да се продаде. Обикновените търговци нямат представа за това – ето защо си остават обикновени.

Един издател открил нещо, което би трябвало да е изключително важно за този бизнес – научил, че хората купуват заглавието, а не съдържанието на книгата. Само със смяната на едно заглавие една отписана вече книга била продадена в над един милион екземпляра. Съдържанието ѝ не било променено и с една запетайка – просто сменили кориците с нещо ново, което имало пазарна стойност.

Колкото и да е проста подобна идея, тя се оказала безценна. Ето до какво може да доведе въображението. За идеите няма стандартен ценоразпис – техният създател може сам да определи цената им, а ако е достатъчно умен – и да я получи до последната стотинка.

Филмовата индустрия е създала куп милионери. Повечето от тях не са били в състояние да създават идеи – но са имали достатъчно въображение, за да разпознаят добрата идея, когато я видят.

Андрю Карнеги знаел съвсем малко за производството на стомана – сам ми го е признавал, – но за сметка на това успял да приложи два от принципите, описани в тази книга, и именно благодарение на тях направил така, че стоманеният бизнес да му предложи цяло състояние. Историята на почти всяко голямо богатство започва в деня, в който един създател на идеи и един продавач на идеи се съберат и започнат да работят в хармония. Карнеги се обгражда с експерти, които могат да правят всичко онова, което не е по силите му, с хора, които създават идеи, както и с такива, които прилагат тези идеи на практика и правят както себе си, така и околните много, много богати.

Много хора остаряват с надеждата за някакъв благоприятен „пробив". Той несъмнено може да предложи някаква възможност, но значително по-безопасно е да не се поставяме в зависимост от късмета. Най-голямата възможност в моя собствен живот несъмнено се дължеше на „пробив", но превръщането на тази възможност в реален актив изискваше двайсет и пет години целенасочени усилия.

Имах късмета да срещна Андрю Карнеги и той да реши да ми помогне. В самото начало той ми внуши идеята да организирам принципите на човешките достижения в една всеобхватна философия на успеха. Хиляди хора са се възползвали от откритията, които направих през тези двайсет и пет години, и практическото приложение на философията е създало не едно състояние. Началото обаче беше съвсем просто и се състоеше от една ИДЕЯ, до която всеки би могъл да стигне.

Несъмнено късметът кацна на рамото ми благодарение на Карнеги – но означава ли това, че цялата РЕШИМОСТ, ЦЕЛЕНАСОЧЕНОСТ и ЖЕЛАНИЕ ДА ПОСТИГНА ЦЕЛТА СИ, траяли цели ДВАЙСЕТ И ПЕТ ГОДИНИ, са били напълно излишни? Повярвайте ми, едно обикновено ЖЕЛАНИЕ не може да надживее разочарованието, обезкуражаването, временните поражения, критиката и непрекъснато натякване, че си губя времето. Моето ЖЕЛАНИЕ беше наистина ПЛАМЕННО, същинска МАНИЯ.

Когато Карнеги за пръв път сподели с мен идеята си, аз трябваше да я подхранвам и да се грижа за нея, за да оцелее тя в ума ми. Постепенно идеята се превърна в гигант и на свой ред започна да ме подкрепя и да се грижи за мен. Идеите са си такива – първо вие им давате живот и насока, след това те сами стъпват на краката си и помитат всичко останало.

Също като Андрю Карнеги, Хърб Калахър, един от основателите на „Саутуест Еърлайнс", е отличен пример за „търговец на ИДЕИ". Той бил адвокат в Сан Антонио в Тексас, когато Ролин Кинг, бащата на идеята, го помолил за помощ, тъй като искал да положи основите на нова авиокомпания.

Ролин Кинг бил инвестиционен консултант. Имал обаче и страничен бизнес – управлявал една не особено печеливша чартърна авиокомпания, която обслужвала малките градове в Тексас. По онова време повечето американци, които пътували със самолет, били представители на бизнеса или просто заможни търсачи на удоволствия. Кинг се дразнел всеки път, когато му се налагало да лети от един град в щата до друг. И имало защо: той никога не успявал да си купи билет от авиокомпаниите, които обслужвали тези маршрути, а и цените били баснословни.

Не било особено трудно да види нуждата от авиокомпания, която да лети само между трите най-големи града в щата, но пък знаел, че собствената му фирма няма да успее да свърши тази работа, и затова решил да основе нова. Направил проучване на пазара и бизнес план. Събрал сто хиляди долара свои пари и отишъл при адвоката си Хърб Калахър, за да приготви необходимите документи за създаването на „Еър Саутуест" (по-късно „Саутуест Еърлайнс").

Въпреки че Калахър бил скептичен в началото, той помогнал на Кинг да събере достатъчно капитал и малко политическа подкрепа. На 20 февруари 1968 г. Комисията по въздушен транспорт на Тексас одобрила молбата на „Саутуест" за полети между трите града. Още на 21 февруари обаче трите конкурентни фирми – „Браниф", „Транс Тексас" и „Континентал" – блокирали одобрението с временна ограничителна заповед.

Ентусиазмът на Калахър се разпалил допълнително, след като се натъкнал на усилията на конкуренцията да смаже компанията, и той вкарал в работа таланта си да пише жалби. Конкурентите твърдели, че Тексас няма нужда от нов авиопревозвач. Съдебната битка траяла три години и половина, страните минали през три съдилища, но в крайна сметка „Саутуест" оправдала съществуването си и получила разрешение да започне работа.

Това бил отличен старт, но изпитанията тепърва предстояли. Компанията изгубила 3,7 милиона долара за първата година от функционирането си и продължила да губи пари още осемнайсет месеца. „Саутуест" направила чудеса, за да смъкне разходите си и да привлече клиенти, без да излага на риск първоначалните си цели.

По онова време Калахър бил толкова погълнат от идеята, че се отказал от адвокатската си практика и се отдал изцяло на управлението на компанията. Целта му била да я превърне в най-търсената авиолиния на пазара.

Едно от нововъведенията била гъвкавата цена на билетите. Друга иновация бил десетминутният товаръчен цикъл: след приземяване всеки самолет спирал пред съответния ръкав на летището, минавал техническа проверка, пътниците слизали, тяхното място заемали нови и самолетът излитал отново само за десет минути, вместо за 45, както правели другите авиокомпании. Този десетминутен цикъл позволил на трите самолета на компанията да летят непрекъснато и да спазват съвсем точно разписанието си.

Заради ограничения си бюджет компанията не можела да рекламира в медиите и затова ръководството взело решение да рекламира услугите ѝ от уста на уста. За тази цел трябвало да се разработи уникален, направо сензационен имидж.

Обслужването на клиентите се превърнало в основен приоритет за фирмата. Стюардесите били обучени да полагат „нежни и топли грижи“ за пътниците. Девизът на фирмата бил: „И тук има някой, който ви обича.“

Освен това Калахър елиминирал скучните и отнемащи време процедури за издаване на бордни карти, като обявил свободен достъп до местата на всички полети. Резервациите станали ненужни и пътниците получавали бордни карти с номера на самия изход към самолета.

Тъй като удовлетвореността на пътниците била първата им грижа, Калахър и неговият екип си изградили лоялна клиентела и първокласна репутация.

„Саутуест“ поела към върха. През 1978 г. тя се превръща в една от най-печелившите авиокомпании в страната. В началото на двайсет и първи век, когато много превозвачи пострадаха сериозно, а някои от тях дори бяха принудени да обявят банкрут и да напуснат завинаги бизнеса, „Саутуест“ не само оцеля, но и зае лидерската позиция по печалби.

Ето какви съвети дава Хърб Калахър на хората, които се стремят към успеха:

- Придържайте се към идеите си. Въпреки усилията на гигантските конкуренти „Саутуест" успя да премине през тригодишна съдебна битка без нито стотинка приход.
- Мислете за това какво искат клиентите и им го давайте.
- Преодолявайте препятствията по пътя си, като правите положителни стъпки за тяхното премахване, и дори те да се изправят пред вас в самия разгар на битката, намерете начини да ги заобиколите.
- Дръжте си очите отворени за нови възможности и щом се натъкнете на тях, незабавно предприемайте необходимите стъпки, за да ги използвате.

ПЕЧЕЛИ БЕЗ ДА СЕ ХВАЛИШ
ГУБИ БЕЗ ДА СЕ ОПЛАКВАШ

Глава 7.

Организираното планиране: от желание към действие

Шестата стъпка към богатството

Вече научихте, че всичко създадено или придобито на този свят започва своето съществуване под формата на ЖЕЛАНИЕ, че желанието поема своя път от абстрактното към конкретното в работилницата на ВЪОБРАЖЕНИЕТО, в която се създават и развиват ПЛАНОВЕ, с чиято помощ да се осъществи този преход.

Във втора глава бяхте инструктирани да направите шест точно определени практични стъпки, които да отворят пред вас пътя към превръщането на желанието за пари в истински пари. Една от тези стъпки е създаването на подробен и практичен план, с чиято помощ може да се осъществи тази промяна.

Ето как се съставят практични планове:

а) Съберете група, състояща се от толкова хора, от колкото имате нужда, за да създадете и осъществите вашия план за натрупване на пари. Използвайте принципите за „колективния гений“, описани в глава десета. (Тази стъпка е задължителна. Не я прескачайте.)

б) Преди да сформирате своя „колективен гений“, решете каква полза можете да предложите на всеки член на групата в замяна на неговото сътрудничество. Никой няма да работи за вас без някакъв вид компенсация. Няма интелигентен човек, който да поиска или пък да очаква някой друг да работи без възнаграждение, дори и това възнаграждение невинаги да е под формата на пари.

в) Направете така, че да се срещате с членовете на „колективния гений" поне два пъти седмично, а по възможност и по-често, докато не усъвършенствате заедно набелязания план за натрупване на пари.

г) Поддържайте СЪВЪРШЕНА ХАРМОНИЯ в общуването си с всеки член на групата. Ако не изпълните тези инструкции съвсем точно, вероятно ще се провалите. Принципът на „колективния гений" може да се осъществи само в условия на съвършена хармония. Помнете следното:

1. Заели сте се с нещо, което е изключително важно за вас. За да успеете, имате нужда от безпогрешни планове.
2. Трябва да разполагате с опита, образованието, вродените способности и въображението на други умове. Така действат хората, които вече са натрупали огромни богатства.

Нито един индивид не разполага с достатъчно опит, образование, вроден талант и знания, за да създаде значително състояние сам, без помощта на други хора. Всеки план, който решите да приложите по пътя към богатството, трябва да бъде плод на собствения ви труд и на усилията на всички останали членове на вашия „колективен гений". Можете, разбира се, да създавате и свои собствени планове – както цели, така и частични, – но се уверете, че ТЕЗИ ПЛАНОВЕ ЩЕ ПОЛУЧАТ ОДОБРЕНИЕТО НА ЧЛЕНОВЕТЕ НА ВАШИЯ „КОЛЕКТИВЕН ГЕНИЙ".

Ако първият план не работи както трябва, измислете нещо ново. Ако и то не свърши работа, заменете го с друго и така, докато не намерите наистина РАБОТЕЩ план. Тъкмо тук се провалят повечето хора – те обикновено не са достатъчно НАСТОЙЧИВИ и рано или късно се отказват да заменят провалените си планове с нови.

Не забравяйте, че дори и най-интелигентният човек в света не може да натрупа пари по какъвто и да е начин без практични и работещи планове. Помнете също така, че ако плановете ви се провалят, това временно поражение не е окончателен провал. То вероятно означава просто, че плановете ви не са били достатъчно солидни. Измислете нови и започвайте отначало.

Томас А. Едисон се е провалял десет хиляди пъти, преди да стигне до работеща електрическа крушка. С други думи, той се е сблъсквал десет хиляди пъти с временни пречки, преди усилията му да се увенчаят с успех.

Временните трудности трябва да имат едно-единствено значение – да ви покажат, че с плана ви нещо не е наред. Милиони хора живеят в бедност и нещастие само защото им липсва план, с чиято помощ могат да натрупат богатство.

Хенри Форд спечелва състоянието си не защото е свръхинтелигентен, а защото си изработва план, който доказва, че е стабилен. Мога да ви покажа хиляди хора с образование, много по-добро от това на Форд, които живеят в бедност, само защото не разполагат с ТОЧНИЯ план за натрупване на пари.

Джеймс Дж. Хил се натъква на множество препятствия, когато се опитва да събере необходимия капитал, за да построи железница от източното до западното крайбрежие на САЩ, но съумява да превърне поражението в победа единствено благодарение на нови планове.

Хенри Форд се оказва на ръба на пропастта не в началото на кариерата си, а след като вече е тръгнал към върха. Той прибягва до нови планове и продължава смело напред към пълната финансова победа.

Виждаме хора, които са натрупали огромни богатства, и често обръщаме внимание единствено на техния триумф, без изобщо да ни е грижа за препятствията, през които е трябвало да минат, за да успеят.

НИКОЙ НЕ МОЖЕ ДА ОЧАКВА ДА НАТРУПА СЪСТОЯНИЕ, БЕЗ ДА СЕ НАТЪКНЕ НА СПЪНКИ. Когато се изправите пред поражението, приемете го като сигнал, че плановете ви не са достатъчно стабилни, преформулирайте ги и тръгнете отново напред. Ако се предадете, преди да сте постигнали целта си, значи сте просто пораженец.

ПОРАЖЕНЕЦЪТ НИКОГА НЕ ПЕЧЕЛИ –
ПОБЕДИТЕЛЯТ НИКОГА НЕ ПРИЕМА ПОРАЖЕНИЕТО.

Напишете това с големи букви на лист хартия и го сложете на място, от което да можете да го виждате всяка вечер, преди да си легнете, както и всяка сутрин, преди да тръгнете за работа.

Когато започнете да избирате членовете на своя „колективен гений", спрете се на личности, които не приемат поражението насериозно.

Някои хора са останали с погрешното впечатление, че само ПАРИТЕ могат да правят пари. Това не е вярно. Единствено ЖЕЛАНИЕТО, превърнало се в своя паричен еквивалент съгласно принципите, описани тук, може да „направи" пари. Парите сами по себе си са просто парче инертна материя. Те не могат да се движат, да мислят или да говорят, но могат да „чуят", когато нечие силно желание ги призове.

Как да планираме продажбата на услуги

Остатъкът от тази глава е посветен на начините, по които можем да предложим на пазара личния си труд. Тази информация ще бъде от практическа полза за всеки, който иска да продаде някакъв вид личен труд, а за онези, които искат да постигнат лидерски позиции в определена област, тя ще бъде направо безценна.

Интелигентното планиране е задължително за успеха във всяко начинание, чиято цел е натрупването на пари. Тук ще предложа подробни инструкции за онези от вас, които трябва да започнат да трупат тези пари, продавайки личния си труд.

Окуражаващо е да научите, че практически всички огромни състояния са тръгнали от заплащане на личен труд или от продажбата на ИДЕИ. Какво друго освен идеи и личен труд може да даде един беден човек в замяна на богатството?

Най-общо казано, в света има два вида хора. Едните са ЛИДЕРИ, а другите – ПОСЛЕДОВАТЕЛИ. Още от самото начало трябва да решите дали искате да се превърнете в лидер в своята област, или сте готови да се задоволите с положението на следовник. Разликата в онова, което ще получите в единия и в другия случай, е огромна. Последователите не могат да разчитат да получат онова, до което може да се добере лидерът, ако и мнозина от тях да хранят такива очаквания.

Не е срамно да си последовател – но не е и повод за гордост. Повечето велики лидери са започнали кариерата си като скромни следовници. Станали са водачи, защото са били ИНТЕЛИГЕНТНИ ПОСЛЕДОВАТЕЛИ. С няколко изключения хората, които не могат да следват лидер, не могат и да бъдат истински лидери. Обикновено до лидерски позиции достигат онези, които сами са били в състояние да следват отблизо своя водач. Интелигентният следовник има много предимства, и може би най-важното от тях е ВЪЗМОЖНОСТТА ДА НАТРУПА ПОЗНАНИЯ БЛАГОДАРЕНИЕ НА СВОЯ ЛИДЕР.

Основни характеристики на лидерството

Ето кои са най-важните черти на лидерството.

1. НЕПОКОЛЕБИМА СМЕЛОСТ, основаваща се на самопознание и на добро познаване на съответната област. Няма последовател, който да тръгне след неуверен и страхлив лидер. Особено ако последователят е интелигентен, той няма да се остави в ръцете на такъв водач.
2. САМОКОНТРОЛ. Хората, които не могат да контролират самите себе си, не могат да контролират и другите. Самоконтролът е невероятен пример за всеки последовател, а интелигентният следовник несъмнено ще се опита да го развие и у себе си.
3. ИЗОСТРЕНО ЧУВСТВО ЗА СПРАВЕДЛИВОСТ. Без чувство за справедливост лидерът не може да запази уважението на своите последователи.
4. НЕПОКЛАТИМА РЕШИМОСТ. Хората, които не държат на думата си, дават ясен сигнал, че не са уверени в себе си. Те не могат да водят другите.

5. ЯСНИ ПЛАНОВЕ. Успешният лидер трябва да планира работата си и да изработва добре плановете си. Лидер, който напредва опипом, без ясни и практични планове, е като кораб, оставен на милостта на вятъра и теченията. Рано или късно ще се натъкне на подводни скали.
6. НАВИК ДА ПРАВИ ПОВЕЧЕ ОТ ОНОВА, ЗА КОЕТО МУ СЕ ПЛАЩА. Една от най-трудните страни на лидерството е необходимостта или готовността на лидера да работи повече, отколкото изисква от последователите си.
7. ОБЩИТЕЛНОСТ. Един кисел и запуснат човек не може да стане успешен лидер. Лидерството предполага уважение. Последователите не могат да уважават лидери, чиито социални умения на са на необходимата висота.
8. СЪЧУВСТВИЕ И РАЗБИРАНЕ. Успешните лидери трябва да съчувстват на своите следовници, да разбират тях и техните проблеми.
9. МАЙСТОРСТВО В ДЕТАЙЛИТЕ. Успешното лидерство изисква майсторско владеене на детайлите, свързани с лидерската позиция.
10. ГОТОВНОСТ ЗА ПОЕМАНЕ НА ПЪЛНА ОТГОВОРНОСТ. Успешните лидери трябва да бъдат готови да поемат отговорност за грешките и недостатъците на своите следовници. Ако се опитат да прехвърлят тази отговорност на чужд гръб, те не могат да останат начело. Ако последователят направи грешка или се прояви некомпетентно, грешката всъщност е на лидера.
11. СЪТРУДНИЧЕСТВО. Успешните лидери трябва да разберат и приложат принципа на колективните усилия, както и да накарат последователите си да правят същото. Лидерството е ВЛАСТ, а властта има нужда от СЪТРУДНИЧЕСТВО.

Има два вида лидерство. Първото и най-ефективното е ЛИДЕРСТВОТО ПО ВЗАИМНО СЪГЛАСИЕ, т.е. със съгласието и симпатиите на следовниците. Второто е ЛИДЕРСТВОТО ПО ПРИНУДА, което не търси съгласие от страна на последователите.

Историята е пълна с доказателства, че лидерството по принуда е нетрайно. Крахът на безброй диктатори и монарси е достатъчно показателен. Явно е, че хората не могат да следват силовия лидер до безкрайност. Светът днес живее в нова ера и връзките между лидерите и последователите са такива, че в бизнеса и промишлеността е необходим съвсем нов тип водач. Хората от старата школа на лидерството по принуда трябва да осъзнаят и приемат новата форма на лидерство чрез сътрудничество, в противен случай ги чака бъдеще на последователи, при това бъдеще, което няма да им даде никаква възможност да избират.

Връзката между работник и работодател, между последовател и водач в бъдеще ще се основава единствено на взаимното сътрудничество и на справедливата подялба на печалбите от бизнеса. Работодатели и служители ще станат по-близки партньори от когато и да било преди.

Хитлер, Сталин и Саддам Хюсеин са примери за лидерство по принуда. Тяхното време обаче е отминало. Лесно можем да посочим и други лидери със същата закваска в бизнеса, финансите или синдикатите в САЩ, които бяха свалени или прогонени. Лидерството, основаващо се на съгласието на следовниците, е единствената трайна формула.

Несъмнено хората ще следват авторитарния си водач за известно време, но няма да го правят доброволно. Новата форма на ЛИДЕРСТВО ще прегърне единайсетте основни характеристики, които току-що описахме, както и някои други фактори. Хората, които превърнат тези точки в основа на своята кариера, ще се радват на безброй следовници във всяка една област на живота.

Десетте основни причини за провал на лидера

Ето че стигнахме до основните грешки, водещи до провал на лидерите: важно е да знаем не само какво да правим, но и КАКВО ДА НЕ ПРАВИМ.

1. НЕСПОСОБНОСТ ЗА ОРГАНИЗАЦИЯ НА ДЕТАЙЛИТЕ. Ефективното лидерство изисква способност за организация на детайлите. Нито един истински лидер не е „твърде зает“, за да свърши нещо, което влиза в задълженията му на лидер. Ако един лидер или последовател е „твърде зает“, за да промени плановете си или да обърне внимание на някаква спешна нужда, това е знак за липса на ефективност. Успешният лидер трябва да владее всички детайли, свързани с позицията му. Това, разбира се, означава, че трябва да е в състояние и да делегира отговорността за детайлите на способните си помощници.
2. НЕЖЕЛАНИЕ ДА СЕ НАТОВАРВА С ТЕЖКА РАБОТА. Наистина великите лидери са готови в случай на нужда да вършат всякаква работа, която при други обстоятелства биха изисквали от другите. „Който иска между вас да бъде големец, нека ви бъде слуга“ (Мат. 20:26) – ето една истина, която способните лидери уважават и прилагат.
3. ОЧАКВАНЕ НА ВЪЗНАГРАЖДЕНИЕ ЗА „ПОЗНАНИЯ“, ВМЕСТО ЗА ПРИЛАГАНЕТО НА ТЕЗИ ПОЗНАНИЯ. Светът няма да ви плати за онова, което „знаете“, а само за онова, което ПРАВИТЕ или карате другите да правят.
4. СТРАХ ОТ КОНКУРЕНЦИЯ ОТ СТРАНА НА ПОСЛЕДОВАТЕЛИТЕ. Лидерът, който се бои, че някой от последователите му може да заеме мястото му, рано или късно ще трябва наистина да се изправи срещу този кошмар. Способните лидери обучават своите помощници, на които да могат да делегират отговорности. Само по този начин те могат да бъдат на много места едновременно и да обръщат внимание на много неща. Вечна истина е, че хората получават повече за способността си ДА НАКАРАТ ДРУГИТЕ ДА СВЪРШАТ РАБОТА, отколкото за собствените си усилия. Ефективният лидер познава работата си и личната си харизма, като по този начин може да увеличи значително производителността на своите последователи и да направи така, че да свършат повече и по-качествена работа, отколкото биха свършили сами, без неговата насока.

5. ЛИПСА НА ВЪОБРАЖЕНИЕ. Без въображение лидерите не са способни да реагират в трудни ситуации и да създават планове, с чиято помощ ефективно да ръководят другите.
6. СЕБИЧНОСТ. Лидери, които си присвояват всички почести за работата, свършена от техните последователи, със сигурност ще засегнат някого. Наистина великите лидери НЕ ПРЕТЕНДИРАТ ЗА НИКАКВИ ПОЧЕСТИ. Те се задоволяват с това да отстъпват всеки външен израз на почит (когато има такива) на своите следовници, тъй като знаят, че повечето хора ще работят по-усилено, ако възнаграждението им е придружено от поощрения и признание.
7. НЕВЪЗДЪРЖАНОСТ. Последователите не уважават невъздържания лидер. Освен това всяка форма на невъздържаност подкопава устойчивостта и жизнеността на всеки, който си я позволи.
8. НЕЛОЯЛНОСТ. Може би нелоялността трябваше да бъде на първо място в списъка. Лидери, които не са лоялни спрямо последователите и съюзниците си, не могат да запазят задълго лидерската си позиция. Нелоялността е позорен белег за цял живот и може да навлече на всекиго презрението, което действително заслужава. Липсата на лоялност е една от основните причини за провал в живота.
9. ПРЕЕКСПОНИРАНЕ НА „АВТОРИТЕТА" НА ЛИДЕРА. Ефективните лидери водят, като насърчават останалите, а не като се опитват да вдъхнат страх в сърцата на последователите си. Лидерите, които се опитват да впечатлят следовниците си с „авторитет", всъщност са лидери по принуда. Истинските лидери нямат нужда да подчертават този факт по друг начин, освен с поведението си, със симпатия, разбиране, справедлива преценка и добро познаване на работата.
10. НАБЛЯГАНЕ НА ТИТЛИТЕ. Компетентните лидери нямат нужда от „титла", за да спечелят уважението на последователите си. Лидерите, които се съсредоточават върху титлите, обикновено няма с какво друго да се похвалят.

Вратите към кабинетите на истинските лидери са отворени за всеки, който иска да влезе в тях, а работното им пространство е лишено от формалности и показност.

Ето кои са най-често срещаните причини за провала на лидера. Всяка от тях е достатъчна, за да срине дори и най-„стабилната" кариера. Ако се стремите към ръководна позиция, запознайте се подробно със списъка и се уверете, че сте се избавили завинаги от тези пороци.

Някои плодотворни области, в които ще има нужда от нов стил на лидерство

Преди да сложим точка на тази глава, ще насоча вниманието ви към няколко области, в които има безброй нови възможности заради залеза на традиционното лидерство.

Първо. Най-сериозна нужда от нови лидери има в политиката – и като казвам „сериозна нужда", имам пред вид истинско бедствие. Като че ли твърде много политици са станали просто високопоставени и привилегировани рекетьори. Увеличават данъците и задушават промишлеността и бизнеса до такава степен, че хората вече не могат да понесат товара.

Второ. Финансовите пазари се реформират. Лидерите в тази област са изгубили доверието на обществото почти до капка. Дори водещите фигури вече осъзнават нуждата от реформа и правят първите стъпки към промяната.

Трето. Промишлеността също има нужда от нови лидери. Старото поколение мислеше и действаше с оглед на дивидентите, а не на хората. Ако искат да оцелеят, бъдещите водачи на индустрията трябва да се разглеждат почти като държавни служители, чието задължение е да управляват повереното им предприятие така, че то да не тъпче нито един индивид или група индивиди. Експлоатацията на работниците остана в миналото и хората, които се стремят към водещи позиции в бизнеса, промишлеността и профсъюзите, трябва да запомнят добре това.

Четвърто. Религиозните водачи на бъдещето ще бъдат принудени да обръщат повече внимание на чисто земните нужди на своите следовници, да разрешават личните и икономическите проблеми на днешния ден и да обръщат по-малко внимание на отдавна мъртвото минало или на нероденото бъдеще.

Пето. Ново лидерство ще бъде нужно и в правото, медицината и образованието. Това важи с особена сила за образованието. Лидерите в тази област трябва да намерят начин да научат хората КАК ДА ПРИЛАГАТ познанията, натрупани в училище. Те трябва да обръщат все повече внимание на ПРАКТИКАТА, а не на ТЕОРИЯТА.

Шесто. Журналистиката също има нужда от своите нови лидери. Успешното ръководство на медиите на бъдещето трябва да се откаже от всякакви специални привилегии и вече да не страда от принудата да получава средства от рекламодатели.

Това са само някои от областите, в които вече недвусмислено личи нужда от нов тип лидери. Светът преживява бърза промяна. Това означава, че средствата, неразривно свързани с тази промяна, за които стана дума току-що, също трябва да бъдат съответно адаптирани.

Кога и как да кандидатстваме за работно място

Информацията, която привеждаме тук, е плод на многогодишен опит, натрупан благодарение на помощта, която съм оказвал на хиляди хора, за да продадат пълноценно своя труд. Можете да разчитате на нея, тъй като е смислена и практична.

Средства за предлагане на личен труд

Опитът сочи, че най-преки и ефективни са следните начини за връзка между продавача и купувача на личен труд:

1. АГЕНЦИИ ЗА ЧОВЕШКИ РЕСУРСИ. Внимавайте и избирайте само реномирани агенции, които могат да ви докажат, че са постигали задоволителни резултати.
2. РЕКЛАМА във вестници, списания и интернет. Малките обяви обикновено дават резултат, ако кандидатствате за обикновени работни места. Преференциалната реклама е по-полезна за ръководни постове и трябва да се помества в онази част от публикацията, за която има по-голяма вероятност да привлече вниманието на търсения работодател. Добре е да потърсите съвет от експерт, който знае как да оформи обявата така, че някой да ѝ отговори.
3. ЛИЧНИ МОЛБИ ЗА НАЗНАЧЕНИЕ, адресирани до фирми или лица, за които има най-голяма вероятност да търсят съответния тип услуга. Писмата ЗАДЪЛЖИТЕЛНО трябва да са написани на пишеща машина или компютър и да са подписани на ръка. Към тях трябва да се приложи пълна автобиография или списък с квалификациите на кандидата. Както мотивационното писмо, така и автобиографията трябва да бъдат подготвени с помощта на експерт.
4. КАНДИДАТСТВАНЕ ЧРЕЗ ПОЗНАТИ. Когато е възможно, кандидатът трябва да се опита да се свърже с потенциалния работодател с помощта на общ познат. Този метод е особено ползотворен, ако кандидатът търси връзки на високо ниво и не иска да изглежда така, сякаш се натрапва.
5. ЛИЧНО ПРЕДСТАВЯНЕ НА КАНДИДАТУРАТА. В някои случаи може да се окаже полезно кандидатът лично да предложи услугите си на потенциалния работодател. Ако се стигне до там, кандидатът трябва да подготви подробен списък с квалификациите си, тъй като потенциалният работодател обикновено обсъжда такава кандидатура със съдружниците си.

Какво да включим в автобиографията си

Подгответе автобиографията си внимателно – като адвокат, който готви заключителната си реч в съда. Ако нямате необходимия опит, посъветвайте се със специалист. Успелите търговци често наемат хора, които разбират изкуството и психологията на рекламата в достатъчна степен, за да продадат самите себе си. В автобиографията си трябва да включите следните елементи:

1. Образование. Опишете кратко, но изчерпателно образователните институции, които сте посещавали, специализираните предмети и причините, поради които сте избрали тази специализация.
2. Опит. Ако имате опит в областта, за която кандидатствате, опишете го подробно, като включите имената и адресите на предишни работодатели. Подчертайте онази част от опита си, която може да се окаже полезна за конкретната позиция.
3. Препоръки. На практика почти всяка фирма иска да разбере как сте се представили в предишната си работа, особено ако кандидатствате за отговорни позиции. Бъдете готови да представите при поискване имената на хора, които могат да дадат отзиви за вашия опит и способности, например:
   а) предишни работодатели;
   б) ваши преподаватели;
   в) известни хора, на чиято преценка може да се разчита.
4. Кандидатствайте за точно определена позиция. Избягвайте да подавате кандидатури, без да упоменете ТОЧНО коя позиция ви интересува. Никога не кандидатствайте просто така – това означава, че ви липсва каквато и да е специална квалификация.
5. Избройте подробно квалификациите, които имате във връзка с позицията, за която кандидатствате. Опишете подробно защо смятате, че сте квалифицирани за тази работа. ТОВА Е НАЙ-ВАЖНАТА ЧАСТ ОТ КАНДИДАТУРАТА ВИ. Именно тя ще определи доколко ще ви обърнат внимание.
6. Предложете сами да ви определят пробен период. В повечето случаи, особено ако сте твърдо решение да получите позицията, за която кандидатствате, най-добре ще е да

предложите да поработите седмица или месец, или пък колкото е необходимо, за да може потенциалният ви работодател на прецени колко струвате в действителност, БЕЗ ЗАПЛАЩАНЕ. Подобно предложение може и да ви изглежда радикално, но опитът сочи, че то обикновено води до пробно или срочно назначение. Ако сте уверени в квалификациите си, пробното назначение е напълно достатъчно. Освен това подобно предложение означава, че сте уверени в способностите си и можете да вършите работата, за която кандидатствате. То е най-убедителният избор. Ако предложението ви бъде прието и направите добро впечатление, можете дори да получите заплатата си за пробния период. Заявете ясно, че правите подобно предложение, защото сте:

а) уверени, че можете да свършите работата, за която кандидатствате;

б) уверени, че потенциалният ви работодател ще ви наеме след това;

в) твърдо решени да получите тази работа.

7. Запознайте се добре с бизнеса на потенциалния си работодател. Преди да кандидатствате за дадена позиция, обследвайте подробно съответната област. В мотивационното си писмо упоменете и изводите, до които сте стигнали. Това ще впечатли човека, който разглежда вашата кандидатура, тъй като ще му покажете, че имате въображение и сте наистина заинтересувани от позицията.

Не забравяйте, че печелят не адвокатите, които познават най-добре закона, а онези, които се подготвят най-добре за изявленията си в съда. Ако и вие подготвите и представите вашия „случай“ както трябва, победата вече е наполовина спечелена.

Не се притеснявайте, ако автобиографията ви стане твърде дълга. Работодателят иска да наеме квалифицирани кандидати също толкова силно, колкото и вие – да получите работата. Всъщност успехът на повечето успели работодатели се състои в способността им да подбират висококвалифицирани помощници, и затова имат нужда от цялата информация, до която могат да се доберат.

Запомнете и нещо друго: ясно структурираната и четлива автобиография сочи, че обръщате внимание на детайлите. Помагал съм на клиенти, като съм правил за тях биографии, оформени по такъв необикновен начин, че кандидатите постъпваха на работа без интервю.

След като завършите биографията си, я отпечатайте на най-качествената хартия, която намерите. Внимателно проверете правописа и граматиката. Следвайте тези инструкции до последната запетайка и внасяйте в тях нови елементи, подсказани от въображението ви.

Успешните търговци се отнасят грижливо към външния си вид. Те разбират, че първото впечатление е изключително трайно. Вашата автобиография е вашият пътуващ търговски представител. Облечете я както трябва, за да се отличава от всичко, което вашият потенциален работодател някога е виждал от кандидати за работа. Ако позицията, към която се стремите, наистина си струва, значи си струва и да подходите внимателно към нейното завоюване. Нещо повече – ако продадете имиджа си на работодателя така, че той да се впечатли и от вас като личност, вероятно още от самото начало ще получавате по-високо заплащане от кандидат, който е минал по обичайния път.

Ако търсите работа с помощта на агенция за човешки ресурси или на рекламна агенция, помолете агента да използва копие от автобиографията ви, когато се опитва да продаде вашите услуги. Това ще ви помогне да излезете на едно от челните места както в ангажиментите на самия агент, така и в предпочитанията на потенциалните работодатели.

Как да получите работата, която желаете

Всеки от нас върши с желание работата, за която е най-пригоден. Художникът обича да работи с бои, механикът – с ръцете си, писателят обича да пише. Хората с не чак толкова специфични таланти имат определени предпочитания в бизнеса и индустрията. Ако Америка несъмнено е добра в нещо, това е безкрайното разнообразие на работните места – земеделие, производство, маркетинг, занаяти.

Първо: решете СЪВСЕМ ТОЧНО каква работа искате. Ако подобна позиция не съществува, може би тъкмо вие ще я създадете.

Второ: изберете компанията или човека, за които искате да работите.

Трето: проучете бъдещия си работодател. Осведомете се каква е трудовата му политика, какво е състоянието на персонала, какви са шансовете за развитие.

Четвърто: като анализирате себе си, своите таланти и възможности, преценете КАКВО МОЖЕТЕ ДА ПРЕДЛОЖИТЕ и планирайте как да създадете предимство, услуга, развитие или идея, които смятате, че можете да продадете.

Пето: забравете за „работното място". Забравете дали изобщо има свободна позиция. Забравете рутинния въпрос „имате ли работа за мен?". Съсредоточете се върху онова, което можете да предложите.

Шесто: след като вече имате план, намерете опитен стилист, който да ви помогне да го изложите ясно и подробно.

Седмо: представете плана си пред човек, който може да взима решения. Всяка компания търси хора, които могат да ѝ дадат нещо ценно, независимо дали става въпрос за идеи, услуги или „връзки". Всяка компания ще намери място за човек с ясен план за действие, който да ѝ е от полза.

Подобен подход може да ви отнеме няколко допълнителни дни или седмици, но ефектът върху дохода, възможността за напредък и натрупването на признание ще ви спести години тежка работа срещу мизерно заплащане. Предимствата му са много, но най-очевидното от тях е, че подходът може да ви спести пет години по пътя към избраната цел.

Всеки, който започва кариерата си по средата на корпоративната стълбица, го постига благодарение на внимателно планиране (освен, разбира се, ако не е син на шефа).

Новият пазар на услуги: „работата“ вече е „партньорство“

Хората, които предлагат на пазара личния си труд така, че да извлекат максимума в бъдеще, трябва да осъзнаят удивителната промяна, настъпила във връзката между работодател и работник.

Рано или късно ще настъпи моментът, в който продажбите на стоки и лични услуги ще се определят от „златното правило“, а не от правилата, налагани от хората със злато. Бъдещите отношения между работодатели и работници ще бъдат по-скоро форма на партньорство, съставено от работодателя, от служителя и от потребителите, които обслужват те двамата.

Този нов начин за предлагане на личен труд се смята за иновативен по няколко причини, основната от които е, че в бъдеще и работодателят, и работникът ще се смятат за колеги, чиито общ бизнес е да ОБСЛУЖВАТ ЕФИКАСНО КЛИЕНТИТЕ СИ. В миналото работодателите и служителите са се спазарявали помежду си, стремейки се към най-добрата възможна сделка, без да се интересуват, че в крайна сметка ПАЗАРЛЪКЪТ ИМ Е ЗА СМЕТКА НА ТРЕТА СТРАНА – КЛИЕНТИТЕ, НА КОИТО БИ ТРЯБВАЛО ДА СЛУЖАТ.

В бъдеще работодателите и служителите ще признаят, че вече НЕ РАЗПОЛАГАТ С ПРИВИЛЕГИЯТА ДА СЕ ДОГОВАРЯТ ПОМЕЖДУ СИ ЗА СМЕТКА НА ОНЕЗИ, КОИТО ОБСЛУЖВАТ. Истинският работодател ще бъдат клиентите. Всеки, който държи да продаде личния си труд на желаната цена, не бива да забравя това.

Днес първокачественото обслужване е основният път към успешната продажба. То е задължително не само за работодателя, но и за неговия служител (и то дори в по-голяма степен), защото в крайна сметка реалният работодател е обществеността. Ако от обслужването има какво да се желае, фирмите плащат за това, като губят част от привилегията си да служат на обществото.

Какъв е вашият рейтинг по системата ККД?

Ето че описахме причините за успеха при ефективното и трайно предлагане на пазара на личния ви труд. Ако не ги изучите, анализирате, разберете и ПРИЛОЖИТЕ, няма да сте в състояние изобщо да продадете услугите си. КОЛИЧЕСТВОТО и КАЧЕСТВОТО на предлаганата услуга, както и ДУХЪТ, с който се предлага тя, до голяма степен определят колко трайни ще бъдат взаимоотношенията ви с работодателя и какво ще получите за труда си. За да предлагате ефикасно личния си труд (т.е. дълготрайно, със задоволително заплащане и при поносими условия), трябва да приложите формулата ККД – КАЧЕСТВО плюс КОЛИЧЕСТВО плюс ДУХ на сътрудничество се равняват на съвършена пазарна реализация. Не забравяйте тази формула и дори се опитайте ДА Я ПРЕВЪРНЕТЕ В НАВИК.

Нека сега анализираме формулата, за да се уверим, че разбираме значението ѝ съвсем точно.

1. КАЧЕСТВО на услугата означава нейното отработване до последния детайл по най-ефективния възможен начин, като още по-голямата ефективност си остава първостепенна цел.
2. КОЛИЧЕСТВО на услугата е НАВИКЪТ да я оказвате в най-голяма възможна степен, по всяко време, с цел да го правите все повече и все по-добре с усъвършенстването на уменията си. И тук ключовата дума е НАВИК.
3. ДУХЪТ на услугата е НАВИКЪТ да демонстрирате сговорчиво и хармонично поведение, което да поражда желание за сътрудничество от страна на колегите и партньорите ви.

КОЛИЧЕСТВОТО и КАЧЕСТВОТО на услугите ви не са достатъчни, за да ви гарантират постоянна пазарна реализация. Тук определящият фактор е ДУХЪТ, с който предлагате тези услуги – определящ както за цената, така и за периода, в който ще работите безпрепятствено.

Андрю Карнеги подчертава този елемент многократно, когато описва на какво се дължи успехът при предлагането на личен труд. Той непрекъснато набляга на нуждата от ХАРМОНИЧНО ПОВЕДЕНИЕ и повтаря, че светът няма да обръща особено внимание на когото и да е – независимо с колко добро КАЧЕСТВО и в какво голямо КОЛИЧЕСТВО са неговите услуги – освен ако съответният човек не се държи ХАРМОНИЧНО. Карнеги изрично настоява, че всички трябва да проявяват СГОВОРЧИВОСТ. Като доказателство за важността на това качество той позволява на много хора, отговарящи на неговите стандарти, да станат действително богати. Всички останали трябва просто да се дръпнат от пътя им.

Говорим толкова подробно за това колко важно е да сме сговорчиви и мили, защото именно това отношение придава подходящия ДУХ на всяка услуга. Ако хората ни намират за ПРИЯТНИ, а самите ние предлагаме услугата си в дух на ХАРМОНИЯ, това често може да скрие всички недостатъци в КАЧЕСТВОТО и КОЛИЧЕСТВОТО на предлаганата от нас услуга. СГОВОРЧИВОТО И ПРЕДРАЗПОЛАГАЩО ПОВЕДЕНИЕ НЕ МОЖЕ ДА БЪДЕ ЗАМЕНЕНО С НИЩО.

Капиталовата стойност на вашия труд

Човекът, чийто доход зависи изцяло от продажбата на личния му труд, е в положението на търговец, който продава определена стока. Поради тази причина той трябва да следва АБСОЛЮТНО СЪЩИТЕ ПРАВИЛА като тези в търговията.

Нарочно подчертаваме това, тъй като повечето хора, които живеят от личен труд, правят грешката да смятат, че нямат онези задължения и отговорности, които обикновено идват с търговската практика.

Новите методи за договаряне на практика принуждават и работодателя, и работника да се превърнат в партньори, които действат под натиска на трета страна – а именно НА КЛИЕНТИТЕ, КОИТО ОБСЛУЖВАТ.

Дните на оправните момчета са минало – сега благата отиват при онзи, който е склонен първо да даде, а после да получи нещо в замяна. Високото напрежение в бизнеса най-после изгори окончателно всички бушони. Няма да се налага да ги сменяме, тъй като за в бъдеще бизнесът ще се ръководи по схеми, които не предполагат никакво напрежение.

Реалната капиталова стойност на вашия ум може да се изчисли като дохода, който можете да получавате от личния си труд. Приблизително точна преценка на капиталовата стойност на вашите услуги можем да получим, като умножим годишния ви доход по 16 2/3, тъй като е допустимо да приемем, че годишният ви доход представлява около шест процента от капиталовата ви стойност. Ненапразно повечето парични влогове носят шест процента годишна лихва. Парите не струват повече от ума – всъщност често струват доста по-малко.

Компетентните умове – стига, разбира се, да предложат услугите си както трябва – са много по-желана форма на капитал от онази, която е необходима, за да започнем търговия с каквато и да е стока, защото умът е капитал, който не се обезценява при инфлация и не може да бъде откраднат или просто похарчен. А и парите, които са толкова важни за бизнеса, са просто купчина хартия и метал, ако към тях не се добави и капка ум.

Трийсетте основни причини за провал: колко от тях ви държат приковани към дъното?

Най-голямата трагедия в живота е да положиш искрени усилия и да се провалиш. Трагедията всъщност е в броя на хората, които се провалят, на фона на онези, които успяват.

Имах невероятната възможност да анализирам хиляди мъже и жени, 98 % от които попадаха в категорията на провалилите се. Има нещо радикално сбъркано в цивилизация – и в нейната образователна система, – която позволява 98 % от хората да живеят в плен на провала. Не съм написал тази книга обаче, за да морализаторствам и да обяснявам кое е добро и кое – зло; ако си бях поставил подобна цел, книгата щеше да е поне сто пъти по-голяма.

Аналитичната ми работа доказа, че има трийсет основни причини, водещи до провал, и тринайсет основни принципа, които помагат на хората да натрупат богатство. Тук ще изброим трийсетте причини за неуспех. Докато преглеждате списъка, съпоставяйте всяка точка от него със собствения си опит и поведение, за да откриете колко от тези причини стоят между вас и успеха.

1. НЕБЛАГОПРИЯТНА НАСЛЕДСТВЕНОСТ. За хората, родени с недостатъчно умствени способности, не може да се направи почти нищо. Нашата философия предлага само един начин за справяне с тази слабост – с помощта на „колективния гений". Обърнете внимание, че това е ЕДИНСТВЕНАТА причина за провал, която не може да се поправи от човешка ръка.
2. ЛИПСА НА ЯСНО ОПРЕДЕЛЕНА ЦЕЛ В ЖИВОТА. За онзи, който няма основна цел, към която да се стреми, няма и надежда за успех. Деветдесет и осем от всеки сто души, които съм подлагал на анализ, нямат подобна цел. МОЖЕ БИ ТОВА Е ОСНОВНАТА ПРИЧИНА ЗА ТЕХНИЯ ПРОВАЛ.
3. ЛИПСА НА АМБИЦИЯ ЗА БЯГСТВО ОТ ПОСРЕДСТВЕНОСТТА. Няма на какво да се надява човек, който е безразличен, който не иска да се движи напред в живота си и не е готов да плати цената за това.
4. НЕДОСТАТЪЧНО ОБРАЗОВАНИЕ. Тази пречка може да се преодолее сравнително лесно. Опитът сочи, че най-образованите хора са онези, които са се образовали сами. Дипломата от университета в никакъв случай не е белег за образованост. Образован човек е онзи, който се е научил как да постига от живота онова, което иска, без да нарушава правата на другите. Образоваността се състои не толкова от познание, колкото от ефективно и последователно ПРИЛАГАНО познание. Хората получават пари не за онова, което знаят, а за ТОВА КАКВО ПРАВЯТ С ПОЗНАНИЯТА СИ.
5. ЛИПСА НА САМОДИСЦИПЛИНА. Дисциплината е рожба на самоконтрола. Това означава, че трябва да сме в състояние да контролираме всичките си недостатъци. Преди да сме в състояние да контролираме условията, първо трябва да контролираме в себе си. Самообладанието е едно от най-трудните изкуства. Ако не успеете да подчините себе си, значи вечно ще си останете на колене. Можете да

видите едновременно най-добрия си приятел и най-злия си враг – стига да застанете пред огледалото.

6. ЛОШО ЗДРАВЕ. Никой не може да се наслади на истински успех, ако не е здрав. Много от причините за различните заболявания подлежат на контрол. Ето някои от тях:
   а) преяждане с храни, които вредят на здравето;
   б) лоши мисловни навици, явен негативизъм;
   в) прекаляване със секса и неправилно отношение към него;
   г) недостатъчно физическо натоварване;
   д) недостатъчно чист въздух, неправилно дишане.
7. НЕБЛАГОПРИЯТНО ВЛИЯНИЕ НА СРЕДАТА В ДЕТСТВОТО. Дървото се превива, докато е младо. Повечето хора с престъпни наклонности са ги развили благодарение на неблагоприятната среда и лошите другари в детството.
8. ОТЛАГАНЕ. Това е една от най-често срещаните причини за неуспех. Отлагането на днешната работа за утре е свойствено за всички, които чакат късмета наготово и така съсипват истинските си възможности за успех. Повечето от нас не успяват в живота, защото чакат „точния момент“, за да започнат да правят нещо стойностно. Не чакайте. Този момент никога няма да настъпи. Започнете незабавно и използвайте всички средства, до които можете да се доберете. С всяка следваща стъпка възможностите ви само ще растат.
9. ЛИПСА НА ПОСТОЯНСТВО. Мнозина от нас са отлични спринтьори в първите метри, но така и не стигат финала на повечето си начинания. Нещо повече – хората обикновено се отказват още при първите признаци на поражение. Нищо не може да замени ПОСТОЯНСТВОТО. Ако сме настойчиви, провалът ще се умори преди нас. Никой не може да ни спре, ако самите ние не се дадем.
10. ОТБЛЪСКВАЩА ЛИЧНОСТ. Успехът бяга от онзи, който отблъсква околните с поведението си. Успехът се дължи на прилагането на ВЛАСТ, а властта предполага сътрудничеството на околните. Отблъскващата личност не може да внуши дух на сътрудничество.
11. ЛИПСА НА СЕКСУАЛНИ ЗАДРЪЖКИ. Сексуалната енергия е един от най-силните стимули, подтикващи хората

към ДЕЙСТВИЕ. Тъй като това е най-силната емоция, тя трябва да бъде контролирана и пренасочвана за други цели.

12. НЕКОНТРОЛИРУЕМ СТРЕМЕЖ КЪМ БЕЗПЛАТЕН ОБЯД. Комарджийският инстинкт води милиони хора към провал. Доказателство за това е крахът на интернет-компаниите в началото на двайсет и първи век, когато милиони хора се опитваха на правят пари, инвестирайки във фирми-еднодневки.
13. ЛИПСА НА РЕШИМОСТ. Хората, които успяват, бързо взимат решения и трудно ги променят – а понякога и изобщо не ги променят. Хората, които се провалят, взимат решения – ако изобщо се стигне до там – съвсем бавно и ги променят често и бързо. Нерешителността и навикът да се отлага вървят ръка за ръка. Там, където видим едното, сигурно дебне и другото. Смажете тази двойка, преди да ви е изпратила в смъртоносен полет към дъното.
14. ЕДИН ИЛИ ПОВЕЧЕ ОТ ШЕСТТЕ ОСНОВНИ СТРАХОВЕ. Ще говорим за тях в глава 15. Трябва да ги овладеете, за да можете да продавате ефективно услугите си.
15. ПОГРЕШЕН ИЗБОР НА БРАЧЕН ПАРТНЬОР. Това е една от най-често срещаните причини за провал. Брачната връзка предполага интимен контакт. Ако тя не е изтъкана от хармония, вероятният изход ще бъде пълен провал. Нещо повече – подобен провал е белязан от депресия и нещастие и може да смаже всяка АМБИЦИЯ.
16. ПРЕКАЛЕНА ПРЕДПАЗЛИВОСТ. Човекът, който не поема рискове, обикновено трябва да се задоволи с огризките. Прекалената предпазливост е също толкова голямо зло, колкото и недостатъчната предпазливост. И двете са крайности, които трябва да се избягват. Самият живот се основава на случайността.
17. ПОГРЕШЕН ИЗБОР НА БИЗНЕС ПАРТНЬОРИ. Това е една от най-често срещаните причини за провал в бизнеса. При предлагането на личен труд трябва да търсим работодател, който да ни вдъхновява с интелекта и успеха си. Няма как да не се съревноваваме с човека, който е в

непосредствена близост до нас. Изберете работодател, с който си струва да се състезавате.

18. СУЕВЕРИЕ И ПРЕДРАЗСЪДЪЦИ. Суеверието е форма на страх, както и на невежество. Успелите хора държат съзнанието си отворено и не се боят от нищо.
19. ПОГРЕШЕН ИЗБОР НА ПРОФЕСИЯ. Никой не може да успее в начинание, което не харесва. Основната стъпка при предлагането на личен труд е да изберете професия, в която да можете да се потопите изцяло.
20. ЛИПСА НА КОНЦЕНТРИРАНО УСИЛИЕ. Разпиляването рядко води до нещо добро. Съсредоточете усилията си върху ЕДНА ОСНОВНА ЦЕЛ.
21. БЕЗРАЗБОРНО ХАРЧЕНЕ. Прахосниците не успяват, и то най-вече защото живеят в непрекъснат СТРАХ ОТ БЕДНОСТ. Създайте си навика да отделяте настрани определена част от доходите си. Парите в банката са солидна основа, на която да се опрете, когато се договаряте за продажба на личния си труд. Ако нямате пари, трябва да приемете онова, което ви предлагат, и то с благодарност.
22. ЛИПСА НА ЕНТУСИАЗЪМ. Без ентусиазъм не можете да бъдете убедителни. Нещо повече – ентусиазмът е заразителен, а човекът, който го проявява в умерени дози, обикновено е добре дошъл във всяка група.
23. НЕТЪРПИМОСТ. Човек със „затворено“ съзнание по която и да е тема рядко успява да напредне. Нетърпимостта означава, че сме спрели да усвояваме знания. Най-вредните форми на нетолерантност са тясно свързани с религиозните, расовите и политическите различия.
24. НЕУМЕРЕНОСТ. Най-вредните форми на неумереност са свързани с яденето, алкохола и секса. Прекаляването с всяко едно от трите може да убие завинаги успеха.
25. НЕСПОСОБНОСТ ЗА СЪТРУДНИЧЕСТВО. Повече хора губят позициите и възможностите си именно заради този недостатък, отколкото поради всички други причини, взети заедно. Той не се толерира от нито един добре информиран ръководител или лидер.
26. ВЛАСТ, КОЯТО НЕ Е ПРИДОБИТА С ЛИЧНИ УСИЛИЯ. Пример за това са синовете и дъщерите на богати се-

мейства, както и други хора, наследили пари, за които не са полагали усилия. Властта в ръцете на човек, който не я е натрупал постепенно, често е отрова за успеха. БЪРЗИТЕ ПАРИ са по-опасни от бедността.

27. ПРЕДНАМЕРЕНА НЕПОЧТЕНОСТ. Почтеността не може да се замести с нищо. Може да ни се наложи да постъпваме непочтено под натиска на обстоятелства, върху които нямаме контрол, но това няма да доведе до трайни вреди. НЯМА НАДЕЖДА обаче за хора, които са решили да бъдат непочтени съвсем преднамерено. Рано или късно делата им ще ги застигнат и ще ги принудят да си платят, като се лишат от репутацията, а понякога дори и от свободата си.
28. ЕГОИЗЪМ И СУЕТНОСТ. Тези качества играят ролята на предупредителни сигнали, които държат другите на разстояние. ТЕ СА ФАТАЛНИ ЗА УСПЕХА.
29. СЛУЧАЙНИ РЕШЕНИЯ ВМЕСТО МИСЛЕНЕ. Повечето хора са твърде безразлични или мързеливи, за да НАТРУПАТ ФАКТИ, които да им помогнат ДА МИСЛЯТ АРГУМЕНТИРАНО. Те предпочитат да действат съобразно „мнения“, формирани от чиста проба гадаене и капризи.
30. ЛИПСА НА КАПИТАЛ. Това е най-често срещаната причина за провала на хора, които за пръв път навлизат в бизнеса и нямат достатъчно капитал, за да компенсират грешките си и да продължат напред, докато не си създадат РЕПУТАЦИЯ.
31. Тук можете да впишете всяка друга причина за провал, на която сте се натъквали и която не е включена в горния списък.

Ето в какво се състои житейската трагедия, която застига всеки, преживял неуспешен опит да се издигне. Би било добре да помолите човек, който ви познава добре, да прегледа списъка заедно с вас, и да ви помогне да се самоанализирате с оглед на тези трийсет точки. Дори и да го направите сами, то пак може да ви бъде от полза. Повечето хора обаче не могат да се видят така, както ги виждат другите, и вие може би сте един от тях.

Един от най-старите философски съвети в света е „познай себе си“. Ако искате да търгувате успешно с една стока, трябва да я познавате добре. Същото важи и за продажбата на личните ви услуги. Трябва да познавате всичките си слабости, за да можете да ги компенсирате или да се отървете от тях. Трябва да познавате и силните си страни, за да можете да ги излагате на показ, когато продавате таланта си. За да опознаете себе си обаче е необходимо да се подложите на внимателен анализ.

Чудесен пример за липса на достатъчно себепознание е онзи млад човек, който отишъл в една известна фирма и кандидатствал за работа. Създал чудесно впечатление – поне до момента, в който мениджърът не го попитал каква заплата очаква. Той отговорил, че не е мислил за определена сума (пример за липса на определена цел). Тогава мениджърът казал: „Добре, ще ви платим толкова, колкото струвате, след една седмица изпитателен срок.“ А кандидатът отвърнал: „Не мога да приема подобно нещо, защото ТАМ, КЪДЕТО РАБОТЯ, ПОЛУЧАВАМ ПОВЕЧЕ.“

Преди изобщо да се решите да преговаряте за увеличаване на заплатата там, където работите в момента, или пък да търсите работа другаде, трябва да се уверите, ЧЕ СТРУВАТЕ ПОВЕЧЕ, ОТКОЛКОТО ПОЛУЧАВАТЕ.

Едно е да ИСКАТЕ пари – така или иначе всеки иска повече – но е съвсем различно да имате ПО-ГОЛЯМА СТОЙНОСТ. Много хора правят грешката да смятат, че СТРУВАТ толкова, колкото ИСКАТ. Финансовите ви изисквания нямат нищо общо с вашата СТОЙНОСТ. Тя се определя единствено с оглед на възможността ви да предлагате полезна услуга или да карате другите да предлагат такава услуга.

Инвентаризирайте себе си: 28 задължителни въпроса

Ежегодният самоанализ е основен елемент за ефикасното предлагане на лични услуги, също както и ежегодната инвентаризация на стоките, които предлага един търговец.

Освен това анализът обикновено показва НАМАЛЯВАНЕ НА НЕДОСТАТЪЦИТЕ и увеличаване на ДОБРОДЕТЕЛИТЕ. Всеки човек или напредва, или не мърда от мястото си, или се движи назад в живота. Целта му, разбира се, би трябвало да е да се придвижва напред. Ежегодният самоанализ показва какъв е напредъкът и дали изобщо има такъв, както и евентуалните стъпки назад, които може би сме направили. Ефективният маркетинг на личен труд изисква да се движим напред, дори и това да става бавно.

Трябва да правите ежегодния си самоанализ в края на всяка година, за да можете да включите в списъка с решения за новата година всички подобрения, които анализът ви подсказва. Задайте си въпросите, изброени по-долу, и проверете точността на отговорите с помощта на човек, който няма да ви позволи да се самозаблуждавате.

Въпросник за самоанализ

1. Постигнах ли целта, която си бях поставил за тази година? (Трябва да разбиете основната цел в живота си на последователни стъпки, постижими в рамките на една година.)
2. Предлагам ли услуга с най-доброто КАЧЕСТВО, на което съм способен? Има ли какво да се подобри?
3. Предлагам ли услуга в най-голямото възможно КОЛИЧЕСТВО, на което съм способен?
4. Държа ли се хармонично и с готовност за сътрудничество през цялото време?
5. Позволих ли на склонността си да ОТЛАГАМ да намали ефективността ми, и ако да, доколко?
6. Усъвършенствах ли се като личност, и ако да, как?
7. Бях ли достатъчно настойчив, следвах ли плановете си докрай?
8. Взимах ли НАВРЕМЕННИ И ОКОНЧАТЕЛНИ РЕШЕНИЯ по всички въпроси?

9. Позволих ли на някой от шестте основни страха да ощети ефективността ми?
10. Бях ли прекалено предпазлив – или прекалено непредпазлив?
11. Приятна или неприятна беше връзката ми с партньорите? Ако не е била приятна, дали вината е изцяло или поне отчасти моя?
12. Позволих ли си да пилея енергия заради отказ от КОНЦЕНТРИРАНО усилие?
13. Бях ли достатъчно отворен и толерантен по всички въпроси?
14. По какъв начин подобрих способността си да предлагам услугата си?
15. Проявих ли невъздържаност?
16. Проявих ли някаква форма на ЕГОИЗЪМ, скрита или открита?
17. Беше ли поведението ми към партньорите ми такова, че те да ме УВАЖАВАТ?
18. Бяха ли мненията и РЕШЕНИЯТА ми плод на каприз или се основаваха на точен анализ и МИСЛЕНЕ?
19. Следвах ли правилото да определям бюджет за времето, разходите и приходите си? Спазвах ли този бюджет достатъчно стриктно?
20. Колко време отделих на НЕПРОДУКТИВНИ усилия? Можех ли да го използвам за нещо по-добро?
21. Как мога да променя разпределението на времето си и навиците си така, че да бъда по-ефективен през следващата година?
22. Направих ли нещо, което съвестта ми да не одобрява?
23. Предложих ли ПОВЕЧЕ И ПО-КАЧЕСТВЕНИ УСЛУГИ, отколкото ми беше платено да предложа?
24. Бях ли несправедлив спрямо някого, и ако да, с какво?
25. Ако бях купувач на собствената си услуга през тази година, щях ли да бъда доволен от покупката?
26. Правилната професия ли съм избрал, и ако не, защо?
27. Дали купувачите на моите услуги са доволни от тях, и ако не, защо?

28. Как оценявам в момента основните принципи на успеха? (Дайте искрена оценка и помолете някой, който има куража да не ви лъже, да оцени отговора ви.)

След като прочетете и усвоите информацията в тази глава, ще сте готови да създадете практичен план, с чиято помощ да продадете личния си труд на желаната цена. Тук ще намерите адекватно описание на всеки принцип, от който имате нужда, за да постигнете целта си – основните черти на лидерството, най-често срещаните причини за провала на един ръководител, описание на областите, в които можете да се проявите като лидер, основните причини за личен провал, както и въпросите, които трябва да използвате при самоанализа си.

Приведох тук цялата тази разнообразна информация, защото тя е жизнено необходима за всички, които трябва да започнат да натрупват богатства, продавайки личния си труд. Хората, които са изгубили богатството си, както и онези, които тъкмо започват да печелят пари, могат да предложат единствено личния си труд в замяна на средствата, които искат да получат, и затова е важно да се сдобият с цялата практическа информация, от която имат нужда, за да сключат възможно най-изгодна сделка.

Информацията в тази глава ще бъде изключително полезна за всеки, който иска да постигне лидерска позиция в която и да е област. Тя ще допринесе особено много за онези от читателите, които се стремят към ръководни позиции в бизнеса или промишлеността.

Пълното усвояване и осъзнаване на всичко, за което говорим тук, несъмнено ще ви помогне да предложите личния си труд при възможно най-изгодни условия, както и да подобрите аналитичните си способности и преценката си за другите. Новата информация ще бъде безценна за директори на отдели по човешки ресурси, както и за всички ръководители, чиято задача е да подбират служители и да поддържат организацията си във форма. Ако се съмнявате в това твърдение, проверете го, като отговорите писмено на двайсет и осемте въпроса за самоанализ. Това може да се окаже не само интересно, но и потенциално печелившо – и то въпреки всичките ви съмнения.

Как и къде да намерите възможности за натрупване на богатство?

След като анализирахме принципите, с чиято помощ можете да натрупате богатство, съвсем естествено стигаме до въпроса: къде да намерим благоприятна възможност за прилагането на тези принципи? Добре тогава – нека се огледаме и да видим какво могат да предложат Съединените американски щати на човек, който търси богатство – или пък просто пари за издръжка.

Като за начало не бива да забравяме, че всички ние живеем в страна, в която всеки спазващ закона гражданин се радва на свобода на мисълта и действието, непозната в останалия свят. Повечето от нас никога не са се замисляли какви са ползите от тази свобода, нито пък са сравнявали неограничената си свобода с оковите на гражданите в други страни.

Тук имаме свобода на мисълта, свобода на избора и образованието, свобода на религията, на политическия живот, на професионалната ориентация и бизнеса, свобода да трупаме и притежаваме блага без ограничения, свобода да избираме къде да живеем, за кого да се оженим, свободата на всички раси да имат равни възможности, можем да пътуваме свободно, да избираме храната си и ДА СЕ СТРЕМИМ КЪМ ВСЕКИ ПОСТ, ЗА КОЙТО СМЕ ГОТОВИ, включително и към поста на президента на Съединените щати.

Има и други форми на свобода, но този списък е достатъчен, за да ни посочи кои са най-важните и форми. Всички тези свободи представляват една невероятна ВЪЗМОЖНОСТ. Предимството, което предлагат, е още по-забележително поради факта, че Съединените щати са единствената страна, която дава на всеки свой гражданин, независимо дали е гражданин по рождение или по натурализация, толкова широкообхватна свобода на действие.

Нека сега си припомним някои от благата, с които ни е дарила тази свобода. Да вземем едно средно американско семейство (т.е. семейство със среден доход) и да видим на какво може да се радва всеки един от неговите членове в една страна на ВЪЗМОЖНОСТИ и изобилие.

А. ХРАНА. След свободата на мисълта и действието са ХРАНАТА, ОБЛЕКЛОТО и ПОДСЛОНЪТ – трите основни жизнени нужди.

Заради всеобхватната свобода средното американско семейство разполага с практически неограничен избор от храни от целия свят, и то на напълно достъпни цени.

Б. ПОДСЛОН. Това семейство живее в комфортен апартамент с парно отопление, електрическо осветление и газ за готвене – отново на напълно достъпни цени.

Филийките за закуска се препичат с електрически тостер, апартаментът се чисти с електрическа прахосмукачка. В кухнята и банята има топла и студена вода по всяко време на денонощието. Храната се съхранява в електрически хладилник. Жените къдрят косите си, перат и гладят дрехите с лесни за употреба електроуреди, чиято употреба е на един контакт разстояние. Мъжете се бръснат с електрически самобръсначки и имат достъп до забавления от целия свят, по двайсет и четири часа на ден, с простото натискане на едно копче на телевизора си.

В апартамента има и други полезни вещи, но дори и този списък може да ви даде недвусмислени доказателства за свободата, на която се радваме в Америка. (И, повярвайте ми, тук не става въпрос за икономическа или политическа пропаганда.)

В. ОБЛЕКЛО. Навсякъде в Съединените щати хората могат да намерят облекло по свой вкус и да се облекат красиво и удобно на цени, достъпни за средностатистическото семейство.

Обърнахме внимание само на храната, дрехите и жилището, но обикновеният американски гражданин има и други привилегии и предимства, от които може да се възползва срещу неособено големи усилия, които рядко надвишават осемчасов работен ден. Такива предимства са автомобилният транспорт, благодарение на който всеки може да отиде там, където иска, на съвсем разумна цена.

Средностатистическият американец има гаранции за собствеността си, невиждани на много други места по света. Излишъкът от пари може да бъде вложен в банка с правителствени гаранции, че ще бъде върнат, ако банката фалира. Ако американецът иска да пътува от един щат в друг, той няма нужда от паспорт. Американците могат да се движат, както решат. В повечето други страни хората не могат да пътуват толкова свободно и евтино.

„Чудото“, родило всички тези блага

Често чуваме политиците да тръбят за американската свобода, когато искат да гласуваме за тях, но рядко ги виждаме да отделят време и усилия, за да анализират естеството на тази свобода или причините за нея. Тъй като нямам задни мисли, нито пък някакви политически цели, разполагам с невероятната привилегия да мога спокойно и чистосърдечно да подложа на анализ това мистериозно, абстрактно и неразбрано НЕЩО, което изсипва върху всеки американски гражданин повече блага, възможности за натрупване на богатство и свобода във всяко едно отношение, отколкото която и да е друга страна може да предложи.

Имам правото да анализирам източника и естеството на тази НЕВИДИМА СИЛА, тъй като познавам – и то от повече от четвърт век – много от хората, които са я организирали и са отговорни за това тя да продължи да действа.

Името на този тайнствен благодетел на човечеството е КАПИТАЛ.

КАПИТАЛЪТ се състои не само от пари – най-важният му елемент са високо организирани, интелигентни групи хора, които планират как да използват ефективно тези пари за благото на обществото и за собствената си печалба.

Тези групи се състоят от учени, педагози, химици, изобретатели, бизнес аналитици, специалисти по връзки с обществеността, транспортни експерти, счетоводители, адвокати, лекари – и изобщо мъже и жени, които притежават силно специализирани познания във всичко области на промишлеността и бизнеса. Те правят смели стъпки в непознатото, експериментират и прокарват пътеки в съвсем нови изследователски области. Те поддържат колежи, болници и обществени училища, строят пътища, издават вестници, плащат по-голямата част от разходите на правителството и посвещават живота си на всички детайли, необходими за прогреса на човечество. Казано накратко, капиталистите са умовете на цивилизацията, тъй като те създават материята, от която се състоят познанието, просвещението и прогресът.

Парите, лишени от ум, винаги са опасни. Ако се използват както трябва, те са най-важният елемент на цивилизацията. Закуската на едно нюйоркско семейство се състои от сок от грейпфрут, зърнена закуска, яйца, хляб, масло, чай и захар, които нямаше да могат да се купят на разумна и достъпна цена, ако организираният капитал не беше създал машините, корабите, пътищата и огромните армии от обучени хора, които да ги управляват и поддържат.

За да разберете колко всъщност е важен организираният капитал, просто се представете, че сте натоварени с отговорността да съберете и доставите една проста закуска на нашето нюйоркско семейство без помощта на капитала.

За да се сдобиете с чай, щеше да ви се наложи да пътувате до Китай или Индия – във всеки случай доста далеч от Америка. Ще трябва да сте доста добър плувец, за да стигнете дотам и да се върнете обратно. Има и още един проблем – какво щяхте да използвате вместо пари, дори и да успеехте да преплувате океана?

За захар щеше да се наложи да плувате до Карибските острови или да биете път пеша до плантациите за цвекло в Юта. Но дори и тогава най-вероятно щяхте да се върнете без захар, тъй като нямаше да съществуват организираните усилия и парите, необходими за производството на захар, да не говорим за нейното рафиниране, транспортиране и доставка до всяка точка на Съединените щати.

Яйца бихте могли да си купите доста по-лесно от птичарниците в самия Ню Йорк, но за две чаши портокалов сок ще трябва да идете чак до Флорида – а това е доста път пеш.

Четирите филийки бял хляб щяха да ви отведат до Канзас или до някой от другите земеделски щати. Зърнената закуска щеше изобщо да отпадне от менюто, тъй като за нейното производство е необходима гладка организация и подходящи машини – А ТЕ НА СВОЙ РЕД ИМАТ НУЖДА ОТ КАПИТАЛ.

Докато си почивате, вероятно щеше да ви са наложи да поплувате до Южна Америка, за да се сдобиете с няколко банана, а на връщане да се отбиете през най-близката ферма, за да си купите масло и сметана.

Е, сега вече можете да седнете на масата.

Изглежда направо абсурдно, нали? Може и да е така, но тази процедура щеше да е единствената възможна, ако нямахме капиталистическа система.

Сумата, необходима за изграждането и поддръжката на железопътните линии и корабите, използвани за доставката на тази уж проста закуска, е толкова голяма, че направо не се побира в ума. Тя възлиза на стотици милиони долари, да не говорим за хилядите обучени работници, необходими за функционирането на тези кораби и влакове. Но транспортът е само едно от изискванията на съвременната цивилизация в капиталистическа Америка. Преди да можем да си позволим нещо, то трябва да бъде отгледано или произведено и подготвено за пазара. За това са необходими машини, оборудване, опаковане, маркетинг и заплати за хиляди хора – всичко на стойност милиони долари.

Корабите и влаковете не никнат от земята и не се движат от само себе си. Те се появяват по призива на цивилизацията, чрез труда, способностите и организираността на хора, които имат достатъчно ВЪОБРАЖЕНИЕ, ВЯРА, ЕНТУСИАЗЪМ, РЕШИМОСТ и НАСТОЙЧИВОСТ! Тези хора се наричат капиталисти. Те са мотивирани от желанието да строят, да постигат, да предлагат услуги, да печелят – и да трупат богатство. И тъй като предлагат УСЛУГА, БЕЗ КОЯТО НЕ БИ ИМАЛО ЦИВИЛИЗАЦИЯ, те съвсем заслужено стават притежатели на цели състояния.

За да представя нещата възможно най-просто и разбираемо, ще трябва да добавя, че капиталистите са същите онези хора, против които сме чували да се изказват популистите. Това са хората, които всички възможни радикали, рекетьори, нечестни политици и грабливи синдикалисти наричат „хищници" или „ония от Уолстрийт".

Тук не се опитвам да излагам някаква гледна точка „за" или „против" дадена група хора или икономическа система. Когато наричам синдикалните лидери грабливи, не искам да кажа, че колективното трудово договаряне е нещо лошо, нито пък се опитвам да представя всички индивиди, известни като капиталисти, в ангелски одеяния.

Целта на тази книга – цел, на която посветих повече от четвърт век – е да даде на всички, които се стремят към знания, достъп до най-солидната философия, благодарение на която индивидите могат да натрупат неограничени богатства.

Анализирах икономическите предимства на капитализма, преследвайки две основни цели – исках да покажа, че:

1. всички, които търсят богатство, трябва да признаят съществуването на система, която контролира всички начини за придобиване на блага, и да се адаптират към нея, както и че
2. реалността има и друга страна, различна от онази, която ни представят всевъзможни политици и демагози, които нарочно замазват всеки конкретен въпрос и говорят за организирания капитал така, сякаш е чума.

Живеем в капиталистическа страна, развила се именно благодарение на капитала, и ние, които претендираме, че имаме право да се възползваме от благата на свободата и възможностите, ние, които се опитваме да натрупаме богатство, трябва да сме напълно наясно, че нито парите, нито шансовете щяха да съществуват без помощта на ОРГАНИЗИРАНИЯ КАПИТАЛ.

Ако сте сред онези, които вярват, че богатство може да се натрупа, като група хора се организира и започне да настоява за ПО-ГОЛЯМО ЗАПЛАЩАНЕ срещу ПО-МАЛКО РАБОТА, ако НАСТОЯВАТЕ за държавна помощ и не ви призлява, когато я получите, ако сте готови да продадете гласа си на политиците в замяна на закон, който ще ви позволи да живуркате на гърба на хазната – е, можете да запазите убежденията си, никой няма да ви стори нищо лошо, защото ТОВА Е СВОБОДНА СТРАНА, В КОЯТО ВСЕКИ ИМА ПРАВО ДА МИСЛИ КАКВОТО СИ ИСКА, в която всички могат да живеят сравнително спокойно с малко усилия, а мнозина дори живеят доста добре, без да вършат каквато и да е работа.

Трябва да знаете обаче цялата истина за тази СВОБОДА, с която толкова много хора се хвалят, но толкова малко разбират. Колкото и голяма и всеобхватна да е тя, колкото и привилегии да носи, ТЯ НЕ МОЖЕ ДА ВИ ДОНЕСЕ БОГАТСТВО БЕЗ УСИЛИЯ.

Има един-единствен надежден метод да натрупате и задържите съвсем законно богатството си: като вършите нещо полезно. Няма система, по която хората справедливо да трупат богатство, само защото са много, без да дават в замяна някаква еквивалентна стойност, под една или друга форма.

Има принципи, известни като икономически закони – и това не е просто теория, а природен закон, с който нито един човек не може да излезе на глава.

Запомнете думата ИКОНОМИКА, защото тя е много по-силна от всякакви политици и политически машинации. Тя е извън контрола на синдикатите. Икономиката не може да се притисне или подкупи от изнудвачи и самозвани лидери от всякакви разцветки. Освен това тя е ВСЕВИЖДАЩ И ОТЛИЧЕН СЧЕТОВОДИТЕЛ, тъй като пази сведения за всяка смяна на собственост, за делата на всеки отделен човек, който се опитва да получи нещо, без да е дал каквото и да е в замяна. Рано или късно ревизорите идват, преглеждат книжата и удрят чертата на сметката.

„Уолстрийт", „едрият бизнес", „грабителските капиталистически интереси" или каквото друго има решите да дадете на системата, която ни е дарила АМЕРИКАНСКАТА СВОБОДА, всъщност представляват група хора, които разбират и уважават ИКОНОМИЧЕСКИТЕ ЗАКОНИ и се приспособяват към тях. Финансовото им оцеляване зависи от това.

Повечето хора, които живеят в Америка, харесват страната и капиталистическата ѝ система. Трябва да призная, че не познавам друга страна, която да предлага по-големи възможности за забогатяване. Съдейки по думите и делата им, и тук има хора, които не харесват това. Това е тяхно право – но ако не харесват страната, капиталистическата ѝ система и безграничните ѝ възможности, ТЕ ИМАТ ПЪЛНОТО ПРАВО ДА Я НАПУСНАТ.

Америка дава цялата свобода и всички възможности за натрупване на богатство, които един почтен човек може да иска. Когато ходим на лов, обикновено избираме места, изобилстващи от дивеч. Съвсем естествено е да правим същото и когато сме на лов за пари.

А ако търсите пари, не пренебрегвайте с лека ръка възможностите на страна, чиито граждани са толкова богати, че само жените харчат милиони долари годишно за червило, руж и като цяло за козметика. Помислете си пак, преди да разрушите капиталистическата система в страна, чиито граждани харчат стотици милиони долари годишно за луксозни стоки, за които хората в повечето страни могат само да мечтаят.

Помнете също така, че това е само един от безбройните източници за натрупване на богатство. Тук говорим само за върха на айсберга. Не бива да забравяме, че производството, транспортирането и продажбата само на няколко вида стоки дава работа на МИЛИОНИ ХОРА, които получават за труда си МИЛИОНИ ДОЛАРИ ВСЕКИ МЕСЕЦ с възможността да ги похарчат както за стоки от първа необходимост, така и за малко лукс.

Най-важният момент е, че зад цялата тази размяна на стоки и услуги стоят безброй ВЪЗМОЖНОСТИ за натрупване на богатство. Ето тук на помощ ни идва АМЕРИКАНСКАТА СВОБОДА. Няма какво да ви спре – нито вас, нито когото и да е другиго – да станете част от усилията, необходими за съответния бизнес. Ако човек има повече талант, опит или знания, той може да натрупа много пари. Хората с по-малки възможности може и да поизостанат. Така или иначе всеки може да се издържа със съвсем малко работа.

Така че няма за какво да се оплаквате.

Пред вас се простират безкрайни ВЪЗМОЖНОСТИ. Пристъпете напред, изберете си цел, създайте си план, осъществете го и преследвайте настойчиво целта си. „Капиталистическа" Америка ще свърши останалото. Можете да разчитате на това – защото КАПИТАЛИСТИЧЕСКА АМЕРИКА ДАВА НА ВСЕКИ ЧОВЕК ВЪЗМОЖНОСТТА ДА ПРЕДЛАГА ПОЛЕЗНИ УСЛУГИ И ДА ПОЛУЧАВА БЛАГА, ПРОПОРЦИОНАЛНИ НА СТОЙНОСТТА НА УСЛУГАТА.

„Системата" не е лишила никого от това право, но не може да ви даде БЕЗПЛАТЕН ОБЯД, тъй като ИКОНОМИЧЕСКИТЕ ЗАКОНИ, които контролират всяко кътче от тази система, не търпят някой ДА ВЗИМА, БЕЗ ДА ДАВА – или поне не задълго.

ИКОНОМИЧЕСКИТЕ ЗАКОНИ са гласувани от самата Природа! Тук няма Върховен съд, към който нарушителите да могат да се обърнат. Самите закони определят наказанието за своето престъпване и наградите за онзи, който ги спазва. Намесата на човека не е възможна. Икономическият закон не може да се отхвърли – той е също така неизменен, както и звездите по небето, а и всъщност е част от същата природна система.

Възможно ли е да откажем да се адаптираме към ИКОНОМИЧЕСКИТЕ ЗАКОНИ?

Разбира се – това е свободна страна, в която всички сме родени с равни права, включително и правото да пренебрегваме икономиката.

Какво ще стане тогава?

Ами нищо – поне докато големи групи хора не се обединят с цел да пренебрегнат закона и да си присвоят онова, което искат, със сила. ТОГАВА НА СЦЕНАТА СЕ ПОЯВЯВАТ ДИКТАТОРЪТ, РАЗСТРЕЛИТЕ И КАРТЕЧНИЦИТЕ.

В Америка сме още далеч от подобен стадий, но знаем добре как работи такава система. Може би късметът няма да ни изневери и няма да ни се наложи да се запознаем лично с тази ужасяваща реалност. Несъмнено ще продължим да живеем в общество, в което има СВОБОДА НА СЛОВОТО, СВОБОДА НА ДЕЙСТВИЕТО И СВОБОДА ДА ПРЕДЛАГАМЕ ПОЛЕЗНИ УСЛУГИ В ЗАМЯНА НА БОГАТСТВО.

Практиката правителствени чиновници да предлагат на хората различни привилегии и незаслужени пари от обществени средства в замяна на гласове понякога води до изборна победа, но рано или късно настъпва времето сметките да се плащат и всяка погрешно похарчена стотинка трябва да се върне с лихвите. Ако крадците не платят сами, товарът пада върху децата им и върху децата на техните деца – и така до безкрай. Никой не може да избяга от дълга.

Хората несъмнено могат да се събират в големи групи и да постигат с принуда по-високи заплати и по-кратко работно време – и понякога го правят. Има обаче граница, която не могат да преминат. Това е моментът в който ИКОНОМИЧЕСКИЯТ ЗАКОН се намесва и наказва незабавно както работодателя, така и работниците.

Тези наблюдения не са случайни или епизодични. Те са резултат от двайсет и пет години внимателен анализ на методите, използвани както от най-успелите, така и от най-неуспелите хора, които Америка някога е виждала.

Глава 8.

Решението: изкуството на отлагането

Седмата стъпка към богатството

Внимателният анализ на живота на над 25 000 души, преживявали провал, в крайна сметка ме доведе до прозрението, че именно ЛИПСАТА НА ОКОНЧАТЕЛНО РЕШЕНИЕ е една от основните причини за ПРОВАЛА. И това не е просто теория, а солиден факт.

ОТЛАГАНЕТО, обратното на РЕШЕНИЕТО, е враг, пред който всеки от нас се е изправял поне веднъж.

След като свършите с четенето на тази книга, вие ще имате възможността да взимате бързи и непоколебими РЕШЕНИЯ, тъй като ще сте готови да приложите НА ДЕЛО принципите, описани в нея.

Анализът на онези неколкостотин души, които са натрупали лично състояние на стойност над един милион долара, сочи, че всеки един от тях може БЪРЗО ДА ВЗИМА РЕШЕНИЯ, а когато се налага тези решения да се променят, промяната настъпва БАВНО. Хората, които така и не успяват да забогатеят, без изключения стигат до решения съвсем бавно – ако изобщо го направят някога, – след което да ги променят бързо и често.

Едно от най-забележителните качества на Хенри Форд е навикът му бързо да взима сериозни решения и да ги променя съвсем бавно. Това негово качество е толкова явно, че много хора го смятат просто за твърдоглав. То обаче е основната причина

Форд да продължи да произвежда прословутия си „Модел Т" (може би най-грозната кола в света), докато повечето му съветници и много от купувачите на колата го съветват да промени външния му вид.

Възможно е Форд да е отлагал промяната твърде дълго, но историята има и обратна страна: упорството му носи огромно богатство, преди смяната на модела да стане наистина належаща. Едва ли може да има съмнение, че непоклатимите решения на Форд наистина са приличали на твърдоглавие, но то във всички случаи е за предпочитане пред нерешителността и непостоянството.

Повечето хора, които не успяват да съберат достатъчно пари дори за да покрият нуждите си, лесно се влияят от мненията на другите. Те позволяват на вестниците и на съседските клюки да мислят вместо тях. Само че мнението е една от най-евтините стоки на този свят. Всеки си има цял куп мнения и може да засипе с тях първия срещнат, който е готов да ги приеме. Ако търсите чуждото мнение, докато ви се налага да взимате РЕШЕНИЯ, няма да успеете да свършите каквото и да е – и най-вече няма да превърнете СОБСТВЕНОТО СИ ЖЕЛАНИЕ в пари.

Ако се влияете от мненията на другите, значи нямате собствени ЖЕЛАНИЯ.

Започнете ли да прилагате на практика принципите, описани тук, трябва да се придържате към собствения си разум, да постигате собствени решения и да ги изпълнявайте. Доверявайте се единствено на членовете на своя „колективен гений" и ги подберете изключително внимателно – всеки един от тях трябва ДА ПРИЕМА НАПЪЛНО ВАШАТА ЦЕЛ.

Близките приятели и роднини, макар и не нарочно, често могат да ви оставят на дъното с така наречените си „мнения", а понякога и с подигравки, които уж трябва да са просто шеговити. Хиляди хора се борят с комплекса си за малоценност през целия си живот, само защото някой добронамерен невежа е съсипал самоувереността им с някое глупаво мнение или присмех.

Щом имате собствен мозък, значи имате и собствен ум. ИЗПОЛЗВАЙТЕ ГО и достигайте до свои собствени решения. Ако имате нужда от факти или информация от други хора, за да решите нещо (това вероятно ще се случва все по-често), събирайте тази информация без излишен шум и без да разкривате целта си.

За недостатъчно образованите хора е характерно желанието да създават впечатление за едва ли не енциклопедични познания. Подобни личности обикновено говорят ТВЪРДЕ МНОГО и слушат ТВЪРДЕ МАЛКО. Дръжте очите и ушите си отворени, а устата ЗАТВОРЕНА, ако искате да се научите да взимате навременни РЕШЕНИЯ. Онези, които говорят твърде много, правят твърде малко други неща. Ако говорите повече, отколкото слушате, не само ще се лишите от много възможности да натрупате полезни познания, но и ще разкриете ПЛАНОВЕТЕ и ЦЕЛИТЕ си пред хора, за които ще бъде истинско удоволствие да ви стъпчат, само защото ви завиждат.

Запомнете също така, че всеки път, когато си отворите устата пред човек, който разполага с обширни познания, вие му показвате колко точно знаете – или колко точно НЕ знаете. Истинската мъдрост обикновено личи под мантията на скромността и мълчанието.

Важно е да осъзнаете, че всеки човек, с когото се сдружавате, също търси възможност да спечели пари. Ако говорите за плановете си твърде подробно, може някой ден с изненада да научите, че някой ви е изпреварил, като Е ПРИЛОЖИЛ СОБСТВЕНИТЕ ВИ ПОДХОДИ, след като е чул непредпазливите ви хвалби.

Едно от основните ви оръжия трябва да бъде ЗАТВОРЕНАТА УСТА И ОТВОРЕНИТЕ ОЧИ И УШИ.

За да не забравите този съвет, можете да напишете на един лист следното и да го окачите на място, на което ще го виждате всеки ден:

**КАЖИ НА СВЕТА КАКВО
МИСЛИШ ДА ПРАВИШ, НО ПЪРВО МУ ГО ПОКАЖИ.**

Това е просто друг начин да кажем, че „по делата им ще ги познаете“.

Решението: свобода или смърт

Стойността на едно решение зависи от смелостта, от която имаме нужда, за да го вземем. Великите решения, на които е стъпила нашата цивилизация, са били взимани при голям риск, често под смъртна заплаха.

Решението на Линкълн да издаде прословутата си прокламация за освобождаването на робите в Америка е взето с ясното съзнание, че подобно действие ще обърне срещу него хиляди приятели и политически поддръжници. Той знае също така, че изпълнението на прокламацията ще означава гибел за хиляди хора по бойните полета. В крайна сметка Линкълн ще изгуби и живота си – а за това е нужна смелост.

Решението на Сократ да изпие чашата с отрова, вместо да направи компромис с убежденията си, също е изключително смело. То бележи следващите хилядолетия и дава на неродените още хора правото на свобода на мисълта и словото.

Решението на генерал Робърт Лий да напусне Съюза и да прегърне каузата на южните щати е изисквало кураж, тъй като той е знаел, че то може да му коства живота и със сигурност ще коства живота на много други хора.

Но най-великото решение на всички времена, поне за американските граждани, е взето във Филаделфия на 4 юли 1776 г., когато петдесет и шест мъже написват имената си под документ, за който знаят, че или ще донесе свобода на всички американци, или ще окачи всеки един от подписалите на въжето.

Със сигурност сте чували за този прочут документ, но едва ли сте извлекли от неговата история великия урок по лични постижения, който той разказва на висок глас.

Ние всички помним датата на това епохално решение, но малцина от нас осъзнават каква смелост е била нужна за него. Помним историята такава, каквато са ни я преподавали – помним датите и имената на борците, помним Вали Фордж и Йорктаун, помним Джордж Вашингтон и лорд Корнуолис. Малко знаем обаче за реалните сили зад тези имена, дати и места. Още по-малко знаем за духовната СИЛА, която ни е дарила свободата дълго преди армиите на Вашингтон да стигнат Йорктаун.

Четем историята на революцията и погрешно приемаме Джордж Вашингтон за баща на нашата страна, за единствен творец на нашата свобода. Истината е съвсем различна – Вашингтон е просто фигура, оказала се в подходящо време на подходящо място. Победата е спечелена дълго преди лорд Корнуолис да сложи оръжие. Не го казвам, за да лиша Вашингтон от славата, която той напълно заслужава. Искам да подчертая обаче съществуването на невероятната СИЛА, която е истинската причина за неговата победа.

Същинска трагедия е, че историците не обръщат никакво внимание на тази неустоима СИЛА, дала свобода на нация, която ще покаже на всички народи по света истинското значение на думата „независимост". С пълно право говоря за трагедия, тъй като тази сила трябва да бъде използвана от всеки индивид, който се бори с трудностите в живота и принуждава този живот да плати исканата цена.

Нека хвърлим едно око на събитията, породили нашата СИЛА. Историята започва с един инцидент в Бостън на 5 март 1770 г. Британски войници патрулират по улиците и открито заплашват гражданите. Колонистите не са особено щастливи да видят въоръжени мъже, които се държат предизвикателно. Започват да изразяват гнева си открито, да ги замерят първо с остри реплики, а после и с камъни, докато накрая командващият офицер заповяда: „Щикове наложи! За стрелба!"

Битката започва. Мнозина са убити и ранени. Сблъсъкът поражда такава буря в Провинциалното събрание (съставено от видни колонисти), че то е свикано, за да определи какви ответни действия да бъдат предприети. Членове на това събрание са Джон Ханкок и Самюъл Адамс – ДА ПРЕБЪДАТ ИМЕНАТА ИМ! Те се изказват смело и заявяват, че всички британски войници трябва да бъдат изхвърлени от Бостън.

Така едно РЕШЕНИЕ, взето от двама души, всъщност се превръща в първата лястовичка на свободната пролет, на която Съединените щати се радват и до днес. Не бива да забравяме, че това РЕШЕНИЕ е имало нужда от ВЯРА и СМЕЛОСТ, защото е било наистина опасно.

Преди разпускането на събранието Самюъл Адамс е получава задачата да говори с губернатора на провинцията Хъчинсън и да поиска оттеглянето на британските войски.

Молбата е удовлетворена и войниците напускат Бостън, но с това историята не приключва. Тя поражда обстоятелства, които ще променят целия ход на цивилизацията. Не е ли странно, че американската революция, както и толкова много войни, започва с нещо, което на пръв поглед изглежда съвсем дребно? Интересно е също така да отбележим, че тези важни промени водят началото си НЕПОКЛАТИМО РЕШЕНИЕ, взето от относително малка група хора. Малцина познават историята на нашата страна достатъчно добре, за да осъзнаят, че Джон Ханкок, Самюъл Адамс и Ричард Хенри Лий от Вирджиния са истинските бащи на нашата страна.

Ричард Хенри Лий става важна фигура в нашата история, тъй като пише често на Самюъл Адамс и двамата изразяват свободно страховете и надеждите си относно благоденствието на хората в своите провинции. Така Адамс стига до идеята, че размяната на писма между тринайсетте колонии може да помогне за координацията на усилията, които са жизнено важни за разрешаването на тогавашните им проблеми. Две години след Бостънското клане, през март 1772 г., Адамс предлага тази идея пред Събранието, настоявайки колониите да създадат пощенски комитет с назначени представители във всяка колония, „с цел приятелско сътрудничество и подобряване на условията в колониите на Британска Америка“.

Обърнете особено внимание на този дребен инцидент! Това е първата организационна стъпка по пътя към огромната СИЛА, която един ден ще даде свобода на вас и мен. Колективният гений вече е организиран и се състои от Адамс, Лий и Ханкок. Пощенският комитет също става факт. Забележете само как този един-единствен ход влива нови сили в колективния гений, след като към него се присъединяват представители на всички колонии. Това е първият пример за ОРГАНИЗИРАНО ПЛАНИРАНЕ от страна на недоволните колонисти.

Съединението прави силата! Гражданите на колониите са се сражавали неорганизирано срещу британските войници в множество бунтове като този в Бостън, но така и на са успели да постигнат нещо значимо. Индивидуалното им недоволство не се насочва от една-единствена ръка. Нито една група хора не е влагала сърцето, ума, душата и тялото си в ясно определено РЕШЕНИЕ проблемите с британците да се разрешат веднъж и завинаги – поне докато Адамс, Ханкок и Лий не започват да действат заедно.

В това време обаче британците не дремят. Те също планират и създават свой собствен „колективен гений", и при това разполагат с две ясно изразени предимства: пари и армия.

Короната заменя Хъчинсън с Гейдж на поста губернатор на Масачусетс. Първата работа на новия губернатор е да изпрати послание до Самюъл Адамс и да се опита да го спре – чрез СТРАХ.

Най-добре можем да разберем смисъла на случилото се, ако се вслушаме в разговора между полковник Фентън (представителят на Гейдж) и Адамс.

Полковник Фентън: „Бях упълномощен от губернатора Гейдж да ви уверя, господин Адамс, че губернаторът е упълномощен да ви удовлетвори по всякакъв начин (опит за подкуп), при условие, че спрете да се противопоставяте на мерките на правителството. Губернаторът си позволява да ви посъветва да не причинявате повече неудобство на Негово Величество. Поведението ви е такова, че можете да бъдете подведен под отговорност съгласно един от законите на Хенри VIII, според който можете да бъдете изпратен в Англия, за да бъдете съден за държавна измяна, по решение на губернатора на провинцията. Но АКО ПРОМЕНИТЕ ПОЛИТИЧЕСКИЯ СИ КУРС вие не само ще извлечете голяма лична полза, но и ще се помирите с краля."

Самюъл Адамс има избор. Може да спре да се противопоставя на властите и да прибере подкупа – или ДА ПРОДЪЛЖИ И ДА РИСКУВА ДА УВИСНЕ НА БЕСИЛКАТА.

Идва времето, в което Адамс е принуден да вземе незабавно РЕШЕНИЕ, което може да му струва живота. За повечето хора подобно решение би било изключително трудно. Те вероятно биха дали уклончив отговор. Но не и Адамс. Той настоява полковник Фентън да му даде честната си дума, че ще предаде на губернатора неговия отговор дума по дума. Ето какво гласи той: „Тогава кажете на губернатор Гейдж, че според мен отдавна съм постигнал мир с Царя на царете. Никакви лични мотиви няма да ме накарат да изоставя правдивата кауза на своята страна. Предайте му също така, че САМЮЪЛ АДАМС ГО СЪВЕТВА да спре да поставя на изпитание чувствата на един отчаян народ."

Няма нужда да коментираме характера на този мъж. За всеки, който чете това удивително послание, едва ли има някакво съмнение, че неговият автор всъщност проявява лоялност от най-висш порядък. Това е изключително важно. (Между другото, всевъзможните изнудвачи и непочтени политици продават за жълти стотинки честта, за която са умирали мнозина като Адамс.)

Когато губернаторът получава хапливия отговор на Адамс, той изпада в пристъп на бяс и незабавно издава прокламация със следния текст: „От името на Негово Величество обещавам неговата всеблага милост и опрощение за всички, които от този момент насетне сложат оръжие и се върнат към задълженията си на мирни граждани. Помилването не се отнася за САМЮЪЛ АДАМС И ДЖОН ХАНКОК, чиито престъпления са толкова големи, че предполагат единствено справедливо наказание."

Казано на съвременен език, Адамс и Ханкок „са на топа на устата". Заплахата на разгневения губернатор принуждава двамата мъже да вземат още едно РЕШЕНИЕ, и то не по-малко опасно. Те свикват набързо събрание на най-близките си последователи. (Ето как колективният гений набира инерция.) След като дошлите най-сетне се успокояват, Адамс заключва вратата, слага ключа в джоба си и уведомява присъстващите, че вече няма друг изход, освен да се организира Конгрес на колонистите, както и че НИКОЙ НЯМА ДА ИЗЛЕЗЕ ОТ СТАЯТА, ДОКАТО НЕ СЕ ВЗЕМЕ РЕШЕНИЕ ЗА ТАКЪВ КОНГРЕС.

В стаята се разразила истинска буря. Някои изтъквали възможните последствия от подобни радикални действия (страх). Други се съмнявали доколко има смисъл от такава открита провокация срещу короната. В стаята обаче имало двама души, непроницаеми за страха и слепи за провала – Ханкок и Адамс. Благодарение на тяхното влияние другите в крайна сметка се съгласили, че с помощта на пощенския комитет на 5 септември 1774 г. трябва да се организира първият Континентален конгрес във Филаделфия.

Запомнете тази дата. Тя е много по-важна от 4 юли 1776 г. Ако нямаше РЕШЕНИЕ за свикването на Континентален конгрес, нямаше да има и Декларация на независимостта.

Още преди първата среща на новия Конгрес друг един лидер, в съвсем различна част на страната, се опитва да публикува „Кратко изложение на правата в Британска Америка". Неговото име е Томас Джеферсън от Вирджиния и отношенията му с лорд Дънмор (представител на Короната във Вирджиния) са също толкова напрегнати, колкото и тези между Ханкок и Адамс и техния губернатор.

Малко след издаването на книгата Джеферсън е уведомен, че срещу него е повдигнато обвинение в държавна измяна от правителството на Негово Величество. Вдъхновен от тази заплаха, един от колегите на Джеферсън, Патрик Хенри, казва публично точно какво мисли и завършва изказването си с една фраза, която ще се превърне в класика: „Като ще изменяме на държавата, да го направим докрай."

Тъкмо такива хора – лишени от власт, авторитет, военна сила и пари – обмислят бъдещата съдба на колониите при откриването на Първия континентален конгрес, и продължават да го правят на неравномерни интервали в продължение на две години, докато на 7 юни 1776 г. Ричард Хенри Лий се изправя, иска думата от председателя и казва следното на сащисаното събрание: „Господа, предлагам да приемем, че Обединените колонии са и по право би трябвало да бъдат свободни и независими държави, че отхвърлят поданството на британската Корона и от този момент нататък политическите връзки между тях и Великобритания се прекъсват напълно."

Предложението на Лий поражда трескави спорове, които в крайна сметка се проточват толкова, че той започва да губи търпение. Накрая, след като караницата не утихва вече няколко дни, той отново излиза на трибуната и заявява ясно и твърдо: „Господин председател, дискутираме вече няколко дни. Има само един курс, който можем да следваме. Защо да отлагаме повече? Какво толкова има да обсъждаме? Нека в този честит ден да създадем Американската република. Нека тя се роди не за да опустошава и завладява, а за да възстанови върховенството на мира и закона. Очите на Европа са впити в нас. Тя иска да види жив пример за свобода, за щастливо гражданство, в противовес на все по-мракобесническата тирания."

Преди още решението да бъде гласувано, Лий трябва да тръгне обратно за Вирджиния, тъй като член на семейството му е тежко болен, но преди да замине, той оставя каузата си в ръцете на приятеля си Томас Джеферсън, който обещава да се бори до пълна победа. Не след дълго председателят на Конгреса (Ханкок) назначава Джеферсън за председател на комитета, който трябва да състави Декларацията за независимост.

Комитетът се труди дълго и упорито върху документ, който, ако бъде приет от Конгреса, ще бъде СМЪРТНА ПРИСЪДА ЗА ВСЕКИ, КОЙТО ГО Е ПОДПИСАЛ, ако колониите изгубят войната с Великобритания, която вече е повече от сигурна.

Документът е готов и на 28 юни първоначалната му версия е прочетена пред Конгреса. Обсъжданията траят няколко дни, нанасят се поправки и в крайна сметка окончателният текст е готов. На 4 юли 1776 г. Томас Джеферсън се изправя пред конгресмените и прочита безстрашно най-важното РЕШЕНИЕ, записвано някога на хартия.

> Когато в хода на човешките дела възникне необходимост един народ да скъса политическите си връзки с друг и да заеме сред световните сили своето отделно и равноправно място, на което му дават право законите на Природата и на нейния Бог, уважението към гледната точка на останалите изисква този народ да заяви ясно причините, които го подтикват към отделяне...

Когато Джеферсън спира да чете, документът е подложен на гласуване, приет е и е подписан от петдесет и шест мъже, всеки един от които залага живота си на РЕШЕНИЕТО да напише името си под него. С това РЕШЕНИЕ възниква нация, чиято съдба е да даде на човечеството завинаги привилегията да взима РЕШЕНИЯ.

Единствено чрез такива решения, пропити с такава вяра, човек може да реши личните си проблеми и да постигне големи духовни и материални богатства. Не бива да забравяме това.

Ако анализирате събитията, довели до Декларацията за независимост, няма как да не се убедите, че тази нация, която днес се радва на уважение и мощ в света, е родена от РЕШЕНИЕТО на един колективен гений, съставен от петдесет и шест души. Обърнете внимание на факта, че именно тяхното РЕШЕНИЕ осигурява победата на армиите на Вашингтон, тъй като то е в сърцето на всеки войник, който се сражава под неговите знамена, и представлява духовна сила, която не признава такова нещо като ПРОВАЛ.

Забележете също така (и вижте как можете да използвате това в своя полза), че СИЛАТА, дала на нашия народ неговата свобода, е същата, която трябва да използва всеки индивид, решил сам да определя съдбата си. Тази СИЛА се състои от принципите, описани в тази книга. Няма да е трудно да откриете поне шест от тях в историята за възникването на САЩ: ЖЕЛАНИЕ, РЕШИМОСТ, ВЯРА, НАСТОЙЧИВОСТ, КОЛЕКТИВЕН ГЕНИЙ и ОРГАНИЗИРАНО ПЛАНИРАНЕ.

Навсякъде в изложението на тази философия ще намерите твърдението, че мисълта, опираща се на силно ЖЕЛАНИЕ, обикновено се превръща в своя физически еквивалент. Преди да продължим нататък, бих желал да посоча, че в тази история, също както и в историята за създаването на корпорацията „Юнайтед Стейтс Стийл", можете да намерите чудесно въплъщение на метода, който може да превърне мисълта в пари.

Не търсете чудо тук – няма да го намерите. Ще се натъкнете единствено на вечните природни закони. Те са достъпни за всеки, който има ВЯРАТА и КУРАЖА да ги използва. Можете да ги използвате, за да дадете на един народ свобода – или пък за да натрупате богатство. Единственото, което трябва да дадете в замяна, е времето, от което имате нужда, за да ги разберете и усвоите.

Хората, които взимат бързи и окончателни РЕШЕНИЯ знаят какво искат и обикновено го получават. Лидерите във всяка една област на живота трябва да РЕШАВАТ бързо и твърдо. Това е и основната причина да бъдат лидери. Светът има навика да прави място на хора, чиито думи и действия сочат, че знаят накъде са се запътили.

НЕРЕШИТЕЛНОСТТА е навик, който обикновено се корени в детството. Този навик се задълбочава допълнително, ако младежът преминава от една образователна институция в друга без ОПРЕДЕЛЕНА ЦЕЛ. Основната слабост на всички образователни системи е, че те не преподават и не насърчават формирането на навик за ЯСНИ РЕШЕНИЯ.

Би било изключително полезно колежите да не допускат приема на кандидати, които не могат да посочат с каква точно цел искат да следват. Още по-добре би било всеки ученик в гимназията да бъде подлаган на обучение, което да му създаде НАВИК ЗА ВЗИМАНЕ НА РЕШЕНИЯ, и без успешно полагане на изпит по тази дисциплина да не бъде допускан да преминава в по-горен клас.

НЕРЕШИТЕЛНОСТТА, рожба на недостатъците на образователната ни система, си остава част от живота на учениците, когато те трябва да изберат професионалната си насоченост – така де, ако изобщо са в състояние да изберат нещо. В повечето случаи младите хора, току-що завършили училище, търсят каквато и да е работа. Съгласяват се на първото предложение, защото са в плен на НЕРЕШИТЕЛНОСТТА. Деветдесет и осем процента от работниците на заплата в наши дни са точно на това работно място, само защото не са били достатъчно РЕШИТЕЛНИ, за да ПЛАНИРАТ КОНКРЕТНА ПОЗИЦИЯ ЗА СЕБЕ СИ, и не са разполагали с достатъчно познания, които да им помогнат да си изберат работодател.

За ЕДНОЗНАЧНИТЕ РЕШЕНИЯ винаги е нужен кураж, който понякога граничи с героизма. Онези петдесет и шест души, подписали Декларацията за независимост, са заложили живота си на РЕШЕНИЕТО да сложат подписа си под документа. Хората, взели ЯСНО РЕШЕНИЕ да се доберат до конкретно работно място и да принудят живота да им плати толкова, колкото искат, залагат, разбира се, не живота си, а ИКОНОМИЧЕСКАТА СИ СВОБОДА. Финансовата независимост, богатството, привлекателните позиции в бизнеса и в професионалния живот като цяло са напълно непостижими за хора, които не искат да се подготвят за тях и да планират адекватно действията си. Ако някой иска богатство така, както Самюъл Адамс е желаел свободата на колониите, нищо не може да го спре.

Един съвременен пример за човек, демонстрирал достатъчно смелост във взимането на решения, е Фред Смит, основателят на „Федерал Експрес".

Когато Смит бил още студент по икономика в „Йейл", чул от професора си, че бъдещето на товарния транспорт е по въздуха и че именно той ще бъде основният източник на доход за авиокомпаниите.

Смит написал цяла курсова работа, за да изрази несъгласието си. Аргументът му бил, че пътническите маршрути, по които повечето авиолинии летят, са практически безполезни за товарни превози. Отбелязал, че тъй като разходите няма да спаднат с нарастването на обема, единственият начин товарните превози по въздуха да бъдат печеливши е създаването на нова система, която да свърже малките и големите населени места и да бъде предназначена единствено за транспортиране на пратки, а не на хора. Професорът сметнал това за невъзможно и поставил ниска оценка на работата.

Идеята на Смит била да се създаде изцяло товарна авиокомпания, която да лети предимно нощем, когато летищата не са толкова натоварени. Тя трябвало да носи малки, спешни пратки, за които скоростта на доставка е по-важна от цената. Всички пратки трябвало да пристигат в една точка (избрал родния си град Мемфис), където специална компютърна програма да ги сортира, разпределя и товари на самолети към крайните им дестинации. Събирането на пратките от малките населени места трябвало да позволи на компанията да праща пълни самолети до всички големи градове в САЩ, а след това и по света. Смит бил убеден, че рисковите инвеститори ще се заинтересуват от иновативната му идея. Финансовата общност обаче го шокирала с отказа си да обърне особено внимание на предложението му.

Това обаче не го спряло. Ентусиазмът и смелостта на убежденията му били такива, че успял да събере 91 милиона долара, за да изпробва лабораторната си идея.

Конкурентите веднага забелязали, че схемата на Смит е потенциална заплаха за тяхната индустрия. Големите авиокомпании се опитали да задушат конкуренцията в зародиш, лобирайки пред Комисията за граждански полети да откаже да даде лиценз на Смит. Само че екипът му намерил вратичка в закона – самолети с полезен товар под три тона и половина нямали нужда от лиценз.

Смит събрал флотилия от малки самолети. Започнал строителството на базата си в Мемфис и скоро обслужвал 75 летища. Хората от „Федекс" събирали пакети по летищата в цялата страна, транспортирали ги до Мемфис, сортирали ги и ги препращали незабавно към други градове. След стоварването от самолета камионите на фирмата ги доставяли на получателите. Целта на Смит била всяка доставка да се извършва в срок от 24 часа след предаването ѝ – и я осъществил почти изцяло.

Въпреки здравата работа и усилията на компанията, първите няколко години били катастрофални във финансово отношение. Загубите били за милиони. Инвеститорите се притеснявали. Фирмата не се справяла толкова добре, колкото бил планирал Смит.

Въпреки загубите, за които инвеститорите обвинявали лично Смит и дори искали да го отстранят от поста му и сами да поемат контрол над нещата, той не се предавал. Смелостта му си оставала непоклатима. Наел експерти (създал свой „колективен гений") и работил с тях ден и нощ, за да разреши различните проблеми в работата на компанията. В резултат на това „Федерал Експрес" постигнала през следващата фискална година оборот от 75 милиона долара и чиста печалба от 3,6 милиона.

Въпреки конкуренцията на факсовете, които на практика елиминираха пазарния дял на компанията при писмата и документите, както и на другите компании за товарни превози по въздуха и на американската пощенска служба, чиито цени са много по-ниски за същия тип услуга, нововъведенията на Смит и пълната му отдаденост на все по-доброто обслужване правят и до днес „Федерал Експрес“ един от основните играчи на този пазар.

В главата, посветена на организираното планиране, ще намерите пълни инструкции за това как да предложите на пазара всякакъв вид личен труд. Ще намерите и подробна информация за това как да изберете работодател по свой вкус и да получите точно работата, която искате. Но всички тези инструкции ще ви свършат работа САМО АКО РЕШИТЕ ТВЪРДО да ги превърнете в план за действие.

Глава 9.

Постоянство: как непрекъснато да разпалваме пламъка на вярата

Осмата стъпка към богатството

ПОСТОЯНСТВОТО е основен фактор за превръщането на ЖЕЛАНИЕТО в неговия паричен еквивалент. А основният фактор за постоянството е СИЛАТА НА ВОЛЯТА.

Силата на волята и желанието са непобедим тандем – стига, разбира се, да бъдат съчетани както трябва. Хората, които натрупват големи богатства, обикновено са доста хладнокръвни и дори им се носи слава, че са безмилостни и жестоки. В повечето случаи обаче те просто остават неразбрани. Истинският им актив е силата на волята, съчетана с постоянство, която взима желанията им и прави така, че те да се осъществят.

Хенри Форд е именно такава личност – и, разбира се, е станал известен като безмилостен и жесток човек. Това погрешно тълкуване се дължи на неотменимия навик на Форд да изпълнява всичките си планове със завидно ПОСТОЯНСТВО.

Повечето хора са готови да изхвърлят целите си през прозореца и да се откажат още при първия знак за неуспех или съпротива. Неколцина обаче продължават напред въпреки всички препятствия и в крайна сметка постигат целта си. Това са хора като Форд, Карнеги, Рокфелер и Едисон.

Несъмнено постоянството може и да не носи в себе си нищо героично, но за характера то има същата стойност, каквато въглеродът има за стоманата.

Натрупването на богатство обикновено изисква прилагането на всичките тринайсет елемента на нашата философия. Тези принципи трябва да бъдат разбрани адекватно и всеки, който иска да забогатее, трябва да ги използва ПОСТОЯННО.

Ако четете тази книга с намерението да приложите познанията, съдържащи се в нея, първото изпитание за вашето ПОСТОЯНСТВО ще дойде в момента, в който решите да претворите на практика шестте стъпки, описани във втората глава. Освен ако не сте от онези два процента, които вече имат ОПРЕДЕЛЕНА ЦЕЛ и ЯСЕН ПЛАН за нейното постигане, можете просто да прочетете инструкции, те да влязат през едното ухо, да излязат през другото, а вие да продължите да живеете както преди.

Позволявам си да ви предизвиквам, защото липсата на постоянство е една от основните причини за всеки провал. Нещо повече – опитът ми с хиляди хора доказва, че този недостатък е направо с епидемични размери. Той обаче лесно може да се преодолее с известни усилия. Лекотата, с която можете да го надвиете, зависи единствено ОТ СИЛАТА НА ВАШЕТО ЖЕЛАНИЕ.

Всяко достижение започва с ЖЕЛАНИЕ. Не забравяйте това. Слабото желание води до слаби резултати, също както слабият огън не топли кой знае колко. Ако установите, че ви липсва постоянство, това може да се промени, стига да разпалите огъня, подгряващ желанията ви.

Прочетете книгата до края, след което се върнете към втора глава и започнете незабавно да изпълнявате инструкциите, свързани с шестте основни стъпки към успеха. Готовността, с която ще последвате тези инструкции, ще ви покаже веднага колко силно е истинското ви ЖЕЛАНИЕ да натрупате пари. Ако откриете, че целта всъщност ви е безразлична, можете да бъдете сигурни, че още не сте започнали да „осъзнавате парите" – нещо, което на всяка цена трябва да постигнете, преди да сте сигурни, че ще натрупате богатство.

Богатствата обикновено идват в живота на хора, чиито умове са готови да ги привлекат – и това е също толкова сигурно, колкото и че водата винаги стига до океана. В тази книга можете да намерите всички стимули, необходими за „настройването" на всеки нормален ум на вълната на вибрациите, които могат да привлекат в живота ви онова, за което мечтаете.

Ако откриете, че не ви достига ПОСТОЯНСТВО, съсредоточете се върху инструкциите от главата, посветена на силата. Създайте си „колективен гений" и благодарение на общите усилия на членовете му със сигурност ще мобилизирате достатъчно вътрешна сила, за да проявите постоянство. Други инструкции в тази насока има в главата за самовнушението и подсъзнанието. Следвайте съветите в тези глави, докато подсъзнанието ви не си създаде ясна представа за обекта на вашето желание. От този момент нататък постоянство няма да ви липсва.

Подсъзнанието ви работи непрекъснато – и наяве, и насън. Случайните и разпръснати усилия за прилагане на тези правила няма да ви свършат работа. За да постигнете РЕЗУЛТАТ, вие трябва да прилагате всички правила дотогава, докато те не се превърнат в неизменен навик. Няма друг начин да „осъзнаете парите" в необходимата степен.

БЕДНОСТТА се лепва за онзи, чиито ум е благоприятна почва за нея, а парите отиват при онези, чиито умове са готови да ги привлекат. Законите и в двата случая са едни и същи. СЪЗНАНИЕТО ЗА БЕДНОСТ ЛЕСНО ЩЕ ИЗПЪЛНИ ВСЕКИ УМ, КОЙТО ВЕЧЕ НЕ Е ЗАЕТ СЪС СЪЗНАНИЕ ЗА БОГАТСТВО. Съзнанието за бедност възниква без да се налага да прилагате каквито и да е навици. Съзнанието за богатство обаче трябва да бъде култивирано с известни усилия, освен, разбира се, ако не сте се родили с него.

Ако уловите пълния смисъл на твърденията в предишния параграф, ще разберете и цялата важност на ПОСТОЯНСТВОТО за натрупването на богатство. Без ПОСТОЯНСТВО единствената ви съдба е поражението – и то преди още да сте направили първата крачка. Покажете малко ПОСТОЯНСТВО – и победата е ваша.

Ако някога сте сънували кошмар, няма как да не знаете колко важно е постоянството. Събудили сте се с писък, лежите в леглото, все още наполовина в плен на съня, и чувствате, че всеки момент сърцето ви ще се пръсне. Не можете да помръднете, не можете дори да завъртите глава. Осъзнавате, че НА ВСЯКА ЦЕНА трябва да си върнете контрола върху мускулите си. С огромни усилия успявате да раздвижите пръстите на едната си ръка. Постепенно силите ви се връщат и дори можете да вдигнете ръката. След това раздвижвате и другата. Накрая сте в състояние да движите краката си. НАКРАЯ, С ВЪРХОВНО УСИЛИЕ НА ВОЛЯТА, си връщате властта върху цялата си мускулна система и окончателно се откъсвате от кошмара. Победата е дошла, макар и стъпка по стъпка.

Може да се окаже необходимо да се откъснете и от умствената си инертност. Процедурата е същата – започнете бавно, после ускорете усилията си, докато най-сетне не наложите волята си. Проявете ПОСТОЯНСТВО, независимо колко бавни ще бъдат движенията ви в началото. С ПОСТОЯНСТВОТО ЩЕ ДОЙДЕ И УСПЕХЪТ.

Ако подберете внимателно членовете на колективния си гений, поне един от тях трябва да е в състояние да ви помогне да развиете ПОСТОЯНСТВОТО си. Много богати хора са натрупали състоянието си ПО НЕОБХОДИМОСТ. Те са проявили ПОСТОЯНСТВО под натиска на обстоятелствата – просто не са имали друг избор.

ПОСТОЯНСТВОТО НЕ МОЖЕ ДА БЪДЕ ЗАМЕНЕНО С НИЩО! Никое друго качество не може да заеме неговото място. Ако запомните това, ще можете да разчитате на непрекъснат източник на насърчение дори и в най-трудните моменти.

Хората, които са си създали НАВИКА да бъдат настойчиви, като че ли са имунизирани срещу провал. Независимо колко пъти търпят поражение, те в крайна сметка стигат върха. Понякога дори изглежда така, сякаш някакъв невидим водач натрапва на човешките същества какви ли не изпитания, само за да провери куража им. Онези, които успеят да се мобилизират след провала и продължат да полагат усилия, в крайна сметка успяват и светът ги аплодира. Скритият водач не оставя никого да се наслади на велики достижения, без да е преминал ТЕСТА ЗА ПОСТОЯНСТВО. Хората, които не успяват да го вземат, просто не преминават в следващия клас.

Успелите обаче получават възнаграждение за своето ПОСТОЯНСТВО – постигат онова, към което се стремят. И това не е всичко! Те получават и нещо много по-важно от материалната компенсация – а именно увереността, че ВСЕКИ ПРОВАЛ НОСИ В СЕБЕ СИ СЕМЕТО НА ЕДНО СЪЩО ТОЛКОВА ГОЛЯМО ПРЕДИМСТВО.

Разбира се, и това правило си има изключения, но все пак съществуват и хора, които от личен опит знаят каква е силата на постоянството. Те не са приели поражението като вечна присъда и са преследвали желанията си толкова настойчиво, че същото това поражение се е превърнало в победа. Ние, които стоим на резервната скамейка на живота, виждаме колко много са онези, които падат в калта и никога не се изправят отново. Виждаме обаче и такива, които приемат отстъплението като стимул за това да полагат по-големи усилия. За щастие те така и не се научават да приемат спокойно факта, че животът има и задна скорост. Онова, което НЕ ВИЖДАМЕ обаче и за чието съществуване много от нас дори и не подозират, е мълчаливата, но неустоима СИЛА, която идва на помощ на всеки, който се бори с изкушението да отстъпи. Ако изобщо стане дума за тази сила, най-много да я наречем ПОСТОЯНСТВО и да не ровим по-нататък. Уверени сме обаче, че ако човек няма ПОСТОЯНСТВО, няма да може да постигне успех в каквото и да е направление.

Отличен пример за силата на постоянството е шоубизнесът. В Холивуд се стичат хора от целия свят в търсене на слава, богатство, власт, любов или на други въплъщения на успеха. От време на време някой от това неизброимо шествие се отличава и светът чува за поредната нова холивудска звезда. Това издигане обаче не е нито лесно, нито бързо. То признава таланта и гения и им се отплаща с пари, едва след като се увери, че кандидатът за слава е отказал да отстъпи. Тайната винаги е неделимо свързана с едно-единствено качество – ПОСТОЯНСТВОТО.

Брус Лий, актьорът, който запали Америка по азиатските бойни изкуства, щеше да бъде отдавна забравен, ако не беше проявил настойчивост в стремежа си да се превърне в кинозвезда.

Лий пристига от Китай, въоръжен единствено с мечтата и работоспособността си. На млади години е овладял кунфу и по-късно става преподавател по това бойно изкуство. Истинската му цел обаче е да стане актьор. Получава второстепенни роли в няколко филма и телевизионни програми, но големият пробив идва, когато научава, че продуцентите на нов телевизионен сериал, наречен „Кунфу“, търсят за главната роля актьор с действителни бойни умения. Прослушването минава успешно и Лий очаква да получи ролята, но за негово голямо разочарование е избран друг актьор, Дейвид Карадайн.

Изгубил всичките си илюзии, Лий е готов да се откаже и да се върне към преподаването. Когато хората от азиатската общност научават за това, го засипват с поток от писма с молби да не се отказва. Скоро любителите на киното от всякакви раси научават за временния му неуспех и Лий решава да продължи да търси нови роли. Не се отказва. Приема да участва в няколко филма и репутацията му на актьор и популяризатор на бойните изкуства прекосява границите на азиатските страни и триумфира по целия свят.

Макар и да умира само на трийсет и две годишна възраст от мозъчен кръвоизлив, неговата слава го надживява. Брус Лий не само не е забравен – той си остава обект на възхищението на хиляди фенове, много от които дори не са били родени по време на актьорската му кариера. Телевизионните му сериали и ранните му филми, прехвърлени на видеокасети, все още са много популярни по целия свят.

Постоянството е състояние на ума и следователно може да се култивира. Както и останалите умствени състояния, то се основава на няколко елемента:

А. ЦЕЛЕНАСОЧЕНОСТ. Да знаеш какво искаш е първата и вероятно най-важната стъпка към постигането на постоянство. Силната мотивация може да ни помогне да преодолеем много трудности.

Б. ЖЕЛАНИЕ. Сравнително лесно е да станем – и да останем – настойчиви, следвайки целта на силното желание.

В. УВЕРЕНОСТ В СОБСТВЕНИТЕ СИЛИ. Вярата в собствените ни възможности да доведем до край даден план ни насърчава да проявим постоянство при неговото осъществяване. (Тази увереност може да бъде развита благодарение на принципа, описан в главата за самовнушението.)

Г. ЯСНИ ПЛАНОВЕ. Организираните планове, колкото и слаби и непрактични да са, насърчават постоянството.

Д. ТОЧНИ ЗНАНИЯ. Увереността, че плановете ни са солидни и се основават на личен опит или наблюдения, ни помага да проявяваме настойчивост; и обратно – ако случайните хрумвания заменят солидните знания, постоянството се стопява.

Е. СЪТРУДНИЧЕСТВО. Състраданието, разбирането и хармоничните взаимоотоншения с другите обикновено ни правят по-постоянни.

Ж. СИЛА НА ВОЛЯТА. Навикът да съсредоточаваме мислите си върху планове за постигането на определена цел е въплъщение на постоянството.

З. НАВИК. Постоянството е пряко следствие от навика. Умът поглъща ежедневните преживявания, превръща ги в енергия, слива се с тях. Страхът, най-лошият от всички врагове, може да бъде излекуван ефикасно чрез насилствено повтаряне на смели постъпки. Всеки, който е бил на фронта, знае това.

Преди да приключим с темата за ПОСТОЯНСТВОТО, ви предлагам да изследвате себе си и да установите доколко притежавате това качество. Осмелете се да проверите характера си точка по точка и да видите кои от осемте елемента на постоянството ви липсват. Така можете да откриете нещо, което ви помогне да видите себе си в съвсем нова светлина.

Симптоми за липса на постоянство

Тук ще се запознаете с истинския враг, който стои между вас и потенциалните ви достижения. Ще откриете не само „симптомите", сочещи недостатъчно постоянство, но и дълбоко вкоренените подсъзнателни причини за този недостиг.

Разгледайте списъка внимателно и давайте честни отговори – СТИГА НАИСТИНА ДА ИСКАТЕ ДА РАЗБЕРЕТЕ КОИ СТЕ И НА КАКВО СТЕ СПОСОБНИ. Слабостите, изброени тук, трябва да бъдат преодолени от всеки, който иска да натрупа богатство.

1. Неспособност да решите и след това да определите какво точно искате.
2. Отлагане, със или без причина. (Обикновено придружено от невероятно съцветие от алибита и извинения.)
3. Липса на желание за придобиване на специализирани познания.
4. Нерешителност, „снишаване" във всички ключови моменти – вместо искрено желание за справяне с проблема. (Отново придружено с всевъзможни извинения.)
5. Навикът да разчитате на алибита, вместо да съставите ясно определени планове за разрешаването на проблемите.
6. Самодоволство. Почти нелечимо; за страдащите от него няма надежда.
7. Безразличие, обикновено проявяващо се под формата на готовност за компромис на всяка цена и нежелание за противопоставяне и отвоюване на собствена позиция.
8. Навикът да обвиняваме другите за собствените си грешки и да приемаме неблагоприятните обстоятелства така, сякаш са неизбежни.
9. СЛАБО ЖЕЛАНИЕ, породено от пренебрежение при подбора на МОТИВИТЕ, които ни подтикват към действие.
10. Готовност и дори желание за отстъпление при първия знак за поражение. (Основава се на един или повече от шестте основни страха.)
11. Липса на ОРГАНИЗИРАНИ ПЛАНОВЕ, изложени писмено на място, където могат да бъдат анализирани.
12. Навикът да не действате, щом се натъкнете на добра идея, и да не грабвате възможността, когато ви се предложи.
13. ПРИЩЯВКА вместо ВОЛЕВО ЖЕЛАНИЕ.

14. Навикът да правите компромис с БЕДНОСТТА, вместо да се стремите към богатството – цялостно отсъствие на амбицията да БЪДЕТЕ, да ПРАВИТЕ и да ПРИТЕЖАВАТЕ.
15. Търсене на какви ли не кратки и лесни пътища към богатството, опити да получите, без да давате, обикновено съчетани с хазартен нрав и влечение към рискови действия.
16. СТРАХ ОТ КРИТИКА. Неспособност да създавате и осъществявате планове заради притеснения какво ще си помислят, ще направят или ще кажат другите. Този страх е един от основните ви врагове, тъй като обикновено се развива в подсъзнанието, където присъствието му не може да бъде извадено наяве. (Вж. описанието на основните страхове в гл. 15.)

Нека разгледаме някои от симптомите на страха от критика. Повечето хора позволяват на близките, приятелите и като цяло на обществеността да им влияе до степен, в която не могат да живеят живота си, само защото ги е страх от критика.

Страшно много хора правят грешки в брака си, но не правят нищо, за да ги поправят, и така си остават нещастни до края на живота си – и то само защото ги е страх от критиката, която ще последва опита им да оправят нещата. (Всеки от вас, който страда от този страх, вече знае какви невероятни поражения може да нанесе той, съсипвайки всяка амбиция, самоувереност и желание за развитие.)

Милиони хора дори не се и опитват да наваксат пропуските в образованието си в зряла възраст, защото ги е страх от критика.

Безброй мъже и жени на всякаква възраст позволяват на близките си да им съсипват в живота в името на някакъв си ДЪЛГ, само защото ги е страх от критика. (Няма дълг, който да принуди човек да потъпче личната си амбиция в името на друг и да пожертва пред него правото да живее собствения си живот по начина, по който е решил.)

Хората се страхуват да поемат рискове в бизнеса, тъй като се боят от критиката, която може да последва, ако се провалят.

В тези случаи страхът от критика е по-силен от желанието за успех.

Твърде много хора отказват да си поставят високи цели и дори захвърлят напълно професионалното си развитие, защото се боят, че роднините или „приятелите“ им ще кажат: „Не се цели толкова нависоко, хората ще решат, че си се побъркал.“

Когато Андрю Карнеги ми предложи да посветя двайсет години от живота си на създаването на философия на индивидуалните достижения, първият ми импулс беше именно страхът от това какво ще кажат хората. Благодарение на това предложение обаче се сдобих с цел, много по-голяма от всичко, на което се бях натъквал някога. Мозъкът ми светкавично започна да произвежда извинения, всяко едно от които в крайна сметка можеше да бъде изведено от СТРАХА ОТ КРИТИКА. Нещо в мен казваше: „Няма да се справиш, задачата е твърде амбициозна, изисква страшно много време. Какво ще си помислят роднините ти? От какво ще живееш? Никой досега не е писал философия на успеха – какво те кара да мислиш, че ти можеш да го направиш? Кой си ти, че да се целиш толкова нависоко? Забрави ли откъде си дошъл? Какво знаеш ти за философията? Хората ще си помислят, че си откачил (и щяха да са прави, между другото). Защо, мислиш, никой не се е захващал с подобно нещо до момента?“

В главата ми препускаха хиляди подобни въпроси и настояваха да получат моето внимание. Сякаш целият свят се беше вгледал в мен с единствената цел да ме изложи на присмех и да ме накара да се откажа да осъществя идеята на Карнеги.

В онзи миг имах възможността да убия завинаги амбицията, и то преди още да ме е завладяла. По-късно, след като вече бях анализирал хиляди хора, аз открих, че ПОВЕЧЕТО ИДЕИ СА МЪРТВОРОДЕНИ И МОЖЕМ ДА ИМ ВДЪХНЕМ ЖИВОТ ЕДИНСТВЕНО С ПОМОЩТА НА ТОЧНИ ПЛАНОВЕ И НЕЗАБАВНО ДЕЙСТВИЕ. Моментът за подхранване на една идея е при самото ѝ раждане. Всяка минута допълнителен живот само увеличава шансовете ѝ да оцелее. Страхът от критика е основната причина за гибелта на повечето идеи, които така и на достигат до етапа на планиране и действие.

Отличен пример за човек, който отказва да приеме критиката на другите и постоянства в преследване на мечтата си е Фред Смит, чийто успех в създаването и развитието на „Федерал Експрес" беше описан в предишната глава.

Много хора вярват, че успехът в материален план е резултат от благоприятно стечение на обстоятелствата. В подобно убеждение има зрънце истина, но хората, които се опират единствено на късмета, почти винаги се разочароват, тъй като пренебрегват друг важен фактор, който на всяка цена трябва да съществува, преди да сме сигурни, че успехът ще настъпи. Става въпрос за знанието, което може да изхвърли всякакви стечения на обстоятелства извън класацията.

Да вземем примера с Том Монахан, създал и развил веригата „Домино" от квартална пицария до няколко хиляди заведения с доставка по домовете за период от около 30 години. През 1989 г. Монахан решава да продаде изключително успешната си компания и да се отдаде на благотворителност.

Само че планът не сработва. Две и половина години по-късно фирмата, купила веригата на Том, стига почти до фалит, така че Монахан трябва да се върне на сцената.

Необходими са му огромни усилия и непоклатима настойчивост, за да възстанови и разшири организацията. Монахан обаче е научен на постоянство от дете, тъй като е израснал в лишения, бедност и насилие. Той за пореден път мобилизира всичките си сили и не само връща на „Домино" първоначалния му блясък, но и разширява мрежата до 6000 заведения, 1100 от които са извън Съединените щати.

След като веригата отново е на крака, Монахан се изправя пред ново и още по-сериозно предизвикателство. Основният елемент в промоциите на „Домино" е гаранцията им за бърза доставка – пицата трябва да стигне до клиента в рамките на 30 минути.

Това обаче води до поредица от съдебни искове, повдигнати от хора, пострадали от катастрофи, при които доставчиците на „Домино" са карали с превишена скорост, за да се вместят в трийсетте минути. Семейството на жена, за която се твърди, че е сгазена от шофьор на „Домино" в Индиана, получава три милиона долара. Последният удар идва с присъда за 78 милиона долара за друга жертва. Не след дълго „Домино“ отменя срока за доставка.

Въпреки тази финансова катастрофа Монахан отказва да се предаде. Той налива още повече пари, време и енергия в компанията и отново я изправя на крака. Благодарение на неговото постоянство и позитивна настройка фирмата продължава напред, а екипът ѝ черпи вдъхновение от духа на победителите, който вече я е извеждал веднъж до върха.

Ако изберете случайно стотина души и ги попитате какво искат най-много да постигнат в живота си, деветдесет и осем няма да могат да ви дадат смислен отговор. Ако все пак ги притиснете, ще чуете какво ли не – сигурност, пари, щастие, слава, власт, социално признание, талант за музика, танци или писане... Само че нито един няма да може да ви опише, дори и в най-общи линии, някакъв ПЛАН, с чиято помощ се надява да постигне тези мъгляви желания. Богатството не се отзовава на първата прищявка. То отива само там, където има определен план, ясно заявено желание и непоклатимо ПОСТОЯНСТВО.

Как да развием постоянството си

Има четири прости стъпки, които да ви помогнат да развиете ПОСТОЯНСТВОТО си. За тях не са необходими нито блестящ интелект, нито солидно образование. Трябва ви единствено малко време и готовност да положите известни усилия. Ето кои са те:

1. ЯСНО ОПРЕДЕЛЕНА ЦЕЛ, ПРИДРУЖЕНА СЪС СИЛНО ЖЕЛАНИЕ ТАЗИ ЦЕЛ ДА БЪДЕ ОСЪЩЕСТВЕНА.
2. ТОЧЕН ПЛАН, ВЪПЛЪТЕН В НЕПРЕКЪСНАТА ПОРЕДИЦА ОТ ДЕЙСТВИЯ.
3. УМ, НЕПРОНИЦАЕМ ЗА ВСИЧКИ ОТРИЦАТЕЛНИ И ОБЕЗСЪРЧАВАЩИ ВЛИЯНИЯ, включително за мненията на роднини, приятели и познати.

4. ПРИЯТЕЛСКА ВРЪЗКА С ХОРА, КОИТО ЩЕ ВИ НАСЪРЧАТ ДА ПРИЛОЖИТЕ ПЛАНА И ДА ПОСТИГНЕТЕ ЦЕЛТА СИ.

Тези четири стъпки са задължителни за всеки успех в живота. Целта на тринайсетте принципа на нашата философия е да ви позволи да превърнете тези четири елемента в *навик*.

Чрез тези стъпки можете да контролирате финансовата си съдба.

Чрез тази стъпки можете да постигнете свобода и независимост на мисълта.

Чрез тези стъпки можете да се сдобиете с толкова блага, колкото решите.

Чрез тези стъпки можете да постигнете власт, слава и признание.

Чрез тези стъпки можете да си осигурите благоприятно стечение на обстоятелствата.

Чрез тези стъпки можете да превърнете мечтите си във физическа реалност.

Чрез тези стъпки можете да наложите властта си над СТРАХА, ПЛАХОСТТА И БЕЗРАЗЛИЧИЕТО.

За всеки, който се научи как да прилага тези четири стъпки, съдбата е подготвила великолепна награда: привилегията сами да си напишете чека за заплата и да получите от живота толкова, колкото поискате.

Каква мистична сила дава на настойчивите хора възможността да преодоляват всяка трудност? Дали тази настойчивост не отключва в умовете им някаква духовна, интелектуална или химическа реакция, която да им дава достъп до свръхестествени сили? Дали Безкрайният интелект не застава изведнъж на страната на онзи, който продължава битката на всяка цена, дори след като тя изглежда изгубена и дори от другата страна на барикадата да се е събрал целият свят?

Ето такива въпроси си задавах, докато наблюдавах хора като Хенри Форд, започнал буквално от нищото, но изградил огромна индустриална империя, при условие, че в началото е разполагал единствено с ПОСТОЯНСТВО. Същото важи и за Томас А. Едисон, който с всичките си три месеца, прекарани в училище, стана водещият изобретател в света и превърна ПОСТОЯНСТВОТО си в говореща машина, в киномашина, в електрическа крушка, както и в стотици други полезни изобретения.

Имах невероятната привилегия да анализирам живота на Едисон и Форд година след година в продължение на доста дълъг период. Опознах ги отблизо и онова, което ви казвам, всъщност отразява личния ми опит: единственото качество, което отличава и двамата и което изобщо би могло да дава надежда за успех в младите им години, е именно тяхното ПОСТОЯНСТВО.

Когато изследваме безпристрастно успели хора, стигаме до неизбежното заключение, че ПОСТОЯНСТВОТО, съсредоточените усилия и ЯСНО ОПРЕДЕЛЕНАТА ЦЕЛ са основният източник на техните достижения.

Отличен пример за решителност и постоянство е Хауард Шулц, „Господин Старбъкс". Той доказва за пореден път, че всяка успешна идея има нужда от човек с визия, вътрешна сила и непоколебима увереност.

Шулц започнал кариерата си като мениджър на отдела за продажби и маркетинг на дребен доставчик на кафе с няколко склада в Сиатъл. Бил на двайсет и девет и току-що се бил оженил. Младото семейство напуснало дома си в Ню Йорк, за да може той да постъпи на новата си работа.

След около година Шулц посетил Италия, за да купува стока. Докато се разхождал из Милано, той видял колко важно е кафето за италианската култура. Работният ден в Италия започва с чаша силно кафе в местното кафене. След работа приятели и колеги отново минават за малко през кафенето, преди да се приберат у дома. Това е истинският център на социалния живот на италианците. Шулц видял начин да пренесе тази идея в Америка. Никой не го бил правил – но той бил убеден, че е възможно, тъй като познавал отличните качества на кафето „Старбъкс".

Тази идея влязла под кожата на Шулц. Той бил твърдо решен да изгради национална верига от кафенета на принципа на италианските, но собствениците на марката се колебаели. Те търгували на едро с кафе и малките ресторанти, които притежавали, били съвсем малка част от бизнеса.

За да постигне целта си, Шулц напуснал „Старбъкс" и замислил създаването на нова фирма. През 1986 г. отворил първия си бар в Сиатъл. Той пожънал незабавен успех. Скоро в Сиатъл се появило и второ заведение, после още едно, този път във Ванкувър. На следващата година Шулц просто купил „Старбъкс" и използвал името им за новата си верига.

Шулц е убеден, че качеството на „Старбъкс" един ден ще промени начина на живот на американците. Ако успее в начинанието си, чашата кафе от „Старбъкс" ще се превърне в основна част от американската култура. Идеята му се отплаща: от 1988 г. насам продажбите се увеличават деветократно всяка година.

Шулц си представя стотици заведения на „Старбъкс" из цяла Америка. Представя си как работниците и собствениците на дребен бизнес спират за малко там преди работа и се връщат отново след края на работния ден, за да си починат. Домакините, тръгнали на пазар, ще чакат в „Старбъкс" някой да дойде да ги вземе. Младите хора ще си правят срещи на по кафе, вместо в някой бар. Семействата ще идват, за да се освежат преди или след неделното кино.

„Старбъкс" е на загуба през първите три години – повече от милион долара само през 1989 г., – но компанията не се отказва. Шулц е твърдо убеден, че това е начинът да се изгради империя и че загубите скоро ще отстъпят мястото си на значителни печалби.

След като заведенията в Сиатъл доказват, че могат да правят пари, „Старбъкс" започва да се настъпва и към други градове – Ванкувър, Портланд, Лос Анджелес, Денвър, Чикаго, а оттам – към Източното крайбрежие и към Европа. Името на компанията е познато по целия свят, и то най-вече като пример за американския маркетингов гений.

Да не говорим, че Хауард Шулц вече е един от най-богатите хора в света.

Глава 10.

Силата на колективния гений: неизчерпаемият извор

Деветата стъпка към богатството

СИЛАТА е незаменим елемент за успеха ви в процеса на забогатяване.

ПЛАНОВЕТЕ сами по себе си са инертни и безполезни и нямат достатъчно СИЛА, за да се превърнат в ДЕЙСТВИЕ. Тази глава ще ви разясни как всеки индивид може да постигне СИЛА и ВЛАСТ и как може да ги приложи успешно в своя полза.

СИЛАТА може да бъде определена като „организирано и интелигентно насочено ПОЗНАНИЕ". В смисъла, в който ще употребяваме това понятие тук, силата е ОРГАНИЗИРАНО усилие, достатъчно, за да позволи на индивида да превърне желанието си в неговия паричен еквивалент. ОРГАНИЗИРАНО наричаме съвместното усилие на двама или повече души, които работят за постигането на ОПРЕДЕЛЕНА цел в дух на хармония и разбирателство.

СИЛАТА Е НЕОБХОДИМА ЗА НАТРУПВАНЕТО НА ПАРИ, КАКТО И ЗА ТЯХНОТО ЗАПАЗВАНЕ, СЛЕД КАТО ВЕЧЕ СА БИЛИ НАТРУПАНИ.

Нека видим сега как можем да се сдобием с тази сила. Ако тя наистина е „организирано познание", трябва първо да проследим източниците на самото познание:

А. БЕЗКРАЙНИЯТ ИНТЕЛЕКТ. Този източник на познание може да се използва с помощта на творческото въображение, както бе описано в шеста глава.

Б. ОБЩ ОПИТ. Общият опит на човечеството (или поне тази част от него, която е организирана и записана) може да бъде открит във всяка по-богата обществена библиотека. Важна част от този натрупан опит се преподава в училищата и колежите, където се класифицира и организира.

В. ЕКСПЕРИМЕНТИ И ИЗСЛЕДВАНИЯ. В науката, както и във всяка друга област на живота, хората събират, класифицират и организират нови факти всеки ден. Тъкмо към този източник трябва да се обърнем, когато „общият опит“ не е достатъчен. И тук трябва да използваме творческото си въображение.

Както се вижда, знания можем да придобием от няколко източника, но за да се превърнат те в СИЛА, трябва да ги организираме под формата на ясни ПЛАНОВЕ, които след това да въплътим в реални ДЕЙСТВИЯ. Само хвърлете едно око на основните източници на познание и ще разберете колко трудно би било за хората да разчитат единствено на собствените си сили, за да съберат необходимото познание и да го превърнат в планове и действия. Ако плановете им са наистина обхватни, а целите – високи, те трябва да прибегнат до помощта на други хора, преди да добавят към рецептата за успех основната ѝ съставка – СИЛАТА.

Как да наберем сила с помощта на „колективния гений“

Колективният гений може да се определи като *координация на познанията и усилията в дух на хармония и разбирателство между двама или повече души за постигането на определена цел.*

Няма индивид, който да може да постигне такава сила, без да разчита на колективен гений. В седма глава получихте инструкции за създаването на планове, които да ви помогнат да превърнете ЖЕЛАНИЕТО в неговия паричен еквивалент. Ако изпълните тези инструкции с ПОСТОЯНСТВО и интелигентност и подберете внимателно членовете на вашия „колективен гений", значи наполовина сте постигнали целта си, дори преди още да сте започнали да го осъзнавате.

За да разберете по-добре потенциала, който ви предлага правилно подбраният и структуриран „колективен гений", тук ще обясним две от основните характеристики на този гений, едната от които е икономическа, а другата – психическа. Икономическият елемент е очевиден: икономическите предимства са в ръцете на личности, които се обграждат със съветите и личното сътрудничество на група хора, готови да помогнат искрено и в дух на СЪВЪРШЕНА ХАРМОНИЯ. Подобен съюз е в основата на почти всяко голямо богатство. Ако разберете тази велика истина, можете да решите завинаги финансовите си проблеми.

Психическата страна на принципа на колективния гений е много по-абстрактна и трудна за улавяне, тъй като е свързана с една определена духовна сила, която човечеството като цяло не познава добре. Можете да доловите нейния смисъл в следния цитат: „Всеки път, когато два мислещи ума се съберат на едно място, между тях възниква трета, невидима, нематериална сила, която може да се оприличи на трети ум."

Не изпускайте от поглед факта, че в цялата вселена има само два известни ни елемента: енергия и материя. Неоспорим факт е, че материята може да се разложи на молекули, сетне на атоми и електрони. Съществуват единици материя, които могат да бъдат изолирани и анализирани. Подобни единици съществуват и при енергията.

Човешкият ум е форма на енергия, част от която е духовна. Когато умовете на двама души започнат да работят в хармония, духовните енергийни единици в тях затрептяват на една вълна, която представлява именно „психичната" фаза на колективния гений.

За пръв път се запознах с принципа на колективния гений – или по-скоро с икономическата му страна – благодарение на

Андрю Карнеги преди около двайсет и пет години. Именно това откритие ме накара да избера на какво да посветя живота си.

„Колективният гений“ на Карнеги се състоеше от около петдесет души, които непрекъснато се въртяха около него, и беше подчинен на ЯСНАТА ЦЕЛ да се произвежда и продава стомана. Карнеги твърдеше, че дължи цялото си богатство на СИЛАТА, с която се е сдобил благодарение на своите сътрудници.

Хвърлете един поглед на живота на всеки, който е натрупал голямо богатство, както и на немалко хора, които са средно заможни, и ще откриете, че, съзнателно или не, всички те са използвали принципа на „колективния гений“.

НЯМА ДРУГ ПРИНЦИП ЗА НАТРУПВАНЕ НА БОГАТСТВО.

ЕНЕРГИЯТА е универсалният комплект от строителни елементи на майката-природа, с чиято помощ тя изгражда всеки материален обект във вселената, включително човечеството, животинския и растителния свят. Само тя познава схемата, по която енергията се превръща в материя.

Същите тези строителни елементи са достъпни и за нас благодарение на енергията, от която се състоят нашите МИСЛИ. Мозъкът прилича на електрическа батерия – той усвоява енергия от етера, който пронизва всеки атом материя и запълва цялата вселена.

Всеизвестен факт е, че няколко батерии могат да ви дадат повече енергия от една-единствена. Не по-малко известно е, че отделната батерия може да предложи повече или по-малко енергия, в зависимост от клетките, от които е изградена.

Мозъкът функционира по подобен начин. Именно по тази причина едни умове са по-ефективни от други, а група координирани (и свързани чрез хармоничното си излъчване) умове може да произведе повече мисловна енергия от изолирания ум – също както свързаните батерии дават повече електричество от една отделна батерия.

Благодарение на тази метафора можем да видим, че „колективният гений“ е ключът към тайната на СИЛАТА, с която разполагат хората, заобиколили се с първокачествени умове.

От това следва нещо друго, което ще ни доведе още по-близо до разбирането на психическата фаза на принципа на „колективния гений“: когато индивидуалните умове се координират и започнат да работят в хармония, енергията, увеличена стократно благодарение на съвместните им усилия, става достъпна за всеки отделен ум в групата.

Всеизвестен факт е, че Хенри Форд започва кариерата си в оковите на бедността, неграмотността и невежеството. Той обаче съумява да разкъса тези окови за невероятно краткия период от десет години, а двайсет и пет години по-късно става един от най-богатите хора в Америка. Свържете всичко това с факта, че най-големите стъпки на Форд към върха съвпадат с времето, по което той става личен приятел на Томас А. Едисон, и ще разберете какво може да постигне влиянието на един силен ум върху друг. Направете още една стъпка и добавете следното парченце информация: най-значимите достижения на Форд започват да се трупат, след като се запознава с Харви Файърстоун, Джон Бъроус и Лутър Бърбанк (всеки от които може да се похвали със завидни умствени способности). Ето ви още едно доказателство, че СИЛАТА може да се постигне благодарение на приятелски свързани умове.

Едва ли има някакво съмнение, че Хенри Форд е един от най-информираните хора в света на бизнеса и промишлеността. Въпросът за неговото богатство няма нужда от обсъждане. Вижте само кои са личните му приятели – за някои от тях вече стана дума – и ще можете да разберете пълния смисъл на следното твърдение:

Хората попиват навиците и СИЛАТА НА УМА на онези, с които се сближават и с които общуват в хармония.

Хенри Форд преодолява бедността, неграмотността и невежеството, като се свързва с велики умове, чиито мисловни вибрации поема. Благодарение на връзките си с Едисон, Бърбанк, Бъроус и Файърстоун, той успява да развие силите на собствения си ум, черпейки от интелекта, опита, познанията и духовните сили на тези мъже. Освен това Форд разработва колективния си гений и използва неговите услуги именно по начина, описан в тази книга. Така че неговият метод е напълно достъпен и за вас.

Президентът Франклин Рузвелт събира най-добрите умове на страната във Вашингтон, за да си създаде свой собствен „колективен гений", който нарича „мозъчен тръст". По време на Втората световна война и след нея много лидери в политиката и индустрията свикват подобни групи, наречени „think tank", за да решават жизнено важни проблеми.

Вече стана дума за Махатма Ганди. Може би повечето хора, които изобщо някога са чували за Ганди, го смятат за ексцентрично дребно човече, което се разхожда, навлечено с чаршаф, и създава проблеми за британското правителство.

Всъщност Ганди е НАЙ-МОГЪЩИЯТ ЧОВЕК ОТ СВОЕТО ПОКОЛЕНИЕ. (Поне според броя на следовниците си и на тяхната вяра във водача им.) Нещо повече – той вероятно е най-могъщият човек в историята на човечеството. Силата му е пасивна, но е съвсем реална.

Нека видим как точно постига тази невероятна сила. Можем да обясним успеха му с няколко думи. Той се сдобива с ВЛАСТ, като влиза в хармонично общение с двеста милиона души и ги убеждава да се насочат към една КОНКРЕТНА ЦЕЛ.

Казано накратко, Ганди извършва ЧУДО, защото да убедиш – не да насилиш – двеста милиона души да си сътрудничат в дух на ХАРМОНИЯ и то за много дълго време, си е истинско чудо. Ако се съмнявате в това, опитайте се да накарате ДВАМА ДУШИ да действат в хармония поне за известно време.

Всеки човек, който управлява бизнеса си, знае колко трудно е да накара работниците си да действат заедно дори в някакво далечно подобие на ХАРМОНИЯ.

Както вече видяхте, в самото начало на списъка с източниците на СИЛА е БЕЗКРАЙНИЯТ ИНТЕЛЕКТ. Когато двама души – или пък повече – действат заедно в дух на ХАРМОНИЯ и работят за постигането на определена цел, те се поставят в такава позиция, че са в състояние да поемат информация направо от вселенския извор на Безкрайния интелект. Това е най-големият възможен източник на СИЛА. От него черпи геният, към него се обръща всеки велик лидер, независимо дали осъзнава този факт или не.

Другите два основни източника, от които можем да се сдобием с познанието, необходимо за натрупването на власт, са точно толкова надеждни, колкото са и петте ни сетива – с други думи, не много. Безкрайният интелект НЕ ГРЕШИ.

В следващите глави ще опишем подробно методите, с които можете да се свържете най-пряко с Безкрайния интелект.

Тук не ви чета курс по религия. Нито един от основните принципи, описани в тази книга, няма за цел да се меси пряко или непряко в религиозните ви възгледи. Единствената ми цел е да обуча читателите си да превърнат КОНКРЕТНАТА ЦЕЛ НА ЖЕЛАНИЕТО СИ ЗА ПАРИ в нейния реален, паричен еквивалент.

Четете, МИСЛЕТЕ и медитирайте, докато четете. Скоро всичко, за което говорим, ще се разкрие пред вас напълно и ще успеете да го видите в перспектива. Засега виждате само подробностите в отделните глави.

Парите са плахи и свенливи като едновремешни девици. Трябва да ги ухажвате като настойчив любовник – и, случайно или не, СИЛАТА, необходима за преследването на парите, не се различава особено от онази, използвана в преследването на любовта. И в двата случая силата трябва да бъде подкрепена с ВЯРА, ЖЕЛАНИЕ и ПОСТОЯНСТВО, да се прилага по план, и то план, който трябва рано или късно да бъде приведен в действие.

Един от най-добрите източници за създаването на „колективен гений“ са вашите собствени служители. Андрю Гроув, преуспелият директор на „Интел“, прави точно това. Гроув работи заедно с група специалисти в областта на технологиите, маркетинга, финансите и администрацията в неформална среда. За ръководителите няма отделни офиси, специални места за паркиране или някакви други привилегии. Служителите разполагат с щедър план за инвестиции в акции, така че когато компанията прави пари и акциите вървят нагоре, те също могат да получат своя дял.

Въпреки че този екип може би изглежда доста разпуснат, всичките му членове следват плътно Гроув и също като него са изключително взискателни към себе си. Когато „Интел“ се изправя пред сериозна криза през 1976 г., екипите в компанията съвсем доброволно започват да полагат повече усилия, да работят по-дълго и правят всичко възможно, за да решат проблемите на фирмата. Ето и друг пример – няколко години по-късно става ясно, че чипът „Pentium“ има малък фабричен дефект, който ще се отрази на съвсем малък брой операции. Решението на Гроув да замени дефектните чипове на стойност 475 милиона долара, вместо да достави несъвършен продукт, получава пълната подкрепа на колегите му.

Гроув насърчава хората си да работят в малки, независими работни групи, в които всеки познава системата и ролята си в нея. Всеки отделен индивид допринася със своите познания, експертен опит и творчески сили. Членовете на екипите са обучени и мотивирани да дават всичко от себе си. Когато се стигне до криза, екипите доброволно влагат допълнително време, енергия и мисъл, за да се справят с всеки проблем, пред който се изправят.

Когато паритѐ започнат да текат като река, те стигат безпрепятствено до всеки, който подложи шепи. Съществува огромен, невидим поток от СИЛА, който прилича на водопад; единствената разлика е, че той тече в две посоки и отнася всички, които са от правилната страна, нагоре към БОГАТСТВОТО, а останалите, които нямат късмета да плуват във вярната посока (и които не са в състояние да се измъкнат), смъква към дъното на мизерията и БЕДНОСТТА.

Всеки, който е натрупал голямо лично състояние, знае за съществуването на този поток на живота. Той е въплътен в собствения ни МИСЛОВЕН ПРОЦЕС. Положителните емоции на мисълта са онези, които ни издигат нагоре към богатството; отрицателните ни смъкват до дълбините на бедността.

Така стигаме до една мисъл с изключителна важност за всеки, който чете тази книга, за да натрупа свое собствено богатство.

Ако сте от онази страна на потока на СИЛАТА, която ви влачи към бедността, това може би е лост, който да ви помогне да се прехвърлите от другата страна. Този лост обаче може да ви послужи, само ако решите да го използвате. Четенето и голото оценяване на информацията няма да ви свършат никаква работа.

Много хора познават и двете страни на водопада на богатството, тъй като в различни моменти от живота си са се движили ту нагоре, ту надолу. Сривът на „Уолстрийт" от 1929 г. повлича милиони хора към бедността. Те се борят, понякога с отчаяние и страх, да се доберат отново до стълбата към рая. Тъкмо за тях е написана тази книга.

Бедността и богатството често сменят местата си. Само че бедността обикновено се налага без бой, а ако искаме да богатството да я прогони, ще трябва да използваме изпипан и внимателно прилаган ПЛАН. Бедността няма нужда от планове. Тя няма нужда от помощ, защото е свирепа и безмилостна. Богатството е свенливо и трябва да бъде ухажвано упорито.

Всеки може просто да ИСКА богатство, но съвсем малко са хората, които са наясно, че единственото надеждно средство за неговото натрупване са праволинейният план и ПЛАМЕННОТО ЖЕЛАНИЕ.

Поведението на Рос Перо е типичен пример за пълна и праволинейна отдаденост – и то не само негова собствена, но и на „колективния гений", с който се е обградил. Той пламти от желание за богатство и го постига.

Преди да създаде собствената си компания *Electronic Data Systems* (EDS), той е един от най-добрите търговци в IBM. Предупреждават го, че ще направи огромна грешка, ако напусне компанията и постави началото на свой собствен бизнес. Това обаче не го смущава особено. Вдъхновен е от визията си за бъдещето. Успехът му е недвусмислено доказателство за това, че ако се придържаме към мечтите си и успеем да запалим по тях и екип от експерти – нашия „колективен гений" – които знаят как можем да ги осъществим, в крайна сметка ще постигнем успех и богатство.

Перо е твърдо уверен, че отдадеността може да направи чудеса. И чудото става, когато EDS се съревновава с IBM за един от най-големите договори в компютърната индустрия. На финала остават само двете компании. IBM е по-богатата от двете и разполага с по-опитни и информирани специалисти. EDS разполага с малък, но отдаден на идеята екип.

Перо си спомня: „Около месец след началото на конкурса влязох в стаята чух момчетата от екипа да си говорят: „Абе сигурно няма да спечелим, но ще бъде страхотно преживяване." Не им налетях. Просто отидох до дъската и написах на нея седемте критерия, по които ще ни оценяват. След което казах съвсем спокойно и мило: „Ще спечелим със седем на нула." И точно в този ден извоювахме победата си."

Перо признава, че по-високите заплати, повишенията, бонусите, акциите и хилядите нови работни места, създадени от проекта, несъмнено са били съвсем осезаеми награди за успеха, но все пак е убеден, че много по-важно за хората му е било огромното удовлетворение да знаят, че с усилената си работа и креативността си са победили най-добрите в света. Ето какво прави една компания велика – екип, който работи сплотено, като „колективен гений", за да смаже конкуренцията.

Глава 11.

Тайната на сексуалната енергия

Десетата стъпка към богатството

Сексуалните емоции създават определена умствена настройка. Поради почти пълното невежество по темата тази умствена настройка обикновено се свежда до чисто физическите си измерения, а тъй като повечето хора се излагат предимно на неправилни влияния, когато се запознават със секса, всяко физическо нещо получава и изкривено тълкуване.

Сексуалната емоция ни дава три градивни възможности:

1. Продължаване на рода.
2. Поддържане на здравето (като терапевтично средство сексът няма равен).
3. Превръщане на посредствеността в гениалност чрез трансформация на сексуалната енергия.

Преобразуването на сексуалната енергия може да се обясни просто и лесно. То представлява един вид „превключване" на ума от чисто сексуални мисли към друг вид задачи.

Желанието за секс е най-силният стимул, познат на човека. Под негово влияние хората проявяват въображение, смелост, сила на волята, настойчивост и творчески способности с такава невероятна сила, за каквато не биха могли и да мечтаят при други обстоятелства. То е толкова силно, че хората се излагат на риск за живота и репутацията си, само за да го удовлетворят. Когато обаче успеят да го впрегнат и пренасочат, то съхранява всичките си творчески сили. Тези сили могат да се използват като неизчерпаем източник на вдъхновение в литературата, изкуството и всички други професии и призвания – включително, разбира се, и при натрупването на богатство.

Преобразуването на сексуалната енергия несъмнено изисква сила на волята, но наградата си струва усилията. Желанието за сексуално самоосъществяване е вродено и естествено. То не може да се потисне или елиминира. Задължително е обаче да получи своя израз по начин, който обогатява тялото, ума и духа. Ако не му се даде отдушник с помощта на преобразуването, то ще го намери по чисто физически път.

Реката може да бъде преградена и овладяна за известно време, но рано или късно ще скъса дигата. Същото важи и за секса. Той може да бъде потиснат и контролиран за известно време, но самата му природа е такава, че винаги ще намери средство, за да се изрази. Ако не бъде превърнат в някакво творческо усилие, той ще намери някой не чак толкова ценен път, по който да постигне удовлетворение.

Истински късметлии са онези, които са открили как да впрегнат сексуалните емоции в творчески усилия, тъй като по този начин са се превърнали в истински гении.

Научното изследване на живота на хора със забележителни постижения (за съжаление проучванията са провеждани само върху мъже) разкрива следните важни факти:

1. Мъжете с най-големи постижения имат силно изявена сексуалност и са се научили как да преобразуват сексуалната си енергия.
2. Мъжете, натрупали големи богатства и постигнали значително признание в литературата, изкуството, промишлеността, архитектурата и в други професионални области, са били мотивирани от влиянието на жена.

Проучването, на което дължим тези удивителни открития, обхваща биографии на видни личности, живели през последните две хиляди години. Във всеки един случай, за който има недвусмислени доказателства за един или друг елемент от биографията на мъже и жени, постигнали велики неща, той винаги е във връзка със силно развитата им сексуалност.

Сексуалната емоция е непреодолима сила, на която не можем да противопоставим каквото и да е. Под нейно влияние хората се сдобиват едва ли не със свръхспособности. Ако осъзнаете тази истина, ще разберете и смисъла на твърдението, чс прсобразуванстo на ссксуалната енергия може да превърне всекиго в гений.

Именно в сексуалната емоция се крие тайната на творческата сила.

Ако отстраните половите жлези на едно живо същество, било то човек или животно, отстранявате и основния източник па жсланисто му за дсйствис. Вижтс само какво става с животните, след като ги кастрират. Бикът се превръща във вол, по-кротък и от крава. Тази промяна лишава мъже и жени, хора и животни от всякакво желание за БИТКА.

Десетте стимула за ума

Човешкият ум реагира на стимули, с чиято помощ може да бъде настроен на определена вълна – ентусиазъм, творческо въображение, силно желание и т.н. Най-често срещаните стимули, на които мозъкът ни може да реагира, са следните:

1. Желание за сексуално изразяване.
2. Любов.
3. Пламенно желание за слава, власт, печалби, ПАРИ.
4. Музика.
5. Приятелство между хора от един и същи пол или от различни полове.
6. „Колективен гений", основан на хармония между двама или повече души, които се обединяват, за да постигнат материално или духовно предимство.
7. Споделено страдание, например при хора от група, подложена на преследване.
8. Самовнушение.
9. Страх.
10. Наркотици и алкохол.

Желанието за сексуално изразяване е първо в списъка със стимули, тъй като оказва най-силно влияние върху ума и най-бързо завърта колелата на физическото действие. Осем от стимулите са естествени и градивни, а два имат разрушително въздействие. Списъкът, който ви предлагаме тук, има за цел да ви позволи да сравните основните източници на стимули за ума. Ако го направите, ще установите, че сексуалният стимул несъмнено е най-интензивният.

Такова сравнение е необходимо, за да докажем твърдението, че преобразуването на сексуалната енергия може да превърне всекиго в гений. Нека да видим сега какво представлява геният. Една нелоша дефиниция гласи: гений е човек, който е открил начин да ускори вибрациите на мисълта си до степен, в която да може да общува свободно с източници на познание, които не са достъпни при обикновеното ниво на мисловни вибрации.

Мислещият човек винаги ще подлага на съмнение подобна дефиниция и първият му въпрос задължително ще бъде: как е възможно някой да общува с източници на познание, което не са достъпни при ОБИКНОВЕНО ниво на мисловни вибрации? Следващият му въпрос вероятно ще гласи: има ли известни източници на познание, достъпни единствено за гениите, КАКВИ СА ТЕ и как можем да достигнем до тях?

Ще ви предложа доказателства за някои от най-важните твърдения в тази книга – или поне ще ви дам достатъчно сведения, за да достигнете сами до доказателството с помощта на малко мисловни експерименти – и едновременно с това ще ви дам и отговора на тези два въпроса.

„Геният“ се постига с помощта на шестото чувство

Съществуването на „шестото чувство“ е доказано отвъд всякакво съмнение. Тъкмо него наричаме творческо въображение. Това несъмнено е способност, която повечето хора не използват нито веднъж през целия си живот, а ако случайно го направят, това си е чист късмет. Съвсем малко са хората, които РЕШИТЕЛНО, ЦЕЛЕНАСОЧЕНО И ПРЕДНАМЕРЕНО мобилизират творческото си въображение. Тъкмо онези, които го правят и разбират добре неговите функции, наричаме ГЕНИИ. Творческото въображение е пряка връзка между крайния ум на хората и Безкрайния интелект. Всички така наречени откровения в религията, всички открития на основни или нови принципи в науката се раждат единствено благодарение на творческото въображение. Когато в нечий ум се появят непознати идеи или понятия, и изобщо когато в него проблесне нещо ново, то идва от един от следните източници:

1. от Безкрайния интелект;
2. от подсъзнанието, в което са складирани всички сетивни данни и мисловни импулси, които някога са достигали до нас с помощта на петте сетива;
3. от ума на друг човек, който е разпространил съответната мисъл или представа с помощта на съзнанието си, или;
4. от подсъзнанието на друг човек.

Няма други ИЗВЕСТНИ източници, от които да можем да получим вдъхновение.

Творческото въображение работи най-добре, когато умът вибрира благодарение на някакъв вид стимул с изключително висока честота – или поне с честота, която надвишава значително тази на обикновения мисловен процес.

Когато дейността на мозъка се ускори благодарение на някой от десетте основни стимула, тя издига индивида далеч над хоризонта на обичайното мислене и му позволява да се сдобие с обхват и с качество на мисълта, недостъпни на по-ниските нива на действие, например на тези, които използваме, за да разрешаваме проблеми в бизнеса или в професионалното си всекидневие.

Когато постигне това висше ниво на мисълта с помощта на мозъчен стимул, индивидът сякаш се е качил на самолет, от който може да вижда далеч отвъд хоризонта, който спира погледа му на земята. Нещо повече – на това високо мисловно ниво индивидът не е обвързан със стимулите, които го оковават, докато се бори да обезпечи жизнените си нужди от храна, облекло и подслон. Той се намира в една съвсем нова вселена, в която ОБИКНОВЕНИТЕ, ежедневни мисли са някъде далеч долу, също както хълмовете и долините вече не ограничават кръгозора на пътника в самолета.

В тази непозната вселена на мисълта творческите сили на ума имат пълна свобода на действие. Пътят пред шестото чувство е разчистен и то може да се отвори за идеи, които не биха достигнали до индивида при никакви други обстоятелства. Именно шестото чувство е елементът, който определя разликата между гения и обикновения човек.

Творческите способности се изострят и стават по-възприемчиви към вибрации, възникнали извън подсъзнанието на индивида, и колкото по-често се използва тази способност, толкова повече индивидът разчита на нея и търси нейните мисловни импулси. Тя може да се култивира и развие единствено с редовна употреба.

Онова, което наричаме „съвест", функционира единствено благодарение на шестото чувство.

Великите хора на изкуството – художници, писатели, музиканти, поети – са станали велики именно защото са се научили да разчитат на „тихия си вътрешен глас", да се вслушват в него с помощта на творческото си въображение. Всеизвестен факт е, че вдъхновението спохожда именно хората с живо въображение.

Имало един велик оратор, който стигнал до върха едва след като затворил очи и потопил в творческото си въображение. Когато го попитали защо е замижал във върховия момент на речта си, той отвърнал: „Правя го, защото в онзи миг говорят идеите, които извират от мен."

Един от най-успешните и известни американски финансисти обикновено затварял очи за две-три минути, преди да вземе решение. Когато го попитали защо го прави, той отвърнал: „Със затворени очи мога да черпя от един по-висш интелект."

Д-р Елмър Р. Гейтс от Чеви Чейс, Мериланд, автор на повече от 200 полезни патента, много от които жизнено важни за технологията днес, стига до изобретенията си, като култивира и използва творческото си въображение. Методът му е изключително интересен за всеки, който иска да се превърне в гений, какъвто несъмнено е и самият д-р Гейтс. Той е един от най-великите световни учени, макар и писменото му наследство да е сравнително скромно.

В своята лаборатория той бил създал т.нар. „стая за лично общение". Тя била звукоизолирана и можела да се затъмнява напълно. В средата имало малка масичка, върху която лежал бележник. Пред масичката, на стената, имало бутон, от който се включвало и изключвало осветлението. Когато д-р Гейтс поискал да впрегне в работа творческото си въображение, той влизал в стаята, сядал на масата, гасял лампите и се СЪСРЕДОТОЧАВАЛ върху ИЗВЕСТНИТЕ елементи на изобретението, върху което работел, оставайки неподвижен, докато в главата му не започнели да проблясват идеи, свързани с НЕПОЗНАТИТЕ му елементи.

При един подобен експеримент в ума му се втурнали толкова много идеи, че трябвало да пише повече от три часа. Когато потокът пресъхнал и изобретателят погледнал бележките си, той установил, че в тях се съдържа подробно описание на принципи, които нямали известен паралел в научния свят. Нещо повече – решението на проблема било пълно и детайлно. По този начин д-р Гейтс се сдобил с повече от 200 патента, започнати, но недовършени от посредствени умове. Всеки може да види доказателството в Патентната служба на САЩ.

Д-р Гейтс си изкарвал прехраната като „фабрика за идеи" за корпорации и индивидуални клиенти. Някои от най-големите американски фирми му плащали солидни хонорари, за да създава идеи.

Способността ни за съждение често не върши работа, защото се основава на опита, който сме натрупали. Далеч не всяко познание, което сме придобили през живота си, е точно. Идеите, до които достигаме благодарение на творческите си способности, са много по-надеждни, тъй като идват от източници, много по-солидни от онези, на които може да разчита способността ни за съждение.

Основната разлика между гения и обикновения изобретател е във факта, че геният впряга в работа творческото си въображение, а другите работят по метода на пробата и грешката. Ученият-изобретател (например Едисон или Гейтс) използва както синтетичните, така и творческите страни на въображението си.

Подобен тип учени – или гении – полагат началото на изобретението, като организират и съчетават познати идеи или принципи, натрупани под формата на жизнен опит, с помощта на синтетичното въображение (т.е. на способността за съждение). Ако това натрупано познание се окаже недостатъчно за завършването на изобретението, те започват да черпят от източници на познание, до които имат достъп благодарение на творческите си сили. Начинът, по който се прави това, варира в зависимост от индивида, но ето какви са основните елементи в процедурата:

1. ИЗОБРЕТАТЕЛЯТ СТИМУЛИРА УМА СИ ТАКА, ЧЕ ТОЙ ДА ВИБРИРА ПО-ИНТЕНЗИВНО ОТ ОБИКНОВЕНО, използвайки един или повече умствени стимули или пък други стимуланти.
2. ИЗОБРЕТАТЕЛЯТ СЕ КОНЦЕНТРИРА върху известните елементи (готовата част) на изобретението и създава в ума си съвършена картина на неизвестните части (незавършената част). Тази картина остава в ума му, докато не бъде поета от подсъзнанието, след което съзнанието се успокоява, изпразва се от всякаква мисъл, и чака отговорът да се появи от само себе си.

Понякога резултатите са окончателни и незабавни. Друг път са отрицателни, в зависимост от това доколко е развито „шестото чувство", т.е. творческата способност на изобретателя.

Едисон изпробва повече от 10 000 различни комбинации от идеи с помощта на синтетичното си въображение, преди да се обърне към творческото и така да получи отговора на въпроса как да усъвършенства електрическата крушка. Същото става и когато работи по фонографа.

Има множество неоспорими доказателства за съществуването на силата на творческото въображение. Можем да ги видим, ако анализираме внимателно живота на хора, които са станали лидери в своята област, без за целта да разполагат с необходимото образование. Линкълн е чудесен пример за велик лидер, постигнал величие, откривайки и използвайки творческото си въображение. Той стигнал до това откритие благодарение на любовта, която пламнала у него, след като се запознал с Ан Рътлидж – поредната илюстрация, че това чувство може да превърне човека в гений.

Страниците на човешката история са изпълнени с историите за велики лидери, чиито достижения могат да бъдат проследени пряко до влиянието на жена, събудила за живот творческите сили в умовете им с помощта на сексуалното желание. Един от тях е и Наполеон Бонапарт. Докато действа, вдъхновен от първата си жена, Жозефин, той е неустоим и непобедим. Когато обаче „разумът“ му казва да я изхвърли от живота си, започва неговият залез и той тръгва по пътя към поражението и към остров Света Елена.

Ако добрият вкус позволяваше, лесно бих могъл да спомена неколцина мъже, добре познати на американския народ, които са се изкачили до невероятни върхове благодарение на стимулиращото въздействие на своите съпруги, но са претърпели крах, след като парите и властта са ги замаяли и са ги подтикнали да си потърсят нова жена. Наполеон не е единственият, който е бил принуден да установи, че сексуалното влияние, стига да идва от точния източник, е много по-силно от всякакви рационални съображения.

Човешкият ум отговаря на стимули!

А един от най-силните стимули е желанието за секс. Когато обаче то бъде впрегнато и преобразувано, то е в състояние да издигне човека в онези висши сфери на мисълта, които му позволяват да овладее източниците на тревоги и дребни притеснения и лесно да ги прескочи.

За съжаление тази мисловна вселена е достъпна само за гениите. Другите приемат безропотно сексуалното напрежение, без да открият огромния му потенциал – а това е и основната причина да има толкова малко гении и толкова много „други“.

Сексуалната енергия е творческата сила на всички гении. Никога не е имало и няма да има велик водач, строител или човек на изкуството, който да не разчита на нея.

Това, разбира се, не означава, че ВСИЧКИ, които демонстрират силна сексуалност, са гении. Един човек може да стане гений, само ако умът му е стимулиран по начин, който му позволява да черпи от наличните сили благодарение на творческата способност на въображението. Най-важният стимул за това пробуждане е сексуалната енергия, но самото ѝ наличие не е гаранция за гениалност. Тя трябва да бъде превърната от желание за физически контакт в някаква друга форма на желание и действие, преди геният да се прояви.

Твърде много хора не само не стават гении благодарение на силното си сексуално желание, но дори се принизяват още, едва ли не до положението на животни, тъй като не разбират и не тълкуват правилно тази велика сила.

Защо мъжете рядко успяват преди четирийсетата си година

Анализът на биографиите на над 25 000 души ясно ми показа, че хората, които постигат главоломен успех, в повечето случаи са на възраст над четирийсет години, като при това успяват наистина да се изявят доста след петдесетия си рожден ден. Този факт беше толкова удивителен, че реших да му обърна повече внимание – всъщност да му посветя повече от дванайсет години.

Стигнах до извода, че основната причина повечето успели хора да постигнат мечтите си едва между четирийсетата и петдесетата си година е склонността им да ПИЛЕЯТ енергията си, като се отдават твърде много на физическите прояви на сексуалните емоции. Мнозинството така и не научава, че сексът може да се използва и за други, много по-важни цели, които са далеч над физическия му израз. Хората, които в крайна сметка откриват това, вече са пропилели много години, и то години, в които сексуалната им енергия е била в зенита си, т.е. преди четирийсет и петата или петдесетата си година. Обикновено веднага след това те успяват да стигнат върха.

Животът на много хора до четирийсетата им година – а понякога и доста след това – е непрекъснато пилеене на енергия, която би могла да се вложи и в по-полезни начинания. Те изхвърлят през прозореца най-чистите и най-силните си емоции. Обикновено на това му викат „да изживееш младостта си".

Желанието за сексуална реализация е най-силната човешка емоция и тъкмо поради това – стига, разбира се, да бъде обуздано и вкарано в работа, а не да се пилее във физически удоволствия – може да превърне всекиго в гений.

Един от най-способните американски бизнесмени чистосърдечно признава, че дължи повечето си планове на привлекателната си секретарка. Нейното присъствие разпалва творческото му въображение по начин, който никакъв друг стимул не може да му предложи.

Историята е пълна с примери за хора, които са станали гении в резултат на изкуствени мозъчни стимуланти като алкохол или наркотици. Едгар Алън По пише „Гарванът" под въздействието на алкохола, „потънал в сън, във който никой смъртен не е посмявал да се потопи преди". Джеймс Уиткъм Райли написва най-добрите си страници отново под въздействието на алкохола. Може би именно благодарение на него той вижда „легитимното взаимно проникване на реалността и съня, воденицата на реката, маранята над ленивото ѝ течение". Робърт Бърнс също пише най-добре, когато е пиян – спомнете си само: „Налей и чашите не брой, догоре ги пълни – да пием с тебе, друже мой, за миналите дни!"

Не бива да забравяме обаче, че много такива хора в крайна сметка разрушават живота си по този начин. Природата е определила дози, с които хората безопасно да стимулират ума си така, че да вибрира по начин, който да им позволи да извличат от „великото непознато" ценни и редки мисли. И до ден-днешен природните стимуланти не са намерили адекватен заместител.

Психолозите знаят, че съществува близка връзка между сексуалните желания и духовните стремежи. Тъкмо това обяснява особеното поведение на хората, които участват в оргиите, известни като религиозно „прераждане", често срещани сред примитивните народи.

Цивилизацията и светът като цяло се управляват от човешките емоции. Хората се влияят в действията си не толкова от разума, колкото от чувствата си. Творческата способност на ума влиза в действие единствено благодарение на емоциите. Тя си остава недостъпна за хладния разум. Най-силната човешка емоция е сексуалната. Има и други елементи, които могат да стимулират ума (вече изброихме някои от тях), но нито един от тях – та дори и да съберем всички наведнъж – не може да се сравнява с движещата сила на секса.

Умствен стимулант наричаме всяко влияние, което може да временно или трайно да ускори вибрациите на мисълта. Десетте основни стимуланта, за които вече стана въпрос, са най-често срещаните. С тяхна помощ можем да общуваме с Безкрайния интелект или да получим пълен достъп до склада на подсъзнанието – и то не само на собственото си, но и на това на другите. Ето това е истинската гениалност.

Един лектор, който е обучил повече от 30 000 продавачи и е насочвал усилията на всеки един от тях в правилната посока, прави забележителното откритие, че хората с ясно изявена сексуалност са най-ефективните търговци. Обяснението е просто – онзи фактор, който обикновено наричаме „личен магнетизъм", всъщност е въплъщение на сексуалната енергия. Хората със силна сексуалност винаги са източник на магнетизъм. С култивиране и анализ тази жизнена сила може да се превърне в източник на блага и да се прилага ефикасно в междучовешките отношения. Сексуалната енергия може да се предаде на другите по следните начини:

1. Чрез ръкостискане. Допирът на ръката незабавно подава сигнал за наличие или липса на магнетизъм.
2. Чрез тона на гласа. Магнетизмът (или сексуалната енергия) е онова, което придава цвят, мелодия и чар на гласа.
3. Поза и маниери. Хората със силна сексуалност се движат по-енергично и грациозно.
4. Вибрации на мисълта. Хората със силна сексуалност смесват сексуалната емоция с мислите си – или поне могат да го направят във всеки един момент – и по този начин могат да влияят на околните.

5. Облекло. Хората със силна сексуалност обикновено се отнасят внимателно към външния си вид. Те обикновено избират облекло, което отговаря на тяхната личност, на физиката и поведението им.

Когато набира продавачи, умелият мениджър продажби търси най-вече личен магнетизъм. Хората, лишени от сексуална енергия, няма да проявят ентусиазъм, нито пък ще съумеят да вдъхнат ентусиазъм у другите – а нали именно ентусиазмът е едно от най-важните изисквания за продажбите, независимо за каква стока или услуга става дума. Лекторът, ораторът, проповедникът, адвокатът или търговецът, лишен от сексуална енергия, не може да повлияе на другите по никакъв начин.

Ако добавим към това и факта, че повечето хора се влияят единствено ако човекът, който иска да им въздейства, се опре на емоциите им, ще разберете още по-добре колко важна част от вродените способности на продавача е сексуалната енергия. Водещите специалисти в тази област са успели, защото съзнателно или подсъзнателно са преобразували сексуалната енергия в ТЪРГОВСКИ ЕНТУСИАЗЪМ. Ето ви един типичен пример за истинската стойност на това преобразуване.

Търговците, които знаят как да отклонят мислите си от секса и да ги насочат със същия ентусиазъм и решимост към продажбите, вече са овладели този процес, независимо дали го разбират. Повечето от тях всъщност не осъзнават изобщо какво правят или как го правят.

Преобразуването на сексуалната енергия предполага повече сила на волята, отколкото обикновеният човек би желал да вложи за подобна цел. Само че всеки, който смята, че трудно може да мобилизира достатъчно сила на волята, за да постигне това преобразуване, може постепенно да го постигне. Въпреки че за целта са необходими известни усилия, наградата е достатъчно голяма, за да ги компенсира повече от щедро.

Хората като че ли проявяват непростимо невежество по отношение на темата за секса. Той си остава неразбран, оплюван и осмиван от невежи и злонамерени хора, и дори самата дума „секс“ се използва рядко в „доброто общество“. Мъжете и жените, за които се знае, че са благословени – да, точно така, БЛАГОСЛОВЕНИ – със силна сексуалност, обикновено се разглеждат като някакъв вид куриози. Вместо да признаят тази благословия, околните обикновено ги смятат за прокълнати.

Дори в нашата просветена епоха милиони хора страдат от комплекс за малоценност, който са развили заради погрешното убеждение, че силната сексуалност е проклятие. Думите ми, разбира се, не бива да се тълкуват като оправдание за сексуалната разпуснатост. Сексуалната емоция е добродетел САМО ако се използва интелигентно и внимателно. Тя може да се насочи в погрешна посока (често става именно така), и то до степен да съсипе напълно тялото и ума, вместо да ги обогати. В тази глава разглеждаме основно въпроса как да насочим правилно на тази неизчерпаема сила.

Откритието, че практически всеки успял мъж, когото съм имал честта да познавам и анализирам, се е реализирал благодарение на жена, беше изключително важно за мен. В много случаи жената беше скромна, себеотрицателна съпруга, която обществеността почти не познава. Имаше и семейства, при които вдъхновението идваше от „другата жена“. Вероятно и самите вие познавате такива семейства.

Невъздържаните сексуални навици са също толкова разрушителни, колкото и невъздържаното ядене и пиене. В нашата епоха, започнала с Първата световна война, сексуалната невъздържаност е едва ли не норма – и може би именно поради това истинските водачи вече са рядкост. Няма как да инвестираме силите на творческото въображение, ако вече сме ги разпилели. Хората са единствените същества на тази земя, които нарушават повелите на природата в това отношение. Всички останали животни се отдават на секс умерено и с цел, която е в рамките на природните закони. Животните имат сезони за размножаване – докато човекът обикновено обявява целогодишен „ловен сезон“.

Всеки интелигентен индивид знае, че твърде силното стимулиране с помощта на алкохол и наркотици е форма на невъздържаност, която разрушава основните органи в тялото, включително и мозъка. Далеч не всеки обаче знае, че прекаляването със секса също може да се превърне в навик, и то още по-разрушителен за творческите сили от наркотиците и пиенето.

Секс-манията не се различава кой знае колко от наркоманията. Жертвите и на едната, и на другата са изгубили контрола над разума и силата на волята си. Прекаляването със секса може не само да съсипа ума и силата на волята, но и да доведе до лудост, която в най-добрия случай е временна. Много случаи на хипохондрия (въображаемо заболяване) се дължат на навици, породени и утвърдили се поради непознаването на истинската функция на секса.

От тези кратки коментари по темата лесно можем да заключим, че невежеството по отношение на преобразуването на сексуалната енергия не само води до невероятни негативи за съответния човек, но и му пречи да сложи ръка на наистина несметни блага.

Широко разпространената неинформираност по тази тема се дължи на факта, че тя е обградена с тайнственост и потопена в мрак и мълчание. Този заговор подклажда любопитство и желание за повече познания за „забранения плод". За срам на всички законодатели, както и на мнозина лекари, които са най-подходящите хора, които да обучават младите, тази информация все още не е особено лесно достъпна.

Рядко се случва някой да се посвети на творчески усилия с видим резултат в която и да е област преди четирийсетата си година. Обикновено хората преживяват творческия си разцвет между четирийсет и шейсетгодишна възраст. До подобно заключение стигнах след като подложих на внимателно наблюдение хиляди мъже и жени. Това би трябвало да насърчи онези, които така и не са постигнали нищо преди четирийсетия си рожден ден, или пък смятат, че след него вече „остаряват". По правило най-силните ни години са между четирийсет и петдесет и трябва да чакаме това десетилетие не със страх, а с надежда и дори с нетърпение.

Ако искате доказателства, че повечето хора започват да трупат достижения едва след четирийсетата си година, е напълно достатъчно да разгледате живота на най-успелите личности в Америка. Хенри Форд може да се смята за реализирана личност едва на четирийсет и няколко. Андрю Карнеги е доста над четирийсет, когато започва да жъне плодовете на своите усилия. На четирийсет Джеймс Дж. Хил е още обикновен телеграфист. Невероятните достижения стават част от живота му доста покъсно. Биографиите на американските индустриалци и финансисти са пълни с доказателства, че най-продуктивната възраст на човека е между четирийсет и шейсет.

От трийсетата си година насетне започваме да се учим (добре де, често изобщо не започваме) как да преобразуваме сексуалната си енергия. Откритието за повечето от нас е напълно случайно и едва ли го осъзнаваме. Изведнъж на около трийсет и пет годишна възраст можем да установим, че творческите ни сили са нараснали, но няма как да разберем каква е причината за тази промяна. Всъщност природата започва да хармонизира вътре в нас емоциите на любовта и секса така, че да можем да черпим от тях и да ги прилагаме като стимули за действие.

Сексът сам по себе си е мощен стимул за действие, но неговата сила е като циклон и не може да се контролира адекватно. Но когато към сексуалната енергия се добави и малко любов, резултатът е спокойна целенасоченост, точна преценка и баланс. Дали има човек на четирийсет, който да не е имал късмета да преживее достатъчно, за да може да разбере за какво говоря и да съпостави твърденията ми с личния си опит?

Любовта, романтиката и сексът са все емоции, които могат да издигнат човека до висините на всяко достижение. Любовта е чувството, което играе ролята на обезопасителна клапа и гарантира баланса, спокойствието и конструктивното усилие. Когато се съчетаят, трите емоции могат да превърнат всекиго в гений. Има, разбира се, и гении, които почти не познават любовта. Повечето от тях обаче скоро прибягват до действия, които сеят разруха или поне не са изтъкани от справедливо отношение спрямо другите. Ако добрият вкус позволяваше, можех да назова поне десетина имена на личности в промишлеността и финансите, които потъпкват безмилостно правата на другите. Те като че ли са напълно лишени от съвест.

Така или иначе емоциите са състояние на ума. Природата ни е дарила с „мозъчна химия", която работи също като лабораторната химия. В лабораторията си химикът може да създаде смъртоносна отрова, като смеси вещества, нито едно от които не е отровно само по себе си, стига да се поема в правилната доза. Емоциите също могат да се комбинират така, че да създадат смъртоносна отрова. Ако смесим сексуалност и ревност можем да превърнем всеки човек в подивяло чудовище.

Присъствието на разрушителни емоции в човешкия ум може да обърка мозъчната химия така, че те да се превърнат в отрова и да разрушат чувството ни за справедливост. В екстремни случаи присъствието на каквато и да е комбинация от тези емоции може да съсипе психическото ни здраве.

Пътят към гениалността предполага развитие, контрол и приложение на секса, любовта и романтиката. Ето как може да стане това.

Насърчавайте присъствието на тези емоции, направете така, че да изпълват ума ви, и потискайте присъствието на разрушителни чувства. Умът е рожба на навика и работи с онова, което му подадете. Благодарение на силата на волята можем да изхвърлим всяка емоция и да наложим на нейно място друга. Контролът върху ума не е чак толкова труден – за него са необходими постоянство и положителни навици. Тайната всъщност е в това да разберем процеса на преобразуване. Когато в ума ни се появи отрицателна емоция, тя може да бъде преобразувана в положителна или градивна емоция чрез проста промяна на мислите.

ЕДИНСТВЕНИЯТ ПЪТ КЪМ ГЕНИАЛНОСТТА Е ДОБРОВОЛНОТО УСИЛИЕ. Хората могат да достигнат до върховете на финансите и бизнеса единствено благодарение на сексуалната си енергия, но историята сочи, че в повечето случаи някои от чертите на характера им ги лишават от способността да задържат или да се наслаждават на късмета си. Струва си да помислим по този въпрос, тъй като решението на проблема може да бъде от полза за всички хора. Неговото пренебрегване е коствало ЩАСТИЕТО на хиляди хора, дори и да са се къпели в пари.

Любовта и секса са оставили своя непогрешим отпечатък върху целия ни живот. Техните белези са толкова явни, че всеки, който иска, може да ги разчете. Хората, движени от буря от страсти, разразили се единствено благодарение на сексуалните си желания, обикновено показват това на целия свят с израза на очите и чертите на лицето си. Щипката любов обаче омекотява изражението и му придава допълнителна красота. Не е необходимо някой психолог да ви обяснява всичко това – можете да го видите и сами.

Любовта вдъхва и развива у една личност нейната артистична и естетическа природа. Тя оставя отпечатък върху душата, дори и времето и обстоятелствата отдавна да са я изхвърлили от мислите ни. Спомените за любов не умират – те продължават да ни водят и да ни влияят дълго след като източникът им си е отишъл. И тази истина е стара като света – всеки, който някога е бил мотивиран от истинска любов, знае, че тя оставя трайни следи в човешкото сърце. Силата на любовта не се подчинява на времето, защото самата любов е духовна. Човек, който не може да постигне своя връх благодарение на вдъхновението на любовта, е напълно безнадежден – той е мъртъв, дори и привидно да се движи и диша.

Дори и споменът за отминалата любов може да ни въздигне до висините на творческото усилие. Любовта може и да се е изтощила и да си е отишла, като загаснал огън, но след нея остават незаличими следи, които сочат откъде е минала. Угасването на последния въглен често подготвя човешкото сърце за още по-силна любов.

Върнете се във вчерашния си ден и потопете съзнанието си в прекрасните спомени за отминалата любов. Те ще смекчат болката от тревогите на настоящето и ще ви помогнат да се скриете за миг от неприятната реалност на живота. А може би – кой знае? – докато сте в това временно убежище на фантазията ще достигнете и до идеи и планове, които да променят финансовото и духовното ви бъдеще.

Ако мислите, че сте нещастни, защото любовта ви си е отишла, избийте тази мисъл от главата си. Човек, който наистина е обичал, никога не губи любовта си. Тя е капризна и темпераментна, ефимерна и преходна, идва и си отива, когато реши, без предупреждение. Приемете я, наслаждавайте ѝ се, докато е при вас, но не губете време в съжаление, след като си тръгне. Притесненията няма да ви я върнат.

Не мислете също така, че любовта идва само веднъж. Тя може да ви споходи безброй пъти и нито една среща с нея няма да прилича на друга. Обикновено едно конкретно влюбване остава в сърцето ни по-дълбока следа от всички други, но всяко късче любов е полезно – освен, разбира се, за човека, който затаи в себе си гняв и цинизъм, когато любовта си отиде.

Любовта не бива да води до разочарование – а и такова разочарование няма как да възникне, ако хората разбират разликата между любовта и секса. Основната разлика е, че любовта е духовно, а сексът – биологическо преживяване. Нито едно преживяване, породено от духовни сили, не може да вреди, освен ако не бъде посрещнато с невежество и ревност.

Няма съмнение, че любовта е най-великото чувство в живота. То ни свързва непосредствено с Безкрайния интелект. Когато към нея се добавят романтика и сексуална енергия, тя може да ни отведе до върха на творческите ни сили. Любовта, сексът и романтиката са трите страни на вечния триъгълник на гения. Няма друг метод, по който природата да ни дарява с гениалност.

Любовта е емоция с много страни и оттенъци. Чувството, което изпитваме към родителите или децата си не може да се сравни с онова, което пробужда у нас спътникът ни в живота. При едното има сексуален елемент, а при другото – не.

Любовта, която изпитваме към истинските си приятели, също не може да се сравни с тази към любимата, родителите или децата, но това не означава, че тя не съществува или че е по-малко силна.

Съществува и любов към неодушевени предмети, например към природните красоти. Най-силната любов обаче е онази, която ни завладява под влиянието на сексуалната енергия. Браковете, които не са благословени с точната доза любов и секс, не могат да бъдат щастливи и рядко траят дълго. Нито само любовта, нито само сексът могат да направят един брак щастлив. Но когато тези две красиви чувства се слеят, бракът може да породи състояние на духа, което да е най-близкият еквивалент на вечното блаженство, който можем да изпитаме на тази земя.

Когато към любовта и секса се добави и малко романтика, всички бариери между крайния човешки ум и Безкрайния интелект се стопяват. Ражда се геният.

Колко по-различна е нашата история от всичко онова, което най-често се свързва със секса! Предложих ви тълкуване на сексуалните емоции, които ги извеждат от сферата на обичайното и ги превръщат в глина в Божиите ръце – глина, от която Той може да извае всичко хубаво и вдъхновяващо на този свят. Ако думите ми бъдат правилно разбрани, в безброй хаотични бракове може отново да се възцари хармония. Търканията, обикновено проявяващи се под формата на безкрайни натяквания, могат да бъдат проследени до някаква форма на невежество по отношение на секса. Но там, където има разбиране на сексуалните емоции и на техните функции, между брачните партньори няма място за разногласия.

Глава 12.

Подсъзнанието: свързващото звено

Единайсетата стъпка към богатството

ПОДСЪЗНАНИЕТО е онази част от нашия ум, в която всеки мисловен импулс, достигнал до съзнанието с помощта на едно от петте сетива, се записва и класифицира, и от която мислите могат да се извличат в желания момент, като стоки от склад.

То получава и складира сетивна информация, свързана с мислите, независимо от това какви точно са тези мисли. Вие съвсем ЦЕЛЕНАСОЧЕНО можете да му натрапите всеки план, мисъл или цел, които искате да превърнете в техния паричен еквивалент. Подсъзнанието действа първо под натиска на найсилните желания, смесени с някаква емоция, например вяра.

Свържете това твърдение с инструкциите, които ви дадох във втора глава, когато ставаше въпрос за шестте стъпки към върха, както и с тези от главата, посветена на изграждането и изпълнението на плановете, и ще разберете колко важна е тази мисъл.

ПОДСЪЗНАНИЕТО РАБОТИ ДЕНОНОЩНО. То черпи с пълни шепи от Безкрайния интелект силата, която придава на желанията ни, за да се превърнат те в реалност, и следователно е найпрактичното средство за тяхното осъществяване.

Ние нямаме пълен контрол върху подсъзнанието си, но можем волево да му подаваме всяко свое желание, всеки план, всяка цел, които искаме да вдим въплътена в конкретна форма. Прочетете отново инструкциите за използване на подсъзнанието в гл. 4.

Има много доказателства за това, че подсъзнанието е свързващото звено между крайния ум и Безкрайния интелект. То е посредникът, с чиято помощ можем да черпим на воля от силите на Безкрая. Само то познава тайнствения процес, чрез който умствените импулси се променят и преобразуват в своя духовен еквивалент. Само чрез него молитвата може да стигне до онова място, което единствено може да откликва на нея.

Творческите способности на подсъзнанието са неизмерими и могат да предизвикат единствено благоговение.

Всеки път, когато започна да говоря за подсъзнанието, аз се чувствам дребен и малоценен, може би защото всичките ни знания, свързани с него, са само капка в морето. Самият факт, че подсъзнанието е средство за общуване между мислещия ум и Безкрайния интелект, сам по себе си е в състояние да парализира почти напълно рационалността ни.

След като приемете, че подсъзнанието реално съществува, и разберете истинските му възможности, способността му да превръща вашите ЖЕЛАНИЯ в предмети и пари, ще схванете и истинския смисъл на инструкциите във втора глава. Ще разберете и защо непрекъснато ви подканям ДА ИЗКАЖЕТЕ ЖЕЛАНИЯТА СИ ЯСНО И ДА ГИ ЗАПИШЕТЕ. Ще разберете и нуждата от ПОСТОЯНСТВО за изпълнението на тези инструкции.

Тринайсетте принципа на успеха са все стимули, с чиято помощ ще успеете да достигнете до подсъзнанието си и да му повлияете. Не се обезкуражавайте, ако не успеете от първия път. Помнете, че подсъзнанието се поддава на волево управление с помощта на навика – хвърлете отново едно око на инструкциите в трета глава. Вероятно още не сте овладели вярата си. Проявете търпение и настойчивост.

Тук ще повторим много от нещата, за които стана дума в главите, посветени на вярата и самовнушението, за да успеят те да достигнат до вашето подсъзнание. Не забравяйте, че то продължава да работи, независимо дали се опитвате да му влияете или не. Това, разбира се, означава, че мислите за страх и бедност, и изобщо негативните настроения могат да му повлияят с пълна сила, освен, разбира се, не овладеете ума си и не започнете да подавате на подсъзнанието по-благотворна мисловна храна.

Подсъзнанието не спи. Ако не му дадете ЖЕЛАНИЯ, върху които да работи, то ще улови мислите, достигащи до него поради вашето невнимание. Вече обяснихме, че в подсъзнанието непрекъснато влизат мисловни импулси – и положителни, и отрицателни, и то най-вече от четирите източника, за които стана дума в единайсета глава, когато говорихме за преобразуването на сексуалната енергия.

За момента е достатъчно да запомните, че живеете потопени в море от мисловни импулси, които достигат вашето подсъзнание, без дори да разберете. Някои от тях са отрицателни, други – положителни. Сега целта ви е да се опитате да препречите пътя на отрицателните импулси и да направите така, че в подсъзнанието ви да влезе само положителния импулс на ЖЕЛАНИЕТО.

Когато постигнете това, вече ще разполагате с ключа от вратата към подсъзнанието. Нещо повече – ще контролирате тази врата толкова умело, че нито една нежелана мисъл няма да може да окаже влияние на подсъзнанието ви.

Всичко създадено на този свят е започнало своето съществуване под формата на мисловен импулс. Не е възможно да се създаде нещо, което не е било заченато в МИСЪЛТА. С помощта на въображението мисловните импулси могат да бъдат съчетани така, че да се превърнат в план. Въображението, стига да е под контрол, може да се използва за създаването на планове и набелязването на цели, които да ни доведат до успех в професията, която сме избрали.

Всички мисловни импулси, които трябва да бъдат преобразувани в съответния физически еквивалент и поради това насадени в подсъзнанието, трябва да минат през въображението и към тях да се добави съответното количество вяра. Съчетаването на вярата с всяка цел, подготвена за работата на подсъзнанието, може да се извърши ЕДИНСТВЕНО с помощта на въображението.

След всичко казано дотук няма как да не забележите, че използването на въображението има нужда от прилагането на всички принципи, за които вече стана дума.

Ела Уийлър Уилкокс, известна поетеса и журналистка от края на XIX и началото на XX век, доказва със стиховете си, че е разбрала напълно силата на подсъзнателния ум:

Няма как да знаеш коя мисъл
ще ти донесе любов;
мислите летят по своя воля,
следвайки невидим зов.
Този зов обаче предвидим е –
всяка мисъл друга ще роди,
тя пък ще се върне пак при тебе
и със спомен скъп ще те дари.

Уилкокс осъзнава истината, че мислите, които напускат ума ни, всъщност се забиват дълбоко в подсъзнанието, откъдето започват да действат като магнит, модел или схема, по която подсъзнанието работи, за да превърне едно или друго желание в действително достижение. Мислите се веществени, тъй като всеки предмет започва съществуването си под формата на мисловна енергия.

Подсъзнателният ум е по-податлив на мисловни импулси, съчетани с чувства, отколкото на мисли, изградени единствено в разумната част на мозъка. Всъщност има много доказателства в подкрепа на теорията, че САМО емоционалните мисли имат реално въздействие върху подсъзнанието. Несъмнен факт е, че именно чувствата управляват живота на повечето хора. Вярно е също така, че подсъзнанието отговаря по-бързо и се влияе по-лесно от мисловни импулси, съчетани с емоции, и затова е изключително важно да се запознаем с най-важните подобни емоции. Има седем основни положителни и седем основни отрицателни емоции. Отрицателните могат сами да отровят всяка мисъл, която свършва своя път в подсъзнанието. Положителните трябва да се насаждат с помощта на самовнушение в мислите, които искаме нарочно да прехвърлим там. (Вж. инструкциите в глава 4, в която говорихме за самовнушението.)

Тези чувствени импулси са като маята в хляба, тъй именно като те са елементът, който привежда мисълта от пасивно в активно състояние. Ето защо мислите, съчетани с емоция, се въплъщават в действие по-бързо и лесно от онези, които са плод единствено на „хладния разум".

Четете тази книга, защото се готвите да повлияете и да осъществите контрол върху подсъзнанието си, за да му предадете желанието си за пари, което то да превърне в истински суми. Затова е жизненоважно да разберете начина, по който можете да достигнете до същинското подсъзнание. Трябва да говорите неговия език, езика на чувствата, иначе то просто няма да ви чуе. Тук ще изброим седемте основни положителни и седемте основни отрицателни емоции, за да можете да черпите от едните и да избягвате другите, когато давате инструкции на подсъзнанието си.

Седемте основни положителни емоции: желание, вяра, любов, секс, ентусиазъм, романтика, надежда.

Има и други положителни емоции, но тези са най-силните и най-често използваните при творчески усилия. Овладейте ги (можете да постигнете това само с практика) и ще можете да разполагате на воля и с всяко друго положително чувство. Помнете, че тази книга има за цел да ви помогне да развиете „паричното" си съзнание, изпълвайки ума си с положителни емоции. Няма как да осъзнаете парите, ако главата ви е пълна с гняв и злост.

Седемте основни отрицателни емоции (да се избягват на всяка цена): страх, ревност, омраза, отмъщение, алчност, суеверие, гняв.

Положителните и отрицателните емоции не могат да съществуват едновременно в ума. Винаги доминират или едните, или другите. Ваша работа е да направите така, че основното влияние над ума ви да идва от страна на положителните емоции. Тук на ваша страна ще застане НАВИКЪТ. *Формирайте си навик* да използвате положителни емоции. Накрая те ще завладеят ума ви до такава степен, че всичко лошо *просто няма да може да го достигне.*

Единствено ако следвате тези инструкции буквално и неотстъпно, ще успеете да постигнете достатъчен контрол над подсъзнанието си. Наличието дори на една-единствена отрицателна мисъл е достатъчна, за да му попречи да ви помогне.

Ако сте достатъчно наблюдателни, вероятно вече сте забелязали, че повечето хора прибягват до молитва, едва след като всички други средства са се провалили, или пък се молят с безсмислени и непонятни думи. И тъй като хората прибягват до молитва именно в случаите, в които ВСИЧКО ДРУГО НЕ Е СВЪРШИЛО РАБОТА, те обикновено го правят, изпълнени със СТРАХ и СЪМНЕНИЕ. Подсъзнанието попива незабавно тези емоции и ги предава на Безкрайния интелект, който на свой ред ги поема и започва да работи по тях.

Ако се молите за нещо, но се молите със страх, че може и да не го получите или че молитвата ви няма да бъде чута, *значи се молите напразно*. Понякога молитвата наистина носи онова, за което се молим. Ако ви се е случвало някога да получите онова, което сте желали, върнете се назад и си припомнете какво е било състоянието на духа ви, докато сте се молили. Ще осъзнаете веднага, че теорията, която излагаме тук, не е просто празни думи.

Ще дойде време, в което всички училища и образователни институции в страната ще преподават „молитвология“. Вероятно тогава молитвата наистина ще бъде вид наука. Когато тази епоха настъпи – а това ще стане, когато човечеството е готово за нея и я пожелае – никой няма да се обръща към вселенския ум със страх, просто защото няма да съществува такава емоция като страх. Невежеството, суеверието и лъжовните учения ще са вече минало и ние ще постигнем най-сетне блаженството като деца на Безкрайния интелект. Има хора, които вече са постигнали това състояние.

Ако смятате, че отивам малко далеч, просто хвърлете едно око на миналото на човешката раса. Преди по-малко от двеста години всички са вярвали, че светкавицата се дължи на Божия гняв и поради това са се страхували от нея. Днес обаче, именно благодарение на силата на ВЯРАТА, ние сме впрегнали светкавицата и сме я накарали да върти колелата на цялата ни индустрия. До неотдавна се вярваше, че пространството между планетите е съвсем празно, просто парче мъртво нищо. Сега обаче, благодарение на същата тази сила на ВЯРАТА, ние научихме, че то не само не е празно и мъртво, а изобилства от живот под формата на най-висшата вибрация, отстъпваща вероятно единствено на вибрацията на МИСЪЛТА. Знаем също така, че тази жива, пулсираща енергия, пронизваща всеки атом материя и изпълваща всяко кътче от пространството, свързва помежду им и всички човешки умове.

Какво право имаме да смятаме, че тази енергия не свързва и всеки човешки мозък с Безкрайния интелект? Между тях няма пропускателни пунктове и пълноценното общуване помежду им изисква единствено търпение, вяра, постоянство, разбиране и ИСКРЕНО ЖЕЛАНИЕ. Всеки от нас може да поиска подобен личен разговор – но никой не може да ни замести в него. Не можем да платим на някого, за да се моли за нас. Безкрайният интелект не върши работа чрез посредници – връзката или е пряка, или я няма.

Можете да си купите куп молитвеници и да ги четете до последния си ден без никакъв резултат. Мислите, които искате да споделите с Безкрайния интелект, трябва да преминат през определена трансформация – трансформация, на която единствено подсъзнанието ви е способно.

Общуването с Безкрайния интелект прилича много на схемата, по която звукът се предава с помощта на радиовълни. Ако познавате принципа, на който работи радиото, телевизията и клетъчните телефони, със сигурност знаете, че звукът и картината могат да се предават единствено под формата на вибрации с честота, която нито очите, нито ушите ни могат да засекат. Излъчващата антена улавя звука и картината и ги модулира, ускорявайки вибрациите им милиони пъти. Единствено в тази си форма те могат да прекосят пространството. След това те попадат в онази част от етера, която наричаме ефир, и така достигат до приемниците, които преобразуват енергията до обичайната и честота, за да можем да я видим и чуем.

Подсъзнанието е посредникът, който предава молитвите ни на Безкрайния ни Интелект така, че той да може да ги разбере, след което ни връща неговия отговор под формата на план или идея, с чиято помощ да можем да се сдобием с онова, за което се молим. Разберете този принцип и ще осъзнаете защо думите от молитвеника никога няма да ви помогнат да се свържете с безкрайността – те просто не са в състояние да го направят.

Преди молитвата ви да достигне Безкрайния интелект (това, разбира се, е моята теория), тя вероятно трябва да се превърне от мисловна в духовна вибрация. Вярата е единственият познат начин за одухотворяване на мисълта. ВЯРАТА и СТРАХЪТ обаче не могат да съществуват рамо до рамо: там, където срещаме едното, няма как да видим и другото.

Глава 13.

Мозъкът: радиостанцията на мисълта

Дванайсетата стъпка към богатството

Докато провеждах едно изследване съвместно с Алегзандър Греъм Бел и д-р Елмър Р. Гейтс, стигнах до извода, че всеки човешки мозък е един вид радиостанция на мисълта.

С помощта на етера, по начин, подобен на този, използван в радиото и другите безжични комуникации, всеки човешки ум е способен да улавя вибрациите на мисълта, излъчвани от други умове.

В този контекст можете да разгледате например описанието на творческото въображение от глава 6. То е „приемникът" на мозъка и получава мисли, излъчени от умовете на другите. То е и средството за комуникация между съзнателния, разумния ум, и четирите източника, от които можем да черпим мисловни стимули.

Когато бъде стимулиран и постигне висока честота на вибрациите, умът става по-възприемчив към вибрацията на мисълта, която достига до него от външните източници с помощта на етера. Този процес може да се задейства с помощта както на положителни, така и на отрицателни емоции. Отново благодарение на емоциите вибрациите на мисълта могат да бъдат ускорени значително.

Вибрациите с най-висока честота са единствените, които етерът улавя и пренася от един ум до друг. Мисълта е форма на енергия, която се достига от едно място на друго с помощта на вибрации с изключително висока честота. Ако тя бъде модулирана от някоя от основните емоции, тя ще вибрира много по-интензивно от обикновената мисъл и единствено при това положение ще може да достигне до друг ум – благодарение на способността за излъчване на човешкия мозък.

Сексуалният стремеж е една от водещите човешки емоции, особено що се отнася до нейната интензивност и стимулираща сила. Мозъкът, възбуден от сексуално желание, вибрира много по-бързо, отколкото когато тази емоция отсъства или не се проявява с пълна сила.

Резултатът от преобразуването на сексуалната енергия е увеличаването на честотата на мисловните вибрации до такава степен, че творческото въображение става изключително възприемчиво за идеите, които улавя от етера. От друга страна, когато мозъкът вибрира бързо, той не само привлича мисли и идеи, излъчени от други мозъци в етера, но и свързва собствените си мисли с чувствата, необходими за тяхното предаване на подсъзнанието и за превръщането им в реалност.

Става ясно, че именно принципът на излъчването е отговорен за смесването на чувства и мисли и за подаването им на подсъзнанието. Самото подсъзнание е „предавателят" на мозъка и с негова помощ вибрациите на мисълта се излъчват в пространството. Творческото въображение на свой ред е един вид „приемник", с чиято помощ мисловните вибрации се улавят и усвояват.

Заедно с важните иначе елементи на подсъзнанието и с творческото въображение, които играят ролята на предавател и приемник на вашето мозъчно радио, трябва да разглеждаме и принципа на самовнушението, с чиято помощ това мозъчно радио изобщо може да се задейства. Благодарение на инструкциите, описани в глава четвърта, вие вече знаете как ЖЕЛАНИЕТО може да бъде превърнато в своя паричен еквивалент.

Мозъчното радио работи по сравнително проста процедура. Ако решите да го използвате, трябва да запомните и прилагате само три елемента: ПОДСЪЗНАНИЕ, ТВОРЧЕСКО ВЪОБРАЖЕНИЕ и САМОВНУШЕНИЕ. Стимулите, които ви помагат да вкарате тези три принципа в работа, вече бяха описани в предишните глави. Не сте забравили, надявам се, че цялата процедура започва от ЖЕЛАНИЕТО.

Най-великите сили са „нематериални"

Депресията от трийсетте години доведе хората до самата граница на разбирането на нематериалните и невидимите сили. През изминалите епохи човечеството е залагало твърде много на сетивата си и е ограничавало познанието си до физическото, до онова, което може да се види, докосне, претегли или измери.

Днес влизаме в най-удивителната от всички епохи – в епоха, която ще ни научи на нещо за нематериалните сили в света около нас. Може би е дошло времето да осъзнаем, че „другото ни аз" е по-могъщо от физическата личност, която виждаме в огледалото.

Понякога говорим доста лековато за нематериалното, за нещата, които не можем да доловим чрез петте си сетива, но не бива да забравяме, че всички ние сме под контрола на невидими и нематериални сили. Дори и цялото човечество да събере силите си, то няма да успее да се справи с нематериалната сила, която поражда океанските вълни, а още по-малко ще успее да я контролира. Човешкият ум няма капацитета да разбере нематериалната сила на гравитацията, която позволява на планетата ни да виси в пространството, без да пада, та какво остава да впрегне тази сила. Всички ние сме напълно безпомощни пред нематериалната сила на гръмотевичната буря или на електрическата енергия. Много от нас дори не знаят какво представлява електричеството, откъде идва то и за какво служи!

Всичко това не изчерпва нашето невежество по отношение на нематериалните и невидимите неща. Ние не разбираме нематериалната сила (и скритият в нея интелект), съдържаща се в пръстта, силата, която ни дарява с всяко късче храна, с всяка дреха и всеки долар, който носим в джоба си.

Драматичната история на мозъка

И накрая – но не по важност: с цялата си прехвалена култура, с цялото си образование ние почти не разбираме най-великата от нематериалните сили – силата на мисълта. Знаем съвсем малко за физическия мозък, за фините мрежи, от които е изтъкан и чрез които силата на мисълта се преобразува в своя материален еквивалент. Сега обаче навлизаме в епоха, която ще ни просветли. Учените вече започват да насочват вниманието си към невероятния обект за изследване, наречен мозък, и макар че техните изследвания са още в пелени, те вече са научили достатъчно, за да знаят, че броят на връзките между нервните клетки, които съставляват „контролния пулт" на човешкия мозък, е единица, следвана от петнайсет милиона нули.

„Тази цифра е толкова зашеметяваща – казва д-р Джъдсън Херик от Чикагския университет, – че астрономическите цифри, всичките тези стотици милиони светлинни години, просто бледнеят в сравнение с нея. Вече знаем, че в мозъчната кора на човека има между десет и четиринайсет милиарда нервни клетки, както и че тези клетки са подредени по определена схема. Схемата в никакъв случай не е случайна. В нея има определен ред. Неотдавна разработените методи на електрофизиологията ни помогнаха да засечем електрически потоци от точно определени клетки, да ги усилим и да запишем разлики в потенциала от порядъка на една милионна част от волта."

Не е възможно подобна фина мрежа да съществува, единствено за да управлява физическите функции, свързани с растежа и поддръжката на физическото ни тяло. Не ви ли звучи повероятно, че същата тази система, дала на милиарди неврони възможност да общуват помежду си, ни дава и възможност за връзка с други нематериални сили?

В края на трийсетте години „Ню Йорк Таймс" публикува статия, от която ставаше ясно, че поне един голям университет и поне един интелигентен изследовател на ума са провели организирано проучване, благодарение на което са стигнали до заключения, потвърждаващи онова, за което говорим в тази и следващата глава. В статията се говори за работата на д-р Райн и на неговите колеги в университета „Дюк“.

Що е телепатия?

Преди месец цитирахме в нашата рубрика някои от забележителните резултати, постигнати от професор Райн и неговите колеги в университета „Дюк“ след повече от сто хиляди теста, целящи да докажат съществуването на телепатия и ясновидство. Тези резултати са обобщени в първите две статии в списание „Харпърс магазин“. Във втората статия, публикувана съвсем наскоро, авторът, Е. Х. Райт, се опитва да обобщи изводите или поне разумните предположения, които можем да направим относно естеството на тази екстрасензорна перцепция.

Експериментите на Райн карат много учени да смятат, че телепатията и ясновидството са до голяма степен възможни. Райн поставя на перципиентите задачата да познаят колкото се може повече карти от специална колода, без да ги гледат или докосват. Установено е наличието на група хора, които дават толкова много верни отговори, че не е възможно те да са статистически случайни или да са плод на чист късмет.

Как обаче го правят? Тези сили – стига, разбира се, наистина да съществуват – като че ли не са свързани със сетивата ни. Не ни е известен орган, който да ги управлява. Експериментите достигат до едни и същи резултати, независимо дали се провеждат от разстояние или в същата стая. Авторът подчертава, че този факт изключва възможността телепатията и ясновидството да се обяснят с помощта на някаква физическа теория, свързана с излъчването. Всички известни форми на лъчение отслабват с квадрата на разстоянието. Телепатията и ясновидството обаче не се подчиняват на този закон. Те обаче варират в зависимост от условията на средата, както и останалите сили на ума. За разлика от широко разпространеното мнение екстрасензорните сили не се подобряват, когато перципиентът спи или е в полусън. Тъкмо напротив – най-силни са, когато той е буден и нащрек. Райн открива, че въздействието на наркотици винаги влошава резултатите, а стимулантите ги подобряват. Дори и най-надеждният перципиент се справя добре, само когато полага известно усилие за това.

Едно от заключенията, което според автора е донякъде оправдано, е, че телепатията и ясновидството всъщност са прояви на една и съща дарба. Способността да „видим" карта с лице надолу като че ли е същата, с която можем да я „видим" и през чужди очи. Има няколко причини да приемем подобно мнение. Така например до момента и двете способности се откриват у хора, които знаят, че вече притежават поне едната. Обикновено и двете са с почти еднаква сила. Екраните, стените и разстоянията не оказват забележимо въздействие нито на едната, нито на другата. Поради тази причина авторът си позволява да твърди, че всички останали екстрасензорни възприятия, пророчески сънища, предчувствия и т.н. вероятно също са част от тази способност. Читателят не е длъжен да приема подобно твърдение, но все пак доказателствата, събрани от Райн, си остават впечатляващи.

В контекста на описанието на условията, при които според д-р Райн умът отговаря на т.нар. екстрасензорни възприятия, аз си позволявам да добавя, че с колегите ми открихме начин умът да бъде стимулиран така, че да постигне шестото чувство, описано в следващата глава, и да го приложи на практика.

Тези условия предполагат тесни работни връзки между мен и двама от членовете на моя екип. С помощта на различни експерименти и всекидневна практика ние открихме как да стимулираме умовете си (прилагайки принципа на „невидимите съветници", за който ще стане дума отново в следващата глава) така, че да слеем умовете си в едно и да открием решение за множество лични проблеми, поставени ни от наши клиенти.

Процедурата е съвсем проста. Сядаме на конферентната маса, описваме ясно проблема, който трябва да разрешим, след което започваме да го обсъждаме. Всеки споделя собствените си мисли. Странното в този метод за умствена стимулация е, че той поставя всеки участник в състояние на непосредствено общение с непознати сили и знания, които със сигурност не са част от собствения му жизнен опит.

Ако разберете принципа, описан в главата за колективния гений, със сигурно ще видите, че това е просто едно от неговите практически приложения. Този метод за стимулиране – чрез хармонично обсъждане на ясно обособени проблеми от страна на трима души – е най-простият пример за действието на „колективния гений".

С помощта на подобен план всеки, който иска да приложи нашата философия, може да се добере до прословутата формула на Карнеги, описана накратко в предговора. Ако все още нищо не разбирате, отбележете тази страница и се върнете към нея, след като прочетете цялата книга.

Глава 14.

Шесто чувство: порталът към храма на мъдростта

Тринайсетата стъпка към богатството

Тринайсетият принцип, известен като ШЕСТО ЧУВСТВО, е каналът, по който Безкрайният интелект общува с индивида без никакви усилия или изисквания. Този принцип е върхът на нашата философия и може да бъде разбран, овладян и приложен единствено след като овладеете до съвършенство останалите дванайсет принципа.

ШЕСТОТО ЧУВСТВО е онази част от подсъзнанието, която досега наричахме творческо въображение. Нарекохме я и „приемник“, чрез който в мозъка навлизат идеи, планове и мисли. Тези мисли понякога се наричат „вдъхновение“.

Шестото чувство не може да бъде описано, още по-малко на човек, който не е овладял останалите принципи на нашата философия, тъй като такъв човек няма необходимите познания и опит, въз основа на които да открои това чувство. Разбирането му може да бъде постигнато единствено чрез медитация и вътрешно развитие на ума. Вероятно именно шестото чувство е средството за контакт между ограничения човешки ум и Безкрайния интелект и тъкмо поради тази причина се състои както от умствени, така и от духовни елементи. То представлява точка, в която умът на индивида докосва безкрайността.

След като овладеете принципите, описани в тази книга, ще сте готови да приемете като неоспорима истина едно твърдение, което преди това може би ви се е струвало невероятно, а именно, че *с помощта на шестото чувство ще предусещате надвисналите опасности достатъчно рано, за да можете да ги избегнете, и ще научавате за възможностите в момент, който да ви позволи да се възползвате от тях.* С помощта на шестото чувство на ваша страна завинаги застава един „ангел-хранител", който може във всеки един миг да ви отвори вратата към Храма на мъдростта.

Единственият начин да разберете дали това е вярно, е да следвате инструкциите, описани в книгата, или някакъв друг подобен на тях метод.

Авторът на тези редове не вярва в чудеса, тъй като познава природата достатъчно добре, за да знае, че тя никога не се отклонява от собствените си закони. Някои от тях обаче са толкова трудни за разбиране, че изглеждат направо чудодейни. Шестото чувство е най-близкото до чудо преживяване, което някога съм изпитвал, и го възприемам така единствено защото не разбирам начина, по който работи то.

Убеден съм обаче, че съществува някаква сила, която можем да наречем изначална причина или интелект, която прониква във всеки атом материя и обхваща всяка доловима енергия, че този Безкраен интелект превръща атомите в дървета, кара водата да тече надолу съгласно законите на гравитацията, прави така, че денят да сменя нощта, лятото – зимата, и всички елементи на вселената да заемат полагащото им се място и да се свързват с останалите съгласно неговия замисъл. С помощта на нашата философия този интелект може да ни помогне да превърнем ЖЕЛАНИЯТА си в нещо конкретно и материално. Убеден съм във всичко това, тъй като съм експериментирал с него и ЛИЧНО СЪМ ГО ПРЕЖИВЯЛ.

В предишните глави аз ви водех стъпка по стъпка към този принцип. Ако сте овладели всичко, за което говорихме досега, значи сте готови да приемете без излишен скептицизъм удивителните твърдения, на които ще се натъкнете тук. Ако обаче не сте овладели другите принципи, трябва да го направите на всяка цена, преди да успеете да разберете дали онова, за което говорим тук, е реалност или измислица.

Докато още бях на възраст, в която почитах герои, обикновено се опитвах да подражавам на онези, на които се възхищавах най-много. Така открих, че ВЯРАТА, с която се опитвах да имитирам идолите си, ми позволяваше да го правя доста успешно.

Така и не се отървах напълно от склонността си да почитам един или друг герой, макар и отдавна да съм прехвърлил годините, в които обикновено се прави това. Опитът ми обаче ме научи, че ако не можем да бъдем наистина велики, можем поне да подражаваме възможно най-добре на величието с мислите и действията си.

Дълго преди да напиша и една дума за издаване или да се опитам да говоря пред публика, аз си бях създал навика да кова характера си, опитвайки се да подражавам на деветимата мъже, чиито живот и достижения ме бяха впечатлили най-много: Емерсън, Пейн, Едисон, Дарвин, Линкълн, Бърбанк, Наполеон, Форд и Карнеги. Години наред всяка нощ свиквах въображаем съвет, на който присъстваха всичките ми „невидими съветници". Процедурата беше следната: точно преди да заспя, аз затварях очи и си представях как тези хора седят заедно с мен около кръгла маса. Тук можех не само да се наслаждавам на присъствието на такива титани, но и да водя групата като председател.

Пусках въображението си да лети толкова свободно със съвсем ЯСНА ЦЕЛ. Исках да променя характера си така, че да включа в него чертите на моите въображаеми съветници. Съвсем рано бях разбрал, че трябва да преодолея нещастието да съм се родил в среда, изтъкана от невежество и предразсъдъци, и бях твърдо решен един вид да се „преродя" именно по този начин.

Изграждане на характера чрез самовнушение

Тъй като още тогава се занимавах с психология, вече знаех, че хората са се превърнали в онова, което са, благодарение на ОСНОВНИТЕ СИ МИСЛИ И ЖЕЛАНИЯ. Знаех, че всяко достатъчно дълбоко вкоренено желание ще ме накара да търся някакъв външен израз за него. Знаех също така, че самовнушението е могъщо средство за изграждане на характера, и че всъщност няма друг начин за това.

Ето как се оказах напълно подготвен да прекроя характера си. По време на тези съвещания аз исках от всеки един от членовете на „правителството" да ми даде по нещо и се обръщах към тях на глас ето така:

> Господин Емерсън, от вас искам да получа удивителното ви разбиране за природата, белязало целия ви живот. Искам да дарите подсъзнанието ми с всички качества, които притежавате и които са ви помогнали да разберете природните закони и да се адаптирате към тях. Искам да ви помогнете да достигна до всички източници на познание, от които ще имам нужда за тази цел, и да започна да черпя от тях.
>
> Господин Бърбанк, искам да ми предадете познанието, което ви позволи да постигнете такава хармония с природните закони, че да накарате кактуса да хвърли бодлите си и да се превърне в храна. Дайте ми достъп до познанието, което ви е помогнало да направите така, че там, където някога е расла само една тревичка, сега да растат две, и да дарите цветята с повече блясък и хармония.
>
> Наполеон, от вас искам да получа невероятната ви способност да вдъхновявате хората и да им вдъхвате решимост и желание за действие. Дайте ми непоклатимата си ВЯРА, която ви е позволявала да превръщате пораженията си в победи и да преодолявате огромни препятствия. Поздрав за императора на съдбата, царя на късмета, владетеля на предопределението!
>
> Господин Пейн, от вас искам да получа свободата на мисълта, както и куража и яснотата, с която изразявате онези свои убеждения, които ви направиха безсмъртен.
>
> Господин Дарвин, от вас искам да получа огромното търпение и способността да установявам причинно-следствените връзки без предразсъдъци, която ви извоюва безсмъртие в естествените науки.
>
> Господин Линкълн, бих желал да изградя в собствения си характер острото чувство за справедливост, непоклатимото

търпение, чувството за хумор, съпричастността и толерантността, които са ваши отличителни характеристики.

Господин Карнеги, вече ви дължа много, задето избрахте на какво да посветя живота си. Работата ми донесе небивало щастие и душевен покой. Бих желал да разбера принципите на организираното усилие, които използвахте толкова ефективно, за да изградите индустриалната си империя.

Господин Форд, вие ми помогнахте изключително много, тъй като ме снабдихте с голяма част от материала, от който имах нужда за работата си. Бих желал да се сдобия с вашето постоянство, с решимостта, спокойствието и самоувереността, които са ви помогнали да победите бедността, да организирате, обедините и опростите усилията на хората, за да помогна и на други да последват вашите стъпки.

Господин Едисон, сложих ви най-близо до себе си, от дясната си страна, заради помощта, която лично ми оказахте, докато изследвах причините за успеха и провала. От вас бих желал да получа невероятната ВЯРА, благодарение на която сте открили толкова много природни тайни, както и непоколебимата енергия, с която толкова често сте изтръгвали победата от ноктите на поражението.

Това обръщение към членовете на моето въображаемо „правителство“ се променяше в зависимост от чертите на характера, които най-много исках да развия в дадения момент. Изучавах живота им до последната подробност. След няколко месеца с учудване осъзнах, че тези уж въображаеми фигури са станали доста реални.

Всеки един от тези девет мъже започна да придобива индивидуални характеристики, което доста ме изненада. Линкълн например започна непрекъснато да закъснява, след което обикаляше триумфално стаята. Когато идваше, се движеше съвсем бавно, с ръце зад гърба, и от време на време спираше и слагаше ръка на рамото ми. Изражението на лицето му винаги беше сериозно. Рядко го виждах да се усмихва. Грижите на една измъчена нация бяха отпечатани на челото му.

При другите беше различно. Бърбанк и Пейн често си разменяха шеги, които често направо шокираха присъстващите.

Една вечер Пейн ми предложи да съставя лекция, посветена на „епохата на разума" и да я произнеса от амвона на църквата, която посещавах някога. Някои от хората около масата се разсмяха от все сърце. Не и Наполеон. Той сви устни и изръмжа толкова силно, че всички се вторачиха в него. За него църквата беше инструмент на държавата, който не бива да се реформира, а да се използва като удобна маша за подбуждане на народа към действие.

Веднъж Бърбанк закъсня. Когато най-накрая се появи, той направо грееше от ентусиазъм. Разказа ни, че е закъснял заради някакъв експеримент, с помощта на който се надявал да може да отглежда ябълки на всякакви дървета. Пейн го подкачи, че именно с една ябълка са започнали всички проблеми между мъжете и жените. Дарвин се разсмя и каза на Пейн да се пази от малки змийчета, когато отиде в градината за ябълки, защото имали навика да растат и да се превръщат в същински дяволи. Емерсън отбеляза, че без змиите ябълките нямат никаква стойност, а Наполеон вметна: „Няма ябълки – няма държава!"

Линкълн започна да си тръгва последен от всяка среща. Веднъж се облегна напред върху масата със скръстени ръце и просто остана така. Не посмях да го обезпокоя. Накрая бавно вдигна глава, изправи се, отиде до вратата, после се обърна, върна се, сложи ръка на рамото ми и каза: „Синко, ще ти трябва доста кураж, ако искаш да изведеш до успешен край целите си. Но когато трудностите те връхлетят, не забравяй, че обикновените хора разполагат единствено с обикновени решения. Трудните моменти ще ти дадат нови възможности."

Една вечер Едисон пристигна много по-рано от другите. Той дойде при мен, седна от лявата ми страна – там, където обикновено сядаше Емерсън – и ми каза следното: „Предопределен си да станеш свидетел на откриването на тайната на живота. Когато моментът настъпи, ще разбереш, че животът се състои от огромни енергийни вихри, всеки от който е толкова интелигентен, колкото отделният човек сам мисли, че е. Тези вихри се групират като пчели в кошер и остават един до друг, докато не се разделят поради липса на достатъчно хармония. Те са на различни мнения, също като хората, и често се карат. Срещите, които провеждаш, ще ти бъдат много полезни. Те ще ти дарят помощта на същите онези енергийни вихри, които са служили навремето и на членовете на нашата група. Те са вечни и никога не умират. Собствените ти мисли и ЖЕЛАНИЯ са магнитът, който привлича жизнените сили от безбрежния океан на живота в отвъдното. Към теб се прилепват само приятелски настроени сили – само такива, които са в хармония с твоите ЖЕЛАНИЯ."

Другите членове на кабинета започнаха да влизат един след друг. Едисон се изправи и бавно отиде до мястото си. По онова време истинският Едисон беше още жив. Аз бях толкова впечатлен от тази история, че отидох при него и му я разказах. Той се усмихна широко и каза: „Сънят ти е много по-истински, отколкото си мислиш." Така и не ми обясни какво иска да каже.

Тези срещи станаха толкова реалистични, че започнах да се притеснявам докъде ще ме доведат, така че спрях да ги „свиквам" за няколко месеца. Чувствата, които пораждаха у мен, бяха достатъчно пълноценни, за да се замисля дали няма да дойде денят, в който да забравя, че те са просто плод на въображението ми.

Около шест месеца след това една нощ се събудих – или поне мислех, че съм буден – и видях Линкълн, седнал до леглото ми. Ето какво ми каза той: „Светът скоро ще има нужда от твоите услуги. Предстои му етап на хаос, в който безброй хора ще изгубят вярата си и ще изпаднат в плен на паниката. Продължавай да работиш, завърши философията си. Това е твоята мисия в живота. Ако я пренебрегнеш, по каквато и да е причина, ще бъдеш върнат в първоначалното си състояние и ще бъдеш принуден да преминеш отново през циклите, които си изживявал в продължение на хиляди години."

На другата сутрин не бях в състояние да кажа дали съм сънувал или съм бил буден. Не успях да разбера това и до днес. Знам обаче, че споменът за тази среща беше толкова жив, че още на следващата вечер възобнових събранията. Още на първата среща всички членове на групата се появиха едновременно и седнаха на обичайните си места около масата. Линкълн вдигна чаша и каза: „Господа, да вдигнем тост за един приятел, който се върна сред нас."

След това започнах да добавям нови членове на съвета и към момента те са повече от петдесет – сред тях са Иисус, св. Павел, Галилей, Коперник, Аристотел, Платон, Сократ, Омир, Волтер, Бруно, Спиноза, Дръмонд, Кант, Шопенхауер, Нютон, Конфуций, Елбърт Хъбард, Бран, Ингърсол, Уилсън и Уилям Джеймс.

Да си призная, за пръв път събирам достатъчно кураж да говоря за това. До момента не съм засягал темата, защото знам – и то донякъде поради собственото си отношение към подобни случаи – че няма да бъда разбран правилно, ако опиша необичайните си преживявания. Сега обаче имам смелостта да го направя, и то писмено, тъй като вече не се интересувам от чуждото мнение чак толкова, колкото преди. Една от най-добрите страни на зрелостта е, че тя често ни вдъхва смелост да говорим истината, независимо какво биха казали или помислили хората, които не я разбират.

За да премахна всяко съмнение бих желал да подчертая, че и до днес смятам тези срещи за напълно въображаеми, но все пак държа да заявя, че макар и членовете на моя „кабинет" и срещите ми с тях да са плод единствено на въображението, те ме поведоха към невероятни висини, върнаха ми вкуса към величието, насърчиха ме да продължа да творя и да изразявам по-смело искрените си убеждения.

Някъде в клетъчната структура на мозъка има орган, който улавя вибрациите на мисълта, които обикновено наричаме „вдъхновение". До момента науката не е открила къде точно е разположен този орган на шестото чувство, но това не е толкова важно. Важен е фактът, че човешките същества наистина могат да получават адекватно познание от източници, различни от физическите сетива. Това познание влиза в нас обикновено когато умът е под влияние на някакъв невероятно силен стимул. Всяка извънредна ситуация, която може да разпали емоциите ни и да ускори ритъма на сърцето ни, всъщност подканва шестото чувство към действие. Всеки, който се е разминавал на косъм с катастрофа, знае, че в такива случаи шестото чувство често се намесва в точния момент и за части от секундата ни помага да избегнем инцидента.

Споменавам всички тези факти, за да ви подготвя за следното: по време на срещите с моите „невидими съветници" умът ми ставаше невероятно възприемчив към идеи, мисли и знания, която влизаха в него благодарение на шестото чувство. Мога напълно искрено да заявя, че дължа това „вдъхновение“ единствено на невидимите си съветници.

Когато съм се изправял пред тежки ситуации, някои от които толкова опасни, че съм се боял за живота си, винаги съм получавал чудодейни насоки от моето „виртуално правителство“, които са ме измъквали от бедата.

Първоначалната ми цел, когато свиквах въображаемия си съвет, беше просто да предам с помощта на самовнушението на подсъзнанието си определени характеристики, които исках да придобия. През последните години обаче експериментите ми тръгнаха в съвсем различна посока. Сега се обръщам към въображаемите си съветници с всеки труден проблем, пред който се изправям самият аз или който ми поднасят моите клиенти. Резултатите често са удивителни, макар и далеч да не разчитам само на виртуалните си сътрудници.

Вие, разбира се, вече сте разбрали, че в тази глава става дума за неща, които си остават непонятни за повечето хора. Шестото чувство е тема, която може да бъде от особен интерес и полза на човек, чиято цел е да натрупа значително богатство, но едва ли би привлякла вниманието на онзи, който не се цели чак толкова високо.

Хенри Форд несъмнено е разбирал шестото чувство и го е прилагал на практика. Огромният му бизнес и необхватните му финансови операции са го принуждавали да разбира и използва този принцип. Томас А. Едисон също го прилага по отношение на изобретенията си, особено когато става дума за основни патенти, които не почиват на предходен човешки опит и на натрупано познание. Такъв е например случаят с фонографа и с киномашината.

Почти всички велики лидери – Наполеон, Жана д‘Арк, Иисус, Буда, Конфуций, Мохамед – са разбирали шестото чувство и вероятно са го използвали непрекъснато. Именно то е основната съставка на тяхното величие.

Шестото чувство не може да се включва и изключва ей-така, с едно просто щракане с пръсти. Неговото овладяване изисква време и майсторско използване на останалите принципи, описани в тази книга. Рядко човек може да го усвои практически преди четирийсетата си година. В повечето случаи то става достъпно едва след петдесет, тъй като духовните сили, с които е тясно свързано, могат да съзреят и да станат приложими само след години на медитация, самоопознаване и сериозно мислене.

Независимо кои сте и с каква цел четете тази книга, вие можете да се възползвате от нея и без да разберете принципите, описани в тази глава. Това е особено валидно, ако основното ви желание е да натрупате пари или други материални блага.

Позволих си обаче да включа и главата за шестото чувство, тъй като книгата цели да ви представи една пълноценна философия, благодарение на която хората да могат да постигнат в живота си всичко, което желаят. Първата стъпка към всяко постижение е ЖЕЛАНИЕТО, а последната е онова ПОЗНАНИЕ, което води до пълно разбиране – разбиране на себе си, на другите, на природните закони, а най-сетне – и разбиране и признаване на ЩАСТИЕТО.

Подобно разбиране става достъпно в своята пълнота единствено чрез добро познаване на принципа на шестото чувство. Именно поради това го включихме в нашата философска система и го предлагаме на всички онези, които искат нещо повече от пари.

Вероятно вече сте забелязали, че докато четяхте тази глава, умът ви беше под въздействието на силен мозъчен стимул. Великолепно! Върнете се към тази част от текста след месец, прочетете я пак и ще видите, че мислите ви ще потекат още по-бързо и гладко. Повтаряйте това от време на време, без да се питате твърде настоятелно дали сте научили нещо ново, и в крайна сметка ще се изпълните с една нова сила, която ще ви позволи да отхвърлите всяко малодушие, да овладеете страховете си, да преодолеете желанието си да отлагате и да черпите свободно от дълбините на въображението си. Така ще изпитате върху себе си влиянието на онова непознато „нещо", което движи всеки велик мислител, водач, художник, музикант, писател или държавник. Вече сте в състояние да превърнете ЖЕЛАНИЯТА си в техните физически или финансови еквиваленти със същата лекота, с която можете просто рухнете и да се откажете от всяка борба още при първия знак за съпротива.

Глава 15.

Как да надхитрим шестте призрака на страха

Анализирайте себе си, докато четете тази глава, и открийте кои от тези „призраци“ препречват и вашия път

Преди да съумеете да приложите на практика каквато и да е част от тази философия, умът ви трябва да е готов да я приеме. Подготовката не е особено трудна и започва с изучаване, анализ и разбиране на трите основни враждебни сили, с които ще трябва да се справите. Това са НЕРЕШИТЕЛНОСТТА, СЪМНЕНИЕТО и СТРАХЪТ. Шестото чувство никога няма да проработи, докато дори и един от тези трима неприятели живее в ума ви. Членовете на тази не особено света троица са тясно свързани и там, където действа един от тях, другите също няма да закъснеят да се проявят.

НЕРЕШИТЕЛНОСТТА е семето, от което поникква СТРАХЪТ. Не забравяйте това. Нерешителността кристализира в СЪМНЕНИЕ, след което двете се сливат и се превръщат в СТРАХ. Това сливане понякога е толкова бавно, че едва можем да го забележим. Ето защо тези противници са толкова опасни – те се размножават и растат, без дори да им обърнем внимание.

В тази глава ще стане дума за една цел, която трябва да бъде осъществена на всяка цена, преди философията като цяло да може да бъде приложена на практика. Ще анализираме и една ситуация, която е хвърлила огромен брой хора в лапите на бедността, както и една истина, която трябва да бъде разбрана от всички, които трупат богатство, независимо дали става въпрос просто за пари или за онова състояние на ума, чиято стойност е много по-висока от всякакви пари.

Целта на тази глава е да насочи вниманието ви към причината за основните страхове и към оръжията, които можете да използвате срещу тях. Преди обаче да можем да подчиним врага, ние трябва да познаваме името, навиците и убежището му. Докато четете, внимателно анализирайте себе си и определете кои от шестте основни страха вече са влезли под кожата ви.

Не се оставяйте да бъдете измамени – понякога тези хитри противници си остават скрити в подсъзнанието ви, където трудно могат да се видят и още по-трудно – да се елиминират.

Шестте основни страха

Има шест основни форми на страх, от които всеки от нас е страдал поне веднъж в живота си. Истински късметлия е онзи, който не познава от личен опит и шестте. Ако започнем от най-често срещания страх, трябва да ги подредим в следната последователност: БЕДНОСТ – КРИТИКА – БОЛЕСТИ – ЗАГУБА НА НЕЧИЯ ЛЮБОВ – СТАРОСТ – СМЪРТ.

Всички останали страхове са маловажни и могат да се групират около някой от основните.

Тези страхове се разпространяват като епидемия и имат определена цикличност. В продължение на почти шест години, докато траеше депресията, ние всички бяхме в плен на СТРАХА ОТ БЕДНОСТ. По време на войната или на развихрилия се терор ни преследваше СТРАХ ОТ СМЪРТТА. Дори и в периоди на мир и просперитет обикновено изтръпваме от СТРАХ ОТ БОЛЕСТИ, особено с разпространяването на нови и нови заболявания по целия свят.

Страхът обаче е просто състояние на ума, а състоянията на ума подлежат на контрол и насочване. Както всички знаят, лекарите боледуват по-рядко от другите хора, тъй като НЕ СЕ БОЯТ ОТ БОЛЕСТИТЕ. Те без страх общуват всеки ден със стотици хора, страдащи от заразни заболявания, като дребната шарка например, без да се заразяват. Техният имунитет срещу болестта се състои до голяма степен – а вероятно и изцяло – от непоколебимото им БЕЗСТРАШИЕ.

Не можем да създадем нищо, което първо да не сме оформили във вид на мисловен импулс. От това твърдение следва, че МИСЛОВНИТЕ ИМПУЛСИ НЕЗАБАВНО ЗАПОЧВАТ ДА СЕ ПРЕВРЪЩАТ В СВОЯ ФИЗИЧЕСКИ ЕКВИВАЛЕНТ, НЕЗАВИСИМО ДАЛИ СА ВОЛЕВИ ИЛИ НЕВОЛНИ. Мисловните импулси се улавят от етера съвсем случайно (това обикновено са мисли, излъчени от други умове) и могат да определят финансовата, професионалната или социалната ни съдба също толкова еднозначно, колкото и мисловните импулси, които самите ние създаваме напълно целенасочено.

Опитвам се да ви подготвя да приемете един факт, който е от изключителна важност за всеки, който не разбира защо някои хора са такива „късметлии“, докато други, с повече умения, опит и ум, като че ли са осъдени на нещастие. Можем да обясним това така: човешките същества имат способността да контролират изцяло собствените си умове, както и да отварят тези умове за мисловните импулси на други мозъци или да ги затварят плътно и да пропускат само онези мисли, които решат.

Природата ни е дарила с абсолютен контрол върху едно-единствено нещо: върху нашите мисли. Този факт, съчетан с неоспоримата истина, че всичко, което създават хората, започва съществуването си под формата на мисъл, ни води до принципа, с чиято помощ можем да овладеем СТРАХА.

Ако е вярно, че ВСИЧКИ МИСЛИ ОБИКНОВЕНО СЕ ПРЕВРЪЩАТ В СВОЯ МИСЛОВЕН ЕКВИВАЛЕНТ (а по отношение на това няма никакво съмнение), значи е вярно и че мисловните импулси на страха и бедността могат да се превърнат в смелост и богатство.

След краха на „Уолстрийт“ през 1929 г. американският народ беше принуден да мисли за бедността. Малко по малко тази мисъл изкристализира в истинска бедност, наречена „депресия“. Това беше неизбежно. Уви, такива са природните закони.

Страх от бедност

Между БЕДНОСТТА и БОГАТСТВОТО няма място за компромис. Пътищата им вървят в различни посоки. Ако искате богатство, трябва да отхвърлите всяко обстоятелство, което може да ви доведе до бедност (тук говорим за богатство в най-общ смисъл – финансово, духовно, умствено, материално). Първата стъпка към богатството е ЖЕЛАНИЕТО. В първите две глави на тази книга научихте достатъчно, за да можете да използвате както трябва своето ЖЕЛАНИЕ. В тази глава, посветена на страха, има още инструкции, които да подготвят ума ви така, че да приложи това ЖЕЛАНИЕ на практика.

Тук е мястото да ви предложа едно предизвикателство, което ясно ще определи каква част от философията сте усвоили. Тук можете да се изявите като пророк и да предскажете съвсем точно какво ви готви бъдещето. Ако след като прочетете тази глава сте готови да приемете бедността, гответе се – тя ви очаква. Няма как да избегнете последствията от собственото си решение.

Ако искате богатство, определете формата му и количеството, което може да ви задоволи. Вече познавате пътя към богатството – дадох ви карта за него, и ако я следвате съвсем точно, няма да се отклоните в погрешна посока. Но ако изобщо не тръгнете или спрете, преди да пристигнете, няма да можете да обвинявате никого – за това сте отговори единствено ВИЕ. Няма алиби, което да ви спаси от отговорността, ако се провалите или не успеете да поискате от живота онова, за което мечтаете, тъй като приемането на богатството – или пък на бедността – изисква само едно нещо, и то нещо, което можете изцяло да контролирате – определено СЪСТОЯНИЕ НА УМА. Само това ви трябва, но няма как да си го купите: трябва да го създадете сами.

Страхът от бедност е състояние на ума и нещо повече. Той обаче е достатъчен, за да съсипе напълно шансовете ви за успех във всяко едно начинание. Той парализира разума, стъпква въображението, убива самоувереността, подкопава ентусиазма, обезкуражава инициативността, отклонява целите ви от правия път, насърчава готовността ви да отлагате и прави самоконтрола практически невъзможен. Той лишава личността ви от всякакъв чар, ограбва ви от възможността да мислите трезво, отклонява усилията ви, надсмива се на постоянството ви, унищожава силата на волята и амбицията, замъглява спомените и отваря вратите на всички възможни форми на провал; той убива любовта, изпепелява нежните сърдечни трепети, отблъсква приятелството, тика тялото ви към безсъние, злост и мизерия – и всичко това въпреки очевидната истина, че живеем в свят на невиждано изобилие, в който между нас и желанията ни не стои нищо – освен, разбира се, липсата на определена цел.

Страхът от бедността несъмнено е най-разрушителният в нашия списък. Поставихме го на първо място в него, защото най-трудно може да бъде овладян. Ще ви трябва доста смелост, за да определите истинската причина за този страх, и дори още повече, за да я приемете. Страхът от бедност се дължи на склонността на хората ДА ЖИВЕЯТ НА ЧУЖД ГРЪБ. Почти всички животни, които са по-низши от човека, се мотивират от инстинктите си, тъй като способността им да „мислят“ е ограничена. Заради това и те се изяждат едни други съвсем буквално. Хората обаче разполагат с по-фина интуиция, със способността да мислят и разсъждават, и заради това не се изяждат помежду си физически – всъщност по-голямо удоволствие им доставя да се ядат едни други ФИНАНСОВО.

От всички епохи в човешката история, които познаваме поне малко, нашата собствена е направо непонятна заради паричната лудост, обхванала човечеството. Не струваш нищо, ако не можеш да се изфукаш с дебела банкова сметка. Ако имаш пари – БЕЗ ЗНАЧЕНИЕ КАК СИ СЕ СДОБИЛ С ТЯХ, – изведнъж се превръщаш в идол, недосегаем за каквито и да е закони. Такива хора са по върховете на политиката и бизнеса и целият свят им се кланя.

Нищо не носи толкова страдание и унижение, колкото БЕДНОСТТА. Само онези, които са я преживели, могат да разберат изцяло думите ми. Така че няма нищо чудно в това, че ни е страх от нея. Благодарение на дълга верига от наследствен опит ние сме научили, че на някои хора не може да се вярва, когато става дума за пари и земни блага. Подобна присъда несъмнено е болезнена – но най-болезнената част от нея е фактът, че тя е съвсем ВЯРНА. Много бракове се крепят единствено на богатството на единия съпрузите, или пък и на двамата, ако бракът е сключен по-скоро като сделка за сливане на две фирми. Защо се чудим тогава на потока от бракоразводни дела?

Хората искат толкова силно да притежават богатство, че са готови да си го присвоят по всякакъв възможен начин – ако е възможно, законно, а ако се наложи – и по други начини.

Самоанализът може да ни покаже, че страдаме от слабост, която никой от нас не е готов да признае. Тази проверка обаче е задължителна за всеки, който иска от живота нещо повече от посредствено и бедно съществуване. Докато проверявате себе си точка по точка, не забравяйте, че сами ще трябва да повдигнете обвинение срещу себе си, да се защитите и в крайна сметка да отсъдите. Вие сте и ищецът, и ответникът. Разгледайте чистосърдечно фактите. Задавайте си еднозначни въпроси и изисквайте прями отговори. Когато разпитът приключи, ще знаете повече за себе си. Ако смятате, че не можете да влезете в ролята на безпристрастен съдия, повикайте на помощ някого, който ви познава добре и който би играл ролята на морален коректив, докато се подлагате на кръстосан разпит. Та нали именно истината искате да разберете – какво друго можете да направите, освен да я преследвате до последен дъх, независимо от цената и от факта, че тя може да ви смути за миг?

На въпроса от какво се боят най-много, повечето хора отговарят, че не ги е страх от нищо. Подобен отговор няма как да бъде верен. Вероятно малцина осъзнават, че са оковани, спънати и бичувани духовно и физически от някаква форма на страх. Тази емоция е толкова коварна и дълбоко вкоренена, че можем да изживеем целия си живот, носейки я на раменете си, без изобщо да забележим нейното съществуване. Единствено самоотвержен анализ може да ни покаже, че сме обсадени от този архетипен враг. Когато започнете да го търсите, не се бойте да задълбаете дълбоко в характера си. Ето някои симптоми, които ще ви помогнат да го откриете.

Симптоми на страха от бедност

БЕЗРАЗЛИЧИЕ. Проявява се обикновено под формата на липса на амбиция, готовност за понасяне на бедността, безропотно приемане на всичко, което животът реши да поднесе, умствен и физически мързел, липса на инициативност, въображение, ентусиазъм и самоконтрол.

НЕРЕШИТЕЛНОСТ. Това е навикът да позволяваме на другите да мислят вместо нас и да не правим нищо, за да се откъснем от мястото си на пасивни зрители.

СЪМНЕНИЕ. Обикновено се проявява под формата на какви ли не оправдания, обяснения или извинения за провала, или пък като завист и критичност към онези, които са успели.

ТРЕВОГА. Най-честата ѝ проява е навикът да прехвърляме вината си върху околните, склонността да харчим повече, отколкото изкарваме, пренебрежението към външния ни вид, заядливостта и мрачното настроение, неумерената употреба на алкохолни напитки, понякога дори на наркотици, нервност, безпокойство, непрекъсната тревожност и липса на каквато и да е самоувереност.

ПРЕКАЛЕНА ПРЕДПАЗЛИВОСТ. Навикът да гледаме първо отрицателната страна на всяко нещо, да мислим и да говорим единствено за възможния провал, вместо да се съсредоточим върху мерките, които трябва да предприемем, за да успеем. Да познаваме всички пътища, водещи към катастрофа, но така и да не потърсим начин да я избегнем. Да чакаме „точния момент", за да започнем да осъществяваме плановете си, докато чакането не ни стане навик. Да помним само онези, които са се проваляли, и да забравяме за онези, които са успели. Да виждаме само дупката в геврека, но не и самия геврек.

ОТЛАГАНЕ. Навикът да отлагаме за утре неща, които е трябвало да направим миналата година. Да похабяваме време за извинения и оправдания, задето нищо не сме свършили. Този симптом е тясно свързан с прекалената предпазливост, съмнението и тревогата, тъй като също представлява отказ да поемаме отговорност всеки път, когато можем да я избегнем, готовност да приемем компромис, вместо да отстояваме позиция, склонност да се примиряваме с трудностите, вместо да ги овладеем и да ги използваме като опори по пътя си нагоре, да се спазарим с живота за жълти стотинки, вместо да настояваме за просперитет, изобилие, богатство, удовлетворение и щастие, както и да планираме какво да правим, АКО НИ ЗАСТИГНЕ ПРОВАЛ, ВМЕСТО ДА ИЗГОРИМ ВСИЧКИ МОСТОВЕ СЛЕД СЕБЕ СИ И ОТСТЪПЛЕНИЕТО ДА СТАНЕ НЕВЪЗМОЖНО. Така самоувереността ни продължава да гасне и понякога дори напълно се стопява, заедно с ясните ни цели, самоконтрола, инициативността, ентусиазма, амбицията, здравият разум... И то само защото ОЧАКВАМЕ БЕДНОСТТА, ВМЕСТО ДА ТЪРСИМ БОГАТСТВО, и общуваме с хора, приели бедността, вместо да търсим компанията на такива, които търсят богатството и го получават.

Страх от критика

Повечето хора изпитват известно неудобство, когато станат обект на критика, и в много случаи могат дори да стигнат до депресия, ако продължат да се излагат на отрицателни оценки. Страхът от критика убива всяка инициатива, унищожава силата на въображението, ограничава индивидуалността, изтръгва самоувереността и върши безброй други поразии. Родителите често увреждат децата си за цял живот с разюзданата си критика. Когато бях още дете, майката на един мой приятел го биеше всеки ден и непрекъснато му повтаряше, че ще свърши в затвора, преди още да навърши двайсет. Пратиха го в поправителен дом малко след седемнайсетия му рожден ден.

Критиката е единствената стока, от която имаме в изобилие. Всеки има достатъчно и може да я раздава напълно безплатно, независимо дали околните са си я поръчали или не. Най-често близките ни хора злоупотребяват най-много. Трябва да бъдат обявени за престъпления действията на родителите – а и те наистина са особено тежки престъпления, – които насаждат комплекс за малоценност у детето си с ненужна критика. Работодателите, които разбират човешката природа, изкарват на бял свят най-доброто у хората не чрез критика, а чрез градивни предложения. Родителите могат да постигнат същото с децата си. Критиката ще насади СТРАХ или гняв у всяко сърце – но така и няма да постигне любов или привързаност.

Страх от болести

Този страх се дължи както на физическата, така и на социалната наследственост. Произходът му е тясно свързан с причините за страха от старост и смърт, тъй като болестта ни довежда до самата граница на онази „тъмна страна“, за която не се знае практически нищо, но която същевременно е главно действащо лице в някои особено тревожни истории. Широко разпространено е и мнението, че някои определени хора, които си вадят хляба от „търговия със здраве“, също внасят своята лепта в разпалването на страха от болести.

Като цяло болестите са тема за притеснение както заради страданието, което причиняват, така и заради несигурното бъдеще след смъртта. Да не говорим, че има и още една съвсем реална причина за страх – икономическия товар на успешното или неуспешното лечение.

Един известен лекар твърди, че 75 % от хората, които ходят на лекар, всъщност страдат от хипохондрия (т.е. от въображаемо заболяване). Доказано е достатъчно убедително, че страхът от болести, дори в случаи, в които няма и най-малък повод за притеснение, често поражда симптомите на болестта, от която се страхува пациентът. Каква мощ има само човешкият ум! Колко много може да изгради и срине за миг!

Благодарение на поредица от експерименти, проведени преди няколко години, беше доказано, че внушението може наистина да ни разболее. Накарахме трима познати да посетят набелязаните „жертви“ и да им зададат следния въпрос: „Какво ти е? Изглеждаш наистина болен.“ Първият посетител обикновено предизвикваше усмивка и нехаен отговор от типа на „О, нищо ми няма“. Вторият обикновено чуваше: „Ами не знам точно, но наистина се чувствам зле." Третият посетител вече се натъкваше на искреното признание, че жертвата *действително* не се чувства добре.

Ако се съмнявате, опитайте да направите това с някой свой познат, но не прекалявайте. В някои първобитни култури отмъщават на враговете си, като ги „урочасат". Тъй като и жертвите смятат, че проклятието е истинско, те наистина се разболяват и дори умират.

Има солидни доказателства, че болестите нерядко се зараждат под формата на отрицателен мисловен импулс. Такъв импулс може да се предава от един ум на друг с помощта на внушение или пък да се зароди от само себе си в съзнанието на индивида.

Лекарите понякога карат пациентите си да „сменят климата", и то не за друго, а защото знаят колко важна е промяната в умствената настройка. Семенцето на страха живее във всяко човешко съзнание. Притеснението, боязънта, обезкуражаването и разочарованието в любовта и бизнеса могат да се превърнат в най-плодовитата почва за него.

Страх от загуба на любов

Едва ли има нужда да описваме подробно източника на този трудно преодолим страх – той очевидно се дължи на полигамията на древните хора и на навика им да крадат брачния партньор на ближния, както и да се отдават на сексуалната си разпуснатост във всеки удобен случай.

Страхът от загубата на нечия любов е най-болезненият в нашия списък. Той вероятно се отразява и най-разрушително на ума и тялото. Един от отличителните му признаци е РЕВНОСТТА – навикът да подозираме приятелите и любимите си без разумна причина или достатъчно основания. Друг такъв признак са непрекъснатите и необосновани обвинения към брачния партньор или пък подозрението към околните, липса на доверие към когото и да е, поток от обвинения спрямо приятели, роднини, партньори и съпрузи и при най-малкото предизвикателство – та дори и без никаква причина.

Страх от старост

Все по-големият риск от заболявания с напредването на възрастта е една от основните причини за страха от старостта. Еротичните съображения го подклаждат допълнително, тъй като никой не обича да мисли за вехнещата си хубост.

Друга причина за страха от старостта е рискът от загуба на свобода и независимост, тъй като напредналата възраст може да ни лиши както от физически, така и икономически средства за оцеляване.

Има хора, които „забавят топката" и дори попадат в плен на комплекс за малоценност с напредването на възрастта, тъй като страдат от погрешното убеждение, че упадъкът е едва ли не нормален. (Истината е, че някои от най-плодотворните ни години – както в интелектуален, така и в духовен план – са именно в залеза на живота ни. За съжаление има много възрастни мъже и жени, които губят инициативността, въображението и самоувереността си, тъй като погрешно смятат, че са твърде стари, за да оползотворяват подобни качества.)

Страх от смъртта

За много от нас това е най-жестокият страх. Причината е съвсем очевидна – ние просто не знаем какво да очакваме след смъртта. Шекспир я е описал чудесно в „Хамлет" – тя е „неоткритата страна, отдето никой пътник се не връща".

Страхът от смъртта днес се среща доста по-рядко, отколкото в епохата, в която не е имало силни университети. Учените осветиха и най-тъмните кътчета в света и факелът на истината освобождава все повече хора от този смразяващ страх. С помощта на биологията, астрономията, геологията и други научни дисциплини страховете на тъмните векове, оковавали умовете на хората и разрушавали способността им за съждение, вече са част от миналото.

Страхът е безполезен. Смъртта рано или късно ще дойде, независимо какво мислим за нея. Приемете я като необходимост и насочете мислите си към нещо друго. Ако не беше необходимост, нямаше да дебне всички ни.

Целият свят се състои само от два елемента – ЕНЕРГИЯ и МАТЕРИЯ. От елементарната физика знаем, че нито материята, нито енергията (а човекът не познава други елементи на реалността) могат да се създават или да се унищожават. Те могат да се преобразуват, но не и да изчезнат.

Едва ли може да има съмнение, че животът е форма на енергия. И тъй като нито енергията, нито материята могат да бъдат разрушени, значи и животът също е неразрушим. Също като другите форми на енергия той също може да преминава през различни преходни периоди и промени, но не може да бъде заличен. Смъртта е просто преход.

Ако смъртта все пак не е промяна или преход, значи след нея следва просто дълъг, спокоен вечен сън – а какво му е страшното на съня? Ето как можете да се отървете завинаги от страха от смъртта.

Тревога

Тревогата е състояние на ума, основаващо се на страх. Тя работи бавно, но непрекъснато. Тревогата е подмолна и неуловима. Стъпка по стъпка тя влиза под кожата ни, докато не парализира окончателно способността ни за съждение, не разруши самоувереността и инициативността ни. Тревогата е вид постоянен страх, породен от нерешителност, и следователно е състояние на ума, което подлежи на контрол.

Тревожният ум е безпомощна рожба на нерешителността. Повечето хора нямат достатъчна сила на волята, за да вземат навременни решения и да ги отстояват след това, дори и в обичайна бизнес среда. В периоди на икономически бури хората се оказват парализирани, несъмнено предимно заради склонността си да взимат решения съвсем бавно, но и под влияние на колебливостта на другите, която в крайна сметка води до епидемия от масово бягство от взимане на решения.

Шестте основни страха могат да се въплътят в хронична тревожност именно благодарение на нерешителността. Освободете се завинаги от страха от смъртта, като вземете решение да я приемете като неизбежно събитие. Смажете страха от бедност, като вземете решение да приемете богатството, което успеете да натрупате, БЕЗ ТРЕВОГА. Стъпете на врата на страха от критика, като решите ДА НЕ СЕ ПРИТЕСНЯВАТЕ за това какво мислят, правят или казват другите. Елиминирайте страха от старост, като вземете решение да разглеждате късните си години не като товар, а като благословия, която ви дарява с мъдрост, самоконтрол и разбиране, недостъпни за младите. Скъсайте оковите на страха от болести, като решите да забравите за симптомите. Овладейте страха си от загуба на любов, като вземете решение да живеете и без любов, ако се наложи. Убийте навика да се тревожите, като вземете веднъж завинаги решението, че каквото и да ви поднесе животът, не си струва да се тревожите. Веднага ще почувствате как мислите ви се подреждат и успокояват и как поемате към щастието.

Онзи, чиито ум е изпълнен със страх, не само съсипва възможността си да действа интелигентно, но и прехвърля тези разрушителни вибрации към умовете на други хора, съсипвайки по този начин и техните шансове за реализация.

Дори кучето или конят усещат кога стопанинът им е страхлив – нещо повече, те улавят вибрациите на страха му и действат в съгласие с тях. Дори и в основата животинското царство, при живи същества, лишени от всякакъв интелект, можем да открием способността за улавяне на страха. Пчелите винаги усещат, че човек е уплашен. По неизвестни още причини пчелите жилят онези, чиито умове излъчват страх, много по-често от хората, които не се плашат чак толкова.

Вибрациите на страха могат да се прехвърлят от един ум в друг също както звукът на човешкия глас преминава от предавателя до приемника, и то В СЪЩАТА СРЕДА.

Умствената телепатия е жива реалност. Мислите преминават от ум в ум, независимо дали самите „предаватели“ и „приемници“ осъзнават това.

Онзи, който изрази гласно отрицателните или разрушителните си мисли, с почти пълна сигурност ще преживее въплъщението на тези си думи под формата на някакво болезнено препятствие, подхвърлено от съдбата. Простото „излъчване" на тези мисли, дори и без думи, също води към препятствия. Първата, и може би най-важната щета, която се стоварва върху човека, излъчил разрушителни мисли, е разбиването на творческото му въображение. Второ, присъствието на разрушителна емоция в ума прави личността неприятна, отблъсква хората и често ги превръща във врагове. Третият вид увреждане за хората, които хранят или излъчват отрицателни мисли, е фактът, че тези мисловни импулси не само вредят на другите, но и СЕ ВПИВАТ В ПОДСЪЗНАНИЕТО НА ЧОВЕКА, КОЙТО ГИ Е ИЗЛЪЧИЛ, и стават част от характера му.

Една мисъл никога не се изпарява просто така, дори и да бъде излъчена по някакъв начин. Когато напусне ума, тя се разпространява във всички посоки из етера, но нейният корен си остава дълбоко вбит в подсъзнанието на човека, който я е създал.

Целта на вашата кариера е успехът. За да успеете обаче, трябва да постигнете душевен покой, да се сдобиете с ресурси, за да покриете жизнените си нужди, и, най-важното, да постигнете ЩАСТИЕ. Всички тези въплъщения на успеха започват съществуването си под формата на мисловни импулси.

Можете да контролирате ума си – имате властта да определяте какви мисловни импулси ще го изпълват. Тази привилегия обаче върви ръка за ръка с отговорността да го използвате конструктивно. Вие сте господарите на земната си съдба, тъй като няма друг, който да може да насочва мислите ви. Вие можете да насочвате, подтиквате и в крайна сметка да контролирате напълно средата си и да направите живота си такъв, какъвто искате да бъде. От друга страна, можете да решите и да не се възползвате от възможността да оправите живота си и така да се оставите на милостта на океана на „обстоятелствата", който ще ви подмята насам-натам като малка, безпомощна лодка.

Глава 16.

Работилницата на дявола

Седмата основна злина

В добавка към шестте основни страха има още нещо, от което хората често страдат. То е плодовита почва за семената на провала и действа толкова подмолно, че присъствието му често остава незабелязано. Тази язва дори не може да бъде наречена страх. ТЯ Е МНОГО ПО-ДЪЛБОКА И ФАТАЛНА ОТ ВСИЧКИ СТРАХОВЕ, ВЗЕТИ ЗАЕДНО. Докато не намерим за нея по-добро име, ще я наричаме ПОДАТЛИВОСТ НА ОТРИЦАТЕЛНИ ВЛИЯНИЯ.

Хората, които натрупват големи богатства, винаги съумяват да се предпазят от тази злина. Бедните обаче така и се успяват да го направят. Онези, които искат да успеят в каквото и да е начинание, трябва да подготвят ума си да устоява успешно на тази чума. Ако четете нашата философия с цел да забогатеете, трябва да подложите себе си на много внимателно изследване, за да определите дали сте податливи на отрицателни влияния. Ако отхвърлите с лека ръка този самоанализ, просто сами ще се лишите от правото си да постигнете всяка цел, която сте си поставили.

Анализирайте се внимателно. След като прочетете въпросите, които трябва да си зададете, проверете внимателно отговорите. Действайте така, сякаш търсите враг, който ви дебне от засада. Не забравяйте, че недостатъците ви са по-опасни от всеки външен враг.

Лесно можете да се предпазите от разбойници, тъй като законът ви предлага организирана защита, но седмата основна злина е силен противник, тъй като удря тъкмо там, където дори не подозирате, че може да се е промъкнала, независимо дали спите или сте будни. Нещо повече – тя трудно може да се засече, тъй като е просто СЪСТОЯНИЕ НА УМА. Тя е особено опасна, тъй като може да приеме формата на всяко познато човешко преживяване. Понякога може да влезе под кожата ви, маскирана като уж добронамерени думи на някой близък, друг път ще си проправи път отвътре, от собствената ви умствена настройка. Във всеки един случай обаче тя си остава смъртоносно отровна, дори и не винаги да убива бързо.

Как да се защитите от отрицателни влияния

За да се предпазите от отрицателни влияния, независимо дали сами сте отговорни за тях или пък са рожба на хора с неправилна настройка около вас, първо трябва да си припомните, че имате СИЛА НА ВОЛЯТА, която трябва да използвате непрекъснато, докато не я превърнете в непристъпна крепостна стена за всички влияния, достигащи до вас. Признайте, че, подобно на всички други човешки същества, и вие по природа сте мързеливи, безразлични и податливи на влияния, които удобно отговарят на вашите слабости.

Признайте, че по природа сте податливи на шестте основни страха, и променете навиците си така, че да им противодействате успешно.

Признайте, че отрицателните влияния често ви въздействат с помощта на подсъзнанието и затова трудно се усещат, и дръжте ума си плътно затворен за хора, които ви потискат или обезкуражават по какъвто и да е начин. Стремете се към компанията на хора, които ви подтикват ДА МИСЛИТЕ И ДЕЙСТВАТЕ САМОСТОЯТЕЛНО. Не ОЧАКВАЙТЕ неприятностите, защото те имат навика да отговарят на всички очаквания.

Няма никакво съмнение, че най-често срещаният недостатък у хората е навикът да оставят умовете си отворени за отрицателното влияние от страна на други хора. Тази слабост е особено разрушителна, тъй като повечето хора изобщо не я осъзнават, а мнозина от онези, които признават съществуването ѝ, не са склонни да положат усилия, за да я заличат, докато тя не се превърне в неконтролируема част от ежедневната им рутина.

За да помогнем на онези, които искат да видят себе си такива, каквито наистина са, създадохме приведения тук списък с въпроси. Прочетете ги и им отговорете на глас – така, че да чувате думите си. Това ще ви помогне да се отнесете честно към себе си.

Въпроси за самоанализ

Често ли се оплаквате, че се чувствате зле, и ако е така, каква е причината?

Очерняте ли другите дори при най-малкия повод?

Често ли правите грешки в работата си, и ако да, защо?

Случва ли ви се да проявявате сарказъм и да обиждате другите?

Има ли човек, чието присъствие избягвате, и ако да, защо?

Често ли страдате от лошо храносмилане? Ако е така, каква е причината?

Дали животът ви се струва безсмислен, а бъдещето – безнадеждно? Ако да, защо?

Харесвате ли работата си? Ако не, защо?

Често ли изпитвате самосъжаление – и ако да, защо?

Завиждате ли на онези, които са по-добри от вас?

На какво отделяте повече време – на мисли за успех или за провал?

Расте ли самоувереността ви с възрастта или намалява?

Научавате ли нещо полезно от грешките си?

Позволявате ли на роднини и познати да ви тревожат? Ако да, защо?

Случва ли ви се да летите в облаците или да изпадате в плен на депресията?

Кой ви е оказал най-вдъхновяващо влияние? Защо?

Търпите ли отрицателни или обезкуражаващи влияния, които можете да избегнете?

Отнасяте ли се с пренебрежение към външния си вид? Ако да, кога и защо?

Имате ли навика да „удавяте грижите си" в работа?

Бихте ли нарекли себе си „безгръбначно мекотело", ако позволите на другите да мислят вместо вас?

Избягвате ли да подобрявате вътрешната си хигиена, докато отровите в тялото и съзнанието ви не станат толкова много, че да ви направят заядливи и раздразнителни?

Колко предотвратими тревоги ви дразнят и защо ги търпите?

Прибягвате ли до алкохол, наркотици или цигари, за да успокоите нервите си? Ако го правите, защо не опитате да ги замените със сила на волята?

Има ли човек, който постоянно ви натяква нещо, и ако да, защо?

Имате ли ОСНОВНА ЦЕЛ, и ако имате, каква е тя и какъв план имате за нейното осъществяване?

Страдате ли от някой от шестте основни страха? Ако да, кой или кои от тях?

Имате ли метод за самозащита от отрицателното влияние на другите?

Използвате ли самовнушение, за да настроите положително ума си?

Кое цените повече – материалните блага или способността да контролирате мислите си?

Лесно ли могат другите да променят убежденията ви?

Добави ли днешният ден нещо ценно към познанията или душевното ви състояние?

Изправяте ли се почтено срещу обстоятелствата, които ви правят нещастни, или прехвърляте отговорността?

Анализирате ли всички грешки и провали, опитвате ли се да извлечете някаква полза от тях, или смятате, че това не е ваша работа?

Можете ли да назовете три от най-опасните си слабости? Какво правите, за да ги поправите?

Насърчавате ли околните да търсят съчувствие от вас?

Извличате ли от ежедневието си уроци или влияния, които да ви помогнат за личния ви напредък?

Оказва ли присъствието ви като цяло отрицателно влияние върху околните?

Кои навици на другите хора ви дразнят най-много?

Имате ли собствено мнение или позволявате на другите да ви влияят?

Научили ли сте се как да настройвате ума си така, че да се предпазвате от обезкуражаващи влияния?

Вдъхва ли ви работата ви вяра и надежда?

Смятате ли, че притежавате достатъчно духовни сили, за да освободите ума си от всякаква форма на СТРАХ?

Помагат ли ви религиозните ви убеждения да държите ума си положително настроен?

Смятате ли, че е ваш дълг да споделяте тревогите на другите? Ако да, защо?

Ако смятате, че „краставите магарета и през девет баира се подушват", какво сте научили за себе си, изучавайки приятелите, които привличате?

Каква връзка виждате между хората, които са най-близо до вас, и нещастията, които сте изживели (ако има такава)?

Възможно ли е някой, когото смятате за приятел, всъщност да е най-лошият ви враг, само защото оказва отрицателно влияние върху ума ви?

Как преценявате какво ви помага и какво ви вреди?

По-високо или по-ниско от вас стоят в интелектуален план близките ви?

Каква част от денонощието отделяте за:

- работа;
- сън;
- забавления и почивка;
- придобиване на нови знания;
- време за губене.

Кой от вашите познати

- ви насърчава най-много;

– ви кара най-много да се пазите;
– ви обезкуражава най-много;
– ви помага най-много.

Коя е най-голямата ви тревога? Защо я търпите?

Когато другите ви предлагат съвети, които не сте им искали, приемате ли ги безрезервно или се опитвате да разберете мотивите им?

Какво ЖЕЛАЕТЕ най-силно от всичко? Възнамерявате ли да го получите? Готови ли сте да подчините всичките си желания на този стремеж? Колко време отделяте всеки ден, за да го осъществите?

Променяте ли често мнението си? Ако да, защо?

Завършвате ли започнатото?

Лесно ли се впечатлявате от титлите, дипломите и богатството на другите?

Лесно ли се влияете от онова, което другите мислят или казват за вас?

Правите ли услуги на хора само заради техния социален или финансов статус?

Кой според вас е най-великият жив човек? С какво ви превъзхожда той?

Колко време отделихте на тези въпроси (подсказвам: за анализ на целия списък и пълноценни отговори е необходим поне един ден)?

Ако сте отговорили искрено на тези въпроси, значи знаете за себе си повече, отколкото огромното мнозинство от хората. Изучете внимателно въпросите. Връщайте се към тях всяка седмица в продължение на няколко месеца и обърнете внимание на това колко безценни познания за себе си сте натрупали, само защото сте отговорили чистосърдечно на няколко въпроса. Ако не сте сигурни в някои от отговорите, поискайте съвет от хора, които ви познават добре, особено такива, които нямат причина да ви ласкаят, и се вижте през техните очи. Преживяването ще бъде направо невероятно.

Ако наистина имате АБСОЛЮТЕН КОНТРОЛ поне върху едно нещо, то това са вашите мисли. Това е най-важният и вдъхновяващ факт. Той отразява собствената ни божествена природа.

Този божествен прерогатив е единственото средство, с чиято помощ можете да контролирате съдбата си. Ако не успеете да контролирате ума си, едва ли ще можете да наложите властта си над каквото и да е друго. Ако трябва да проявявате пренебрежение към нещо, много по-добре е това да са материалните неща в живота ви. Умът ви е вашето духовно богатство – пазете го така, както една божествена искрица наистина заслужава. За целта сте надарени със СИЛА НА ВОЛЯТА.

За съжаление не можете да разчитате на законова защита срещу хората, които, било то нарочно или поради невежеството си, тровят умовете на другите с отрицателна настройка. За подобно престъпление би трябвало да има сериозни наказания, тъй като то често може да унищожи напълно шансовете ни да придобием материалните блага, които законът вече защитава.

Куп хора с отрицателна настройка са се опитали да убедят Томас А. Едисон, че не може да направи машина, която да записва и възпроизвежда човешкия глас, защото, казвали те, никой не е правил подобно нещо преди. Едисон не им обърнал особено внимание. Той знаел, че умът може да създаде всичко, което е в състояние да замисли и на което може да повярва, и именно тази представа го е издигнала над стадото.

Други такива хора казали на Улуърт, че ще се разори, ако отвори магазин за дребни, евтини стоки. И той не им повярвал. Знаел, че може да постигне всичко – в рамките на разумното, разбира се – ако подплати плановете си с вяра. Той упражнил правото си да изхвърли от ума си отрицателните внушения на другите и натрупал лично състояние от над сто милиона долара.

Хора с отрицателна настройка разправяли на Джордж Вашингтон, че няма шанс за победа срещу превъзхождащата го британска армия, но той упражнил божественото си право да ВЯРВА, поради което и тази книга е издадена под егидата на знамето със звезди, а името на лорд Корнуолис отдавна е забравено.

Духовните наследници на Тома Неверни се надсмивали над Хенри Форд, когато той изкарал първия си грубоват автомобил по улиците на Детройт. Някои казвали, че подобно нещо никога няма да влезе в употреба. Други твърдели, че никой не би дал пари за подобна измишльотина. ФОРД ОБАЧЕ ЗАЯВИЛ: „ЩЕ НАСЕЛЯ СВЕТА С НАДЕЖДНИ АВТОМОБИЛИ“ – И НАИСТИНА ГО НАПРАВИЛ. Решението му да се осланя на собствената си преценка му донесло богатство, което вече пето поколение наследници не може да пропилее. Хенри Форд е един от основните герои в тази книга, тъй като е невероятен пример за това какво може да постигне човек, който разчита на собствения си ум и на волята да го контролира. Неговият живот направо рита столчето под бесилката на изтърканото оправдание, че някой си така и не е получил шанс в живота. Форд също не е имал никакъв шанс, и все пак Е СЪЗДАЛ ВЪЗМОЖНОСТ, ОСЪЩЕСТВИЛ Я Е С НЕПОКОЛЕБИМО ПОСТОЯНСТВО И В КРАЙНА СМЕТКА Е СТАНАЛ ПО-БОГАТ ОТ КРЕЗ.

Контролът върху ума е плод на самодисциплина и навик. Или вие контролирате него, или той-вас. Няма среден вариант. Най-лесният начин да контролираме ума си е да го накараме да работи по определена цел, до която води ясно очертан план. Разгледайте биографиите на хора, постигнали забележителен успех, и ще видите, че те не само контролират ума си, но и го насочват към осъществяването на определени цели. Без такъв контрол успехът е невъзможен.

Петдесет и седем прочути оправдания

Хората, които не успяват, имат една обща отличителна черта: познават отлично всички причини за неуспеха и разполагат с невероятен набор от уж непробиваеми оправдания, които да извинят провала им. Някои от тях са доста интелигентни, други дори отговарят на фактите. Само че никой няма да ви даде и стотинка за оправдание, независимо колко гениално е то. Светът иска да знае само едно: ПОСТИГНАХТЕ ЛИ УСПЕХ ИЛИ НЕ?

Дължа този списък на един психолог. Докато го четете, анализирайте внимателно себе си и определете кои от тези алибита използвате. Не забравяйте, че философията в тази книга лишава всяко едно от тях от каквато и да било стойност.

АКО нямах жена и деца...
АКО имах достатъчно връзки...
АКО имах пари...
АКО имах добро образование...
АКО можех да си намеря работа...
АКО бях здрав...
АКО имах време...
АКО времената бяха по-добри...
АКО другите ме разбираха...
АКО условията около мен бяха различни...
АКО можех да изживея живота си отново...
АКО не се боях какво ще кажат хората...
АКО бях получил шанс...
АКО имах късмета...
АКО другите не бяха ме изпреварили...
АКО не беше станало нищо, което да ме спре...
АКО бях по-млад...
АКО можех да правя само каквото реша...
АКО бях се родил богат...
АКО можех да се запозная с точните хора...
АКО имах таланта на някои хора...
АКО се бях възползвал от възможностите навремето...
АКО хората не ми лазеха по нервите...
АКО не ми се налагаше да въртя домакинството и да гледам децата...
АКО можех да спестя малко пари...
АКО шефът ми ме оценяваше...
АКО можех да разчитам на нечия помощ...
АКО семейството ми ме разбираше...
АКО живеех в голям град...
АКО можех просто да започна отнякъде...
АКО бях свободен...
АКО имах личността на някои хора...
АКО не бях толкова дебел...
АКО можех да изявя талантите си...

АКО можех да постигна пробив...
АКО можех да се отърва от дълговете си...
АКО не бях се провалил...
АКО знаех как да...
АКО всички не бяха срещу мен...
АКО нямах толкова много тревоги...
АКО се бях оженил/омъжила за правилния човек...
АКО хората не бяха толкова тъпи...
АКО семейството ми не беше толкова екстравагантно...
АКО бях уверен в себе си...
АКО късметът не ми беше изневерил...
АКО бях роден с повече късмет...
АКО не беше вярно, че където е текло, пак ще тече...
АКО не трябваше да работя толкова усилено...
АКО не бях изгубил парите си...
АКО живеех в различен квартал...
АКО нямах определено минало...
АКО имах собствен бизнес...
АКО другите хора ме слушаха...
АКО – ***и това е най-великото оправдание*** – имах куража да се видя такъв, какъвто наистина съм, щях да открия какво не е наред, щях да го поправя и може би щях да имам шанса да извлека полза от грешките си и да науча нещо от опита на околните, тъй като вече знам, че вината е моя. Вече щях да бъда там, където трябваше да съм, ако бях отделил повече време, за да анализирам слабостите си, а не за да търся извинения, с които да ги прикрия.

Търсенето на извинения за всевъзможни провали е нещо като национален спорт. Навикът е стар като самото човечество и е същински екзекутор за успеха. Защо хората се придържат толкова упорито към любимите си алибита? Отговорът е очевиден: защитават ги, защото ТЕ СА ТЕХНИ РОЖБИ. Алибито винаги е плод на собственото ни въображение, а човешката природа ни кара да защитаваме творбите си.

Измислянето на извинения е дълбоко вкоренен навик. Навиците трудно се премахват, особено когато ни предлагат удобно оправдание за едно или друго. Платон е имал точно това предвид, когато е казал, че най-великата победа е победата над самите нас, както и че победата на егото над личността е най-срамното нещо в света.

Друг философ го е изразил с малко по-различни думи: „За мен беше невероятна изненада да открия, че повечето от най-грозните неща, които виждах у другите, всъщност са отражение на собствената ми природа."

> Винаги съм се чудил – допълва Елбърт Хъбард – защо хората губят толкова много време в самозаблуда, създавайки оправдания за своите слабости. Същото това време може да се използва за премахването на тези слабости – така няма да има нужда и от извинения.

На сбогуване бих желал да ви припомня, че животът е шахматна дъска и вашият противник в играта е ВРЕМЕТО. Ако се колебаете, преди да предприемете един или друг ход, ако не реагирате навреме, фигурите ви ще се разпаднат на прах. Играете срещу партньор, който не търпи НЕРЕШИТЕЛНОСТ.

Досега може и да сте имали уж логично извинение за това да не принудите живота да ви даде онова, което искате, но вече нямате право на подобно алиби: в ръцете си държите ключа от вратата към безчетните богатства на живота. Този ключ е нематериален, но е изключително могъщ: това е способността да пробудите в собствения си ум ПЛАМЕННО ЖЕЛАНИЕ за определен вид богатство. За използването му няма наказания – има обаче цена, която със сигурност ще платите, ако не го приложите, и тази цена е ПРОВАЛЪТ. Ако обаче съумеете да го използвате, ви чака бляскава награда – задоволството, което става неделима част от живота на всеки, овладял себе си и накарал живота да му даде онова, което иска.

Наградата си струва усилията. Ще посмеете ли да направите първата стъпка и сами да се убедите в това? Та нали безсмъртният Емерсън е казал: „Ако сме сродни души, рано или късно ще се срещнем." Аз на свой ред бих казал следното:

НИЕ СМЕ СРОДНИ ДУШИ
И ВЕЧЕ СЕ СРЕЩНАХМЕ НА ТЕЗИ СТРАНИЦИ.

Вече почти век хиляди хора по света използват тази книга като наръчник как успешно да представят себе си и своите идеи пред другите. Това не е курс по старомодното и помпозно-тържествено красноречие, присъщо на дните на национални празници. То е интензивен и изцяло изпитан на практика курс в помощ на бизнесмени и професионалисти, за да се научат да говорят добре както пред публика, така и в частния си живот. Авторът е помогнал на безброй бизнесмени и професионалисти – много от които преди не са могли да вържат и три изречения пред публика – да станат прекрасни оратори. Освен това, и което е по-важното, курсът изгражда характера; засилва вярата и визията, показва на хората как най-пълно да използват талантите си; превърнал е в успешни лидери мнозина, които дотогава са били единствено неми последователи.

Свеж и вдъхновяващ поглед за това, как всеки от нас може да се обърне навътре към себе си и да открие истинската си цел, да възпламени въображението си и да сбъдне желанията си. Майк Дули обяснява, че мечтите ни не са случайни и без значение, а ни подканват да разберем истината за себе си и ни подсказват какъв живот можем да си създадем. Когато се научите да отваряте сърцето и разума си, да мислите далеч отвъд онова, което традиционно се смята за духовно, става ясно, че животът сам по себе си е върховното приключение, изпълнено с възможности, водещи ни ден след ден към откритието кои сме всъщност и защо сме тук. Проникновено пътуване сред тайните на вселената, „Безкрайните възможности" отваря врати и неочаквани пътища към един смел и даряващ удовлетворение начин на живот.

Този сборник с решенията, идеите и препоръките на Доналд Тръмп е организиран около 20 отделни теми, сред които „Не погубвай живота си с работа, която не обичаш", „Поставяй си висока летва", „Доказването става с работа: Научи се да поемаш рискове", „Твоята интуиция е най-добрият ти съветник: вслушвай се във вътрешния си глас", „Води преговорите така, че да спечелиш: бъди дипломатичен", „Плувай срещу течението: удобството може да стане причина за потъването ти", „Работи все повече и повече. Непрекъснато се старай да надминаваш себе си", „Подхождай към работата си като към вид изкуство"... Въпреки че са резултат от опита на един изключителен професионалист в конкретна област, прозренията и бизнеспринципите на Тръмп могат да дадат полезни уроци за специалисти от различни сфери. Успехът е гарантиран!

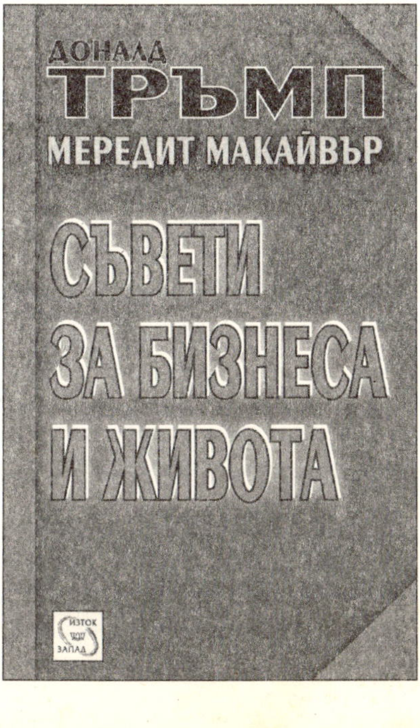

Тук авторът на „Моят път към върха" се изявява не само като бизнес стратег, но и като есеист, запознайки ни с по-разсъдливата си, съзерцателна страна, обикновено не попадаща в светлините на прожекторите. С присъщата си прямота Тръмп ни запознава със своята представа за лидера, който трябва да е като „вещия пълководец" на Сундзъ, но и да живее винаги тук-и-сега, без да губи досег с реалността. Колкото и богат опит да е натрупал, той не бива да си въобразява, че вече знае всичко, а да бъде открит за новите идеи и предизвикателства. Което пък означава, че трябва непрестанно да се самообразова и да търси нови и нови знания, разбира се – практически приложими. За да постигне успех, човек трябва да си постави мащабни цели... а мащабните цели предполагат и мащабно мислене!

Наполеон Хил
МИСЛИ И ЗАБОГАТЯВАЙ
АДАПТАЦИЯ ЗА XXI В. ОТ Д-Р АРТЪР Р. ПЕЛ

Американска, първо издание

Превод	**Петьо Ангелов**
Редакция	**Христо Блажев**
Коректор	**Людмила Петрова**
Компютърна обработка	**Людмила Петрова**
Оформление на корицата	**Деница Трифонова**
Формат	16/60/90
Обем	17 п.к.
Дадена за печат	февруари 2012
Излязла от печат	февруари 2012
Предпечат и печат	Изток-Запад

ИЗТОК ЗАПАД

1124 София, бул. „Цариградско шосе" № 51 (до БТА)
тел.: (02) 946 35 21, тел./факс: (02) 943 79 51
e-mail: iztok_zapadbg@gmail.com
iztok_zapad@abv.bg

www.iztok-zapad.eu